浦东历史要籍·浦东人杰丛书

张志鹤文选

张志鹤 著
张剑容 编

上海远东出版社

图书在版编目(CIP)数据

张志鹤文选/张志鹤著;张剑容编. —上海: 上海远东出版社,2023
(浦东历史要籍·浦东人杰丛书)
ISBN 978-7-5476-1937-7

Ⅰ. ①张… Ⅱ. ①张…②张… Ⅲ. ①地方教育-教育研究-浦东新区-文集 Ⅳ. ①G527.513-53

中国国家版本馆 CIP 数据核字(2023)第 139105 号

策　　划 黄政一
责任编辑 黄政一
封面设计 李　廉
辑封摄影 黄政一

浦东历史要籍·浦东人杰丛书
张志鹤文选
张志鹤 著
张剑容 编

出　　版 上海遠東出版社
(201101 上海市闵行区号景路 159 弄 C 座)
发　　行 上海人民出版社发行中心
印　　刷 上海新华印刷有限公司
开　　本 710×1000 1/16
印　　张 27.5
插　　页 1
字　　数 410,000
印　　数 1—700
版　　次 2023 年 9 月第 1 版
印　　次 2023 年 9 月第 1 次印刷
ISBN 978-7-5476-1937-7/G·1184
定　　价 148.00 元

上海市浦东新区地方志办公室
“浦东历史要籍·浦东人杰丛书”编辑小组

组　长　裴玉义

副组长　杨　隽　金达辉

组　员　（以姓氏笔画为序）

丁丽华　马春雷　龙鸿彬　吴昊蕻　吴艳芬　何旅涛
杨继东　邵　微　陈长华　陈钱潼　孟　渊　赵鸿刚
赵婉辰　贾晓阳　徐　瑞　梁大庆　谢晓烨

主　编　柴志光

副主编　赵鸿刚　梁大庆　杨继东

“浦东历史要籍·浦东人杰丛书”

序

一个地区历史人物著作的整理水平和出版质量，可以说是衡量一个地区文化深厚与优秀与否的标准之一。从浦东历代地方志书所记载的书目看，1949年以前，浦东地区有730多位人士编写1460多种著作。这些著作是浦东历史文化宝库的重要组成部分。当今，浦东新区各类图书的编写出版，可谓如雨后春笋，既层出不穷，又节节升高。在这片茂盛书林中，有一棵常青树，就是浦东地区文化史志图书，它扎根于浦东大地，汲取千年历史文化的精华，记载乡贤名人的诗书佳作，饱含浓浓的家乡情怀，勾起深深的乡里思愁。《浦东文化丛书》《浦东历代要籍选刊》《浦东记忆丛书》，是这棵常青树的结实枝干，有力地承托起浦东优秀文化的繁花锦叶。

文化记忆是对以往时空的回顾和再现，但决不是简单的回放，而是一种文化的思考及提升，乃至人文精神的传承和价值观的发扬。浦东新区地方志办公室今又推出一套《浦东历史要籍·浦东人杰丛书》，旨在把浦东地区历代杰出人物的著作所体现的历史价值和文化精神能发扬光大。这一丛书着重于浦东近现代历史人物著作的选编，在近现代，浦东人才辈出，张闻天、黄炎培、宋庆龄等著名人物都是其中的佼佼者。浦东滨海临江，沙洲之地日渐推进扩大，世家著姓不断移民壮大，生于此，长于此的人们，逐渐养成大海般的胸怀、蓝天似的豪情，其诗文温文尔雅，其禀赋求真务实，其胸襟开放包容，其意志坚韧不拔，其技艺心灵手巧，其为人忠孝节义，浦东人的这些性情都可以在他们的著作中得到印证。

人物怎么选？著作怎么选，这是编辑这套丛书的最大难题。可喜的是，这套丛书的策划、编辑人士对浦东历史文化有着比较全面的了解和系统的研究，因而读者诸君阅览丛书就能够穿越浦东历史文化的隧道，领略到江南文化对浦东人文的基因滋润，体会到海派文化对浦东人文的创新交融，感悟到红色文化对浦东人文的信仰引领。编者秉承使命，用心之诚，用情之深，用力之全，令这套丛书的编辑精益求精，唤起一个地方的文化记忆，让历史文化成为人们核心价值观养成的营养剂，这是这套丛书编辑出版的重要意义。

阅读这一套图书，我们不仅看到文化的传承性，更看到浦东文化人的贡献和浦东大地蕴藏的人文情怀和文化张力。编者的这种使命感在每一种图书的字里行间体现得淋漓尽致，没有这种文化的自信与自觉，就难以担当起文化的先锋引领作用。这一套图书的组织者和编写者是当代浦东当之无愧的文化先锋，是孜孜不倦的文化使者。

从这一套图书中我们见证历史长河的奔腾不息，感叹记忆激荡出的一朵朵美丽的浪花。往日那一段段历史的场景，无论是经历过的，还是没有经历过的，我们都可以在记忆中欢快再现。阅读浦东历史人物的著作，犹如登上一艘渡江之舟，在历史的涛声中，从彼岸到此岸，再驶向远方，感悟浦东沧桑千年的历史，从文化中汲取浦东勇立潮头的力量。

一部浦东近现代史与中国共产党百年史、中国人民革命史、新中国建设史乃至浦东开发史都密切相关，在浦东历史人物著作中也有充分体现。这套丛书在一篇篇记述历史的文章中勾起我们的记忆，在记忆中平和看待流去的时间；在文章的历史背景中提升我们的思考，在思考中努力传承浦东的文化精华；可以在文章的理论内涵中推进我们的演绎，在演绎中提高我们的文化自信和文化自觉；这便是历史人物著作在当代所体现的人文价值。

阅读家乡名人乡贤的著作，自有别一样的感受，一种亲切感会在阅读中油然而生，乡土情怀，乡愁情感，乡亲情面，乡邻情深，只要用心阅读，多会在字里行间找到已经流去岁月的记忆，那一刻或许是快乐，或许是忧愁，人在路旅途中，一切经历多将成为人们的记忆。历史上的名人乡贤、伟人领袖都已远去，但他们的精神，他们的业绩，在他们的著作中保留了下来，成为一个地区的历史文化财富，成为后人的一处处精神家园。

编　者

2023 年 8 月

编辑说明

一、张志鹤(1879—1963),字伯初,初名浩然,更名志鹤,又名访梅,晚年自号寒叟,川沙龚路(今浦东新区曹路镇)人,一生致力于浦东及上海地方事业,尤其于教育及同乡会上贡献最多,并留下了相关的著述资料。到了晚年,张志鹤著有《周甲自述》《我生七十年的自白》《我生七十年后自白续编》《晚嘤草》等诗文集,并辑集朋友们赠贺诗词为《友声集》。这些文字所蕴含的历史信息多不为世所知,却于浦东近现代历史人文研究及浦东精神品质锻造具有珍贵的价值。本书加以辑录刊行即旨在于此。

二、张志鹤一生勤力且交往广泛,所形成文字多散见册籍,一时无从搜集,本书暂付阙如。

三、本书根据刊载各篇内容,分类编排。同一专题内,均按写成或发表日期的先后顺序排列。

四、本书所载文字一般保留原标题。原标题要素不全,或原文无标题,则根据内容主旨拟写标题,以便检阅。

五、本书为便于阅读,均据底本按照规范简化字转录。如果原文无标点、不分段,均加标点、分段。

六、本书所载各篇中的古今字、通假字、异体字以及错字、别字等,一律直接转录为规范简化字,不加注释说明。对原文中部分诗文有多个出处的情况,以注释①、②……标明。凡污损或字迹不清之处,用□代之。

七、本书所载各篇均于末尾说明其出处,以便索阅。

目　　录

著作

文选

往来信函

晚嘤草诗选

附录

·著作·

周甲自述

（民国三十年·1941 年）

张志鹤像一

余生六十年矣。二十年前之今日，于役吴淞，同车黄胜白君询余年龄，答以四十。又问生辰，答即今日。诧曰未敢信，四旬初度，例可称觞，何犹仆仆道中行所无事。答曰余之今日犹去年之今日与去年以前之今日，碌碌，未尝介意，微君问，殆忘今日为生辰也。晚归思之，自孩提以来一瞬耳。孔子所谓四十、五十无闻，斯不足畏也已。以前种种，浮生若梦，爰就记忆所及随笔书之，自署"回顾录"。既书至二十五岁，南汇党狱叙述稍繁，适以事冗中辍。民国十六年，政局更新，余辞卸各职，秋后稍有余闲，再续前稿至五十岁。时服务上海兵工厂，文书旁午，公不及私，无暇为个人之纪录。二十一年十月，兵工厂停废，余得退休，同时黄任之君约顾师冰一、张君心九与余为南汇一案作卅年寻梦之游。往事前尘忽忽如昨，捡《回顾录》印证之。而五十以后未有记，乃继前录书之，别为一册，名曰"梦余录"。不恒其德，或承之羞，旋又间断矣。今届六十生辰，例有以述怀诗求和者，余不文，尤不善韵文，处此孤岛寂寞之秋，无以自遣，续写《梦余录》，并撰《周甲自述》。文将以示儿辈，先以自省寡过未能，窃有愧焉。余生于川沙九团张氏，先世以务农传家，而无显达者。谱载始迁祖居隐公来隐于海滨，盖当时有所避也。六世祖茂昌公有子六人，吾高祖胜元公讳元锡，行二，传一子为吾曾祖振家公讳峻德，实生吾祖会淋公讳朝海、汉宗公讳汝海。会淋公生三子，先父湘洲公讳兆熙居其次。汉宗公无出，先父为之后。先母顾太夫人六乳，殇男女各一，而成余兄弟三人及一妹。

1907 年夏浦东中学校全体第一回摄影

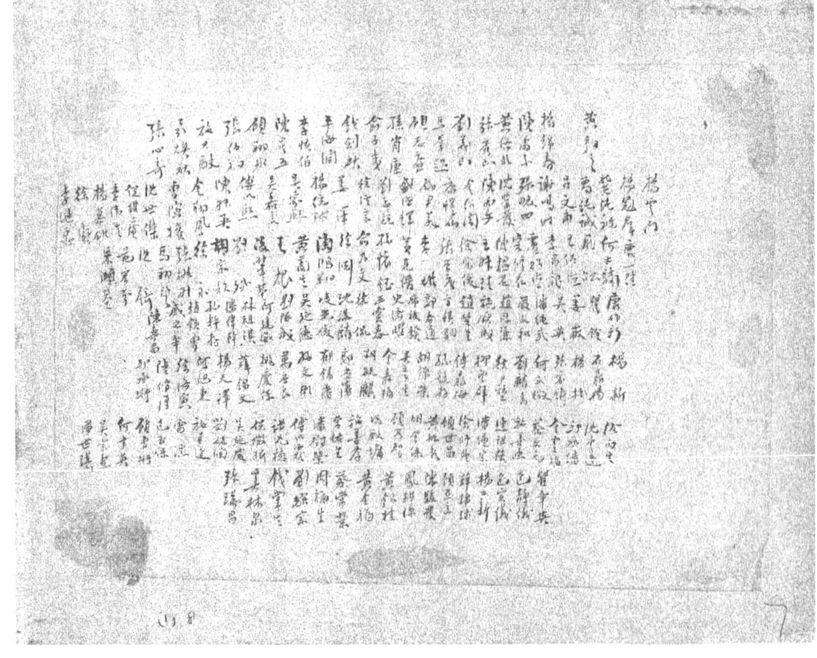

1907 年夏浦东中学校全体第一回摄影师生名录

1907年冬，浦东中学校全体第二回摄影

辛亥浦东中学第一届毕业师生合影

余居长，以有清光绪五年己卯十一月初二日子时降（公历一八七九年十二月十四日），乳名兰就，传锡名浩然。象勺之年，从舅顾心莲明经（鸿）为取孟浩然“踏雪寻梅”意，字之曰“访梅”，旋诵“天寒有鹤守梅花”诗句，更今名“志鹤”，晚近镌一章曰“寒叟”，亦本此也。至现号伯初，始于亡命日本时为便通讯称之。妻唐夫人，长余二龄，凡十一孕，不育男子四，流产一，现有三男三女，男在青、在皜、在森，女度新、在新、建新，幼男在森出为亡弟志虎后。

余七岁始入塾，不耐拘束即辍读。翌年新正又入学，清明节假后仍复辍读。父母怒，祖命姑听之。九岁，重闱诫曰：“今年不可不读书矣。”谨受命，然亦不勤学，每乐与牧童伍。同族习拳棒者多，余恒至拳场玩。十二岁，送往舅家附读，舅氏顾儒而医者也，环境为之一变。十三岁，见诸表兄习制艺，三、六、九日为课期，余每欲索观，师曰“汝有志乎亦可试为之”，以“学而时习之”句为题，略讲程式，命作破题。余即援笔书于习字簿以呈，师曰：“通，惟第二句末例不用‘乎’字。”再试一题，喜曰可造材也，自是正式教余习之。假归以告祖，微怒，谓：“曾见几个读书人有饭吃？吾家种田吃饭，不愿汝为读书人也。”越一年，祖有友人陆连城茂才（钟琦）闻之，命一题以觇余艺，评为非池中物，祖稍喜，而孰知余终老泥涂，有负期望哉。十六岁，应童子试，府县皆终覆，而院试以墨污卷犯场规见摈。十八岁，补南汇县学博士弟子员，时从南邑顾冰一师（次英）游。师馆于王家港镇西王氏，余得与士文孝廉（家彦）昆季同窗。其家富藏书，余藉略知读书门径，两年间获益较多。十九岁，始应江南乡试，观光而已。冬十一月初六日，唐夫人来归。

二十岁，始为童子师，设家塾课弟辈。

二十一岁，馆王家港唐氏。为便请教于顾师，借书于王氏也。惟以训蒙生活为苦，岁终辞谢。

二十二岁，居家修学，以书院课艺博膏火。上海三林书院秦山长温毅先生（荣光）课经史策论，南汇芸香草堂于山长香草先生（鬯）课经解，兼应观澜、惠南两书院时文月课，自以为不受他人拘束矣。乃秋间同邑包聘卿明经（志澄）因丁外艰，坚邀余庖代周浦朱氏馆，阅三月余，今沪市豆米业巨商朱允长君为当日及门之一。

二十三岁，为黄任之君（炎培，原字楚南）考入上海南洋公学特班，其原任南汇三灶镇周氏馆课，由顾冰一师之介，促余往代。居停之子静涵（均）初学作文，顾生揄青（扬）已应童子试。其时学风丕变，竞译东文书，余亦自修东文，与黄任之君及其同班邵仲辉君（后改名力子）合译《支那四千年开化史》一部出版，署名“译者支那少年”。其明年，再试秋闱。同伴张心九君（尚思）年二十六，黄任之君与顾翔冰君（泮英）均二十五，余二十四，在秦淮画舫飞觞，作四人合庆百龄之举，此少年乐事也。既归，辞周氏馆，劝周、顾二生入沪南育才校，即今南洋中学是也。余与黄任之君倡议，以川沙观澜书院照部章改办小学堂，冰雪中同赴南京，呈准江督饬厅实行。

二十五岁，川沙小学堂开办。厅尊陈桓士司马（家熊）按部章委黄君为总理，余为副办，招生两班，额为之满。六月暑假，适顾冰一师归自日本，订邀莅川演讲，一时闻风兴起。上海、南汇、新场、周浦等地绅耆学子均买棹而来。翌日，叶汉丞、沈奎伯诸君邀顾师至新场讲学，余与黄君偕往，致成革命党之狱，详见《南汇县党狱始末》，记载《川沙县志》卷二十三《故实志》第二至七页。余等由美教士步惠廉先生保释，自南到沪，得家报，内子产后病剧，长男增福患痢已久，恨不能归视，但禀覆堂上，为新生男命名兴。七月二十一日，先祖汉宗公殁，闻讣奔回，已大殓矣。家人言祖临终呼长孙，不见为憾。越日沪有急足来促速走，即星夜驰往，悉沪道坚索归案，不得不暂避之。顾师、黄君与余三人同赴日本，及冬回沪。同乡杨锦春先生（斯盛）招待于其家，余得间归

一九〇三年六月黄炎培（左一）在江苏南汇县新场镇公开演讲反清，被地方政府拘禁待刑。经营救逃往日本。后与同案三人合影。

1903 年，黄炎培与张志鹤等合影

《江苏杂志》第六期载《江苏省南汇县党狱案始末记》

省。内子病虽已愈，而长次两儿均已殇。是年，先祖与先叔新洲公及其长子志义从弟暨余两儿，老幼上下四代共死五人，余几遭不测，内子病亦几濒于危，可谓家门之大不幸也。

二十六岁，春，就南翔耶稣教堂设立之学校中文教席。有同事英文教员陈君晨夕授余英文，一学期读完课本五册，能自检字典阅书矣，然以速成强记，不久即尽遗忘。秋，应上海城东女学之聘，并承杨锦春先生邀，顾师、黄君与余在其别墅创办广明小学，同时兼任两校教课，晚往南市沪学会补习算术、乐歌。

二十七岁，专任广明教务，晚仍赴南市沪学会，又在北市理化传习所补习。是年，杨校主筹设浦东中学，在六里桥购地建筑。

张志鹤在浦东中学照片一

张志鹤在浦东中学照片二

张志鹤在浦东中学照片三

二十八岁，浦东中学筹备就绪，组织校董会，校董十人，余其一也。翌年春，中学开办，余被聘为教务长。十月二十日，先王母周太夫人弃养，时先父患瘵已甚剧，扶病治丧。送葬之日不能步行，乘肩舆往视窆，又察看生圹工程，归即卧不能再起矣。余侍奉汤药月余，来春新正初六晨，先父命召家人俟于寝室外，谓将告别也。既齐集，又命速招之入，环侍榻旁，先父举目视一周，

张志鹤在浦东中学照片四

颔之而瞑，神志清湛，岂偶然哉。余向在荫下，从未问家人生计，至此三十岁，一旦失怙，事无巨细悉集于身，呜呼痛哉！

三十一岁，川沙筹备城镇乡地方自治，黄君任之、包君聘卿、顾君蓉江（懿渊）、陆君逸如（家骥）与余五人为主任筹备员，同时苏省樊稼轩提学使（恭煦）委余为川沙厅视学员兼劝学所总董。全境小学十余所，仅城内高等小学以旧有书院田租充费，其余各初小校以串票捐钱二百余千文分给之。而劝学所经费指定旧宾兴款息充用，全年共钱八十四千文，设雇员一人，系自治筹备公所会计兼任，年支津贴银四十八元，已所余无几，聊充纸墨及临时书记缮写费而已。余纯尽义务，为饥所驱，仍任浦东中学教务，每月数次往来于六里桥、川城间。先从整理学款入手，以观澜书院田租年收不足五百千文，革顽佃改新章，骤增至一千三四百元。

三十二岁，城乡各区自治公所次第成立，余当选为九团乡议事会议员。三十三岁，余又当选为川沙厅议事会议员。但自治速成而民智犹稚，二月初一日突起自治风潮，被焚或被拆毁之自治公所三、公私立学校一十二、自治职员家宅二十九，详见《川沙县志》卷二十三《故实志》第八至十七页。余在沪招待被难诸君并办一切文牍，常驻浦东同人会至匝月之久，此事余家幸未波及。

松江府戚升淮太守(扬)结案详文有云:当纷扰之时,乡民相戒不入议长包志澄之门,视学员张志鹤虽家属以被祸为虑,而乡民终亦不犯。在昔黄巾不犯郑康成,而陈实、王烈诸贤能以德化其乡意者,川沙尚不乏人欤。最后苏抚程雪楼中丞(德全)派夏剑丞观察(敬观)来川抚慰,余陪同往四乡宣讲。返城后,由夏观察监视开第一届厅议事会,余被互选为参事员。夏观察离川之日,阅报载武昌已起义。九月十三日,上海攻破制造局,开放军械库。闻春间在川境滋事之逃犯亦有潜往冒领新枪者,余为之惧,向沪军都督府请给严禁示文,并请上海警务长穆抒斋君(湘瑶)借拨武装警察二十名,于十六日驰抵川沙。余谒同知刘嘉琦,告以准备情形,劝即改称民政长,出示易帜。刘因僚佐已均星散,不知所措,余代为处理。漏夜属稿赶缮,翌日上午树白旗、颁文告,全境翕然。未几,苏都督府委方鸿铠为川沙民政长,详见《川沙县志》卷二十三《故实志》第十八页光复纪念节。方在川署任钱谷幕僚久,至是邀余为助,暂兼总务、学务两课课长。

三十四岁,时为民国元年。先是上年十一月,应沈信卿先生(恩孚)及黄任之君之招,脱离浦东中学及川沙职务,赴苏从政。都督程德全委余为民政司助理员,司长李平书先生(钟珏)常驻沪,在苏由副司长沈君代理,而黄君为民政司教育科长也。本年三月,都督庄蕴宽更委余为民政司总务科长。都督府原在宁、苏分设两机关,至七月裁并为一,由苏迁宁,余仍任原职。适黄任之君赴北京出席全国教育会议,余并暂兼代教育科长。十二月,实行军民分治,中央任应德闳为江苏民政长(各县民政长即改称县知事),迁设行政署于旧江宁藩司署,依新官制,民政司改称内务司,科长荐任职。

三十五岁,四月,颁到中央任命状,任余为江苏省行政公署内务司科长。七月十五日,第二次革命之役,随军民两长迁沪,在洋务局设行署办公。旋迁苏垣旧抚署,即民元之都督府。九月,韩国钧接任民政长,又迁回宁垣。

三十六岁,因官制改组,巡按使署裁司为科,余辞退归沪。先是春间余赁屋于上海董家渡内定福巷,移眷居之,为便于长次二女就学也。至是,在沪有退休之所。秋,时事新报馆孟莼孙君森延余为营业部主任。本邑八九两团海塘被秋汛潮毁,向例土塘由民业自行修筑,公家从未拨款。余与苏水利局主管者稔代董业力争,谓常、昭、太、宝塘工历年按亩带捐,川沙久尽义务,何以本地修塘不得分惠？爰请准于忙漕内提拨，先以五千，继以二千，特开新纪录，详见《川沙县志》卷六《工程志》第三十九页八九团塘工节。

三十七岁，川沙设修志局，范知事钟湘函聘余为审查长，旋又聘为协纂员。六月，教育部褒给金色三等嘉祥章，以余在本乡捐建三甲小学校也。余一寒畯，何来捐款，盖以川沙县署任课长时两个月俸及南菁校董公费凑成之。南菁自民元改为公立学校，设校董会，余被推为管理川沙县境横沙校产之经济校董，年支公费六百元，故有此款。九月二十五日，即旧历八月十八日，先母顾太夫人见背，时余已辞报馆职务，回籍居忧。

三十八岁，又从事于教育生活。江苏省教育会受省署委托，设短期体育传习所及教育讲演练习所，余任管理之职。又办小学教员暑期补习会，沈信卿先生为主任，余副之。是年，调解九团下九甲芦荡新旧业争讼一案，详见《川沙县志》卷二十三《故实志》第二十至二十四页。冬，患伤寒重病几殆，上项调解合同据在病榻为之盖章。来春，新业户蔡伯良等在沪宴官绅志谢，赵知事兴霙谓此案借重绅力得一结束，惟旧业二百余户分摊四百亩地，能否不生枝节，再看诸公之手腕，余曰可无虑。乃为制劈照据，刊印如田单式，并令各将奇零之数自商合并以原部照四张，亩额分填劈据七十六纸，逐项详晰载明，再请加钤县印，发交分执，遂各相安无事。时余三十九岁。夏，就职吴淞同济大学庶务主任。冬，经地方公益会议公推余偕陆逸如君、陈久余君（有恒）赴南通参观张氏私立农校棉作成绩。谒张校主啬公（謇），请介绍校中毕业生季子峰君（云）来川试办农场，以高等小学校产八团荡田百亩为之，详见《川沙县志》卷五《实业志》第五页农场节。

四十岁，川沙高等小学组校董会，余被推为校董。五月，江苏教育厅长符鼎升委余为川沙县劝学所所长，同时地方会议以本邑塘工重要，组设塘工水利协会，公举余为会长，详见《川沙县志》卷六《工程志》第四十一、二页。冬至日，举行宗祠落成典礼。先是清季光绪三十年，先父与宗叔祖秉堂、庆侯二公发起，度地于龚镇北市二十二保十二图盛字圩一三六号，筹建宗祠，工未竣而款已罄，先父又病殁，无人董其成。本年，由宗叔少堂、义甫、生源与余四人共同垫款，并纠族人凑捐以成之。余手订规约十六条，经全族公决录悬永遵，并载《川沙县志》卷十二《祠祀志》第二十一页家庙节。

四十一岁，余以劝学所长名义纠旅沪同乡绅商集会款七千五百元，与高等小学、莲溪小学、至元堂、市公所合资报领高墩沙滩地为教育公产。会款为二十五股，每股三百元，每年以公款拨还五分之一，领地四千亩，后又续领二千亩，详见《川沙县志》卷九《教育志》第五十五至五十九页教育款产节。此沙为横沙以北新涨之滩。横沙系南菁校产，旧学使署定案接涨均属横沙范围，而沙田局准由上海爱国女学报领，时余为南菁校董，力持争议，自民国四年至此积牍盈尺，卒由张南通调解归各教育团体分领。余意分领可一时息争，而以后围田界址之争恐尤甚焉，倡议组织公团共同管理，拟章寄南通，张啬公许为法良意美，并征得各团体同意乃成立，余被推为川沙董事，主持执行部。其组织详见《川沙县志》卷二十三《故实志》第三十及三十一页沧桑记。

四十三岁，为筹辟上川县道，经地方会议组设川沙交通工程事务所，公举余为主任，后改称川沙交通局长，会同上海浦东塘工局董朱福田先生（日宣）办理收地筑路事宜，翌年二月破土开工，详见《川沙县志》卷七《交通志》第二页交通行政节及十九至二十三页县道节。

四十五岁，松江县署函聘余为旧松属慈善董事会川沙董事。六月，劝学所改组教育局，江苏教育厅长蒋维乔委余为川沙县教育局长，同时设县立师范讲习所，余自兼所长。八月，中华教育改进社在北京清华园开大会，余为同济大学代表前往参加。南旋之日，由济南改乘胶济车赴青岛，视幼弟志虎于胶济路局之四方机厂，从海道回沪。十二月，就任川沙清理盐田董业协会会长。先是江苏沙田局呈准部颁清理松属盐田章程，每亩收准垦费五角，填给部照，各县绅业群起反对。民国五年秋，该局曾总办孟朴会同苏财政厅、松江运副，召集松、金、奉、

1932年11月5日，张志鹤、黄炎培在新场与朋友合影

南、川五县士绅在沪开会，议改准垦费名称为清理费，每亩收三角，部照改称执业凭证，而余以川沙八、九两团原有下砂场发给之田单科则字号编制清晰，乃被沙田分局以清理为名重造图册，紊乱至无可辨认，力争非仿宝山清丈局办法，切实清丈，详绘鱼鳞细图，分造号领户、户领号各项清册，并仍用田单，在单背绘图注明邻田细号不可。由地方会议议设董业协会，余拟订规章，请县转局呈部核准备案，咨省饬遵，至是实行开办，详见《川沙县志》卷八《财赋志》第十至十六页盐田节。

四十七岁，二月十二日，为幼弟志虎完婚。余抚此弱弟，教养之以至成人，就职业而有家室，谓可告慰先父母于地下矣。孰知婚后阅十月又十日而以瘵亡，悲痛之余，为记其事略，附载《川沙县志》卷十六《人物志》第十七页先父湘洲公传后。同年十月，上川交通公司开始行车。余兼任公司董事，一方面以交通局长名义与公司对待签订租路合同，详见《川沙县志》卷七《交通志》第十二、三页舟车节。按合同第十四、五两条，以公司报酬金拨还筑路垫款，预计约二十年可偿清，而取租路费为川沙公家辟一大利源也。

四十八岁，横沙议办保坍工程，组委员会，余以南菁校董被推为委员兼驻沪办事主任。同时上南川盐公堂在南、川两县分设食销官盐栈，余为川沙绅股代表，偕南汇代表与商股代表王绶珊君（体仁）签订合同，川沙设栈于东门城根地。余又纠同志宋立峰等价领教育公产，在大湾御寇河东旧柘林营十四墩地七亩一分创办公墓，规定葬穴三百十九号。同人指天字一至十号为余预购之地，余戏云定号虽在最先，入座须在最后也。章程及备案文皆余手撰，详见《川沙县志》卷十《卫生志》第五至七页模范公墓园节。

四十九岁，辞县教育局长职，呈文略云：自前清宣元始任厅视学员兼劝学所总董，至民元改任学务课长，以迁职省署而止，民七又任劝学所长，民十二改为教育局长，继续至今，先后已历十有四年。其初全境公款不及千金，官公私立仅十余校，今虽教育经费扩充至年支六万余元，校数亦较增五倍，幸赖地方父老之赞助，竭尽一市五乡之财力，有此目前之概况。时虞来日之大难，去秋两次恳辞，辱荷慰留，未予核转，兹再沥情陈请。吾川办理教育廿余年，自当有人才辈出，为敢竭诚让贤等语，凡举理由有三。至六月，国民政府派员接收同济大学，余代表校长移交而退，计在同济任职十年又三个月也。同年，浦东中学由上海特别市政府改组校董会，旧校董全体交卸，余自始为浦东校董，至此凡二十有二年。翌年二月，又辞谢川沙高等小学校董职务。同时，第四中山大学行政院派委接收南菁学校，余将经管校董会款产册据并具报书交讫，盖任南菁校董十六年矣。从此脱离教育界，以后凡有请余为校董者，概婉却之。

五十岁，三月，旧同事阮介蕃君（尚介）就任上海兵工厂工务处长，招余襄办文牍事宜，由张岳军厂长（群）委任。四月，南川食销官盐栈取销，绅股仍函聘余为顾问。九月，川沙清理盐田董业协会结束，移交于另组之盐田册单事务局。十二月，将塘工水利协会文卷移送川沙县建设局接收，仅余交通局一职，因与上川公司相互关系尚待整理中。回忆余昔在川兼领各职，徒负虚名，而实际工作多赖黄济北君（洪培）相助，为理钩稽悉当，余得免于陨越之虞，良可感也。

五十一岁，兵工厂又委兼总务处文书科长及技术委员会秘书，并由厂教育管理委员会函聘为委员。自此至五十四岁，频年致力于兵工厂本兼各职，不干外务。一二八之役，兵工厂在法租界辣斐德路暂设临时办公处，余亦税居西爱咸斯路慎成里十一号，五月迁回南市旧寓，旋兵工厂停废。余在厂五年，以掌文书之故，谙其历史，撰有《上海兵工厂之始末》一篇，载入鸿英图书馆出版之《人文月刊》第五卷五号。同年五月，川沙李子韩县长（冷）函聘参与临时县行政会议，又聘为二十一年度地方预算编审委员及治安设计委员。余审查预算，删其可减之税收全年一万余元，以轻吾地方人民负担。十月，顾冰一师自吉林南旋，黄君任之喜曰南汇一案同难四友前分劳燕，今得齐集上海，皆垂垂老矣，乃约为卅年寻梦之游。先赴松江公宴步惠廉先生于醉白池，十一月五日赴新场凭吊当时出事之北山寺及城隍庙，翌晨赴南汇。则前被看管之典史署已改作县党部，而戴子迈大令（运寅）两次接见前恭后倨之西花厅现改为县政府

张志鹤像二

总办公厅。孔县长充为摄一影，题“曾作阶下囚今为座上客”字句。下午北往川沙，官绅友好迎至观澜小学，开钦仰会。是校实为造成党狱之发源地，此行所至各处备受欢迎，招宴留影外，并有松江陆规亮老友、新场宋静庵区长（家钵）、川沙蘅汀耆宿各赠诗歌留念。

五十五岁，一月，适为浦东同乡会成立一周年。余原任文书理事，至是由常务理事杜月笙君（镛）、穆藕初君（湘玥）、黄任之君、沈梦莲君（葆义）、吕岳泉君公函聘余为会务主任，驻会办事。川沙县政府聘函纷来，若疏浚西运盐河赵家沟河工顾问、川沙公立普济医院筹备委员、公安亩捐保管委员、教育款产保管委员、宪法草案江苏省联合研究会川沙分会委员、农村改进会委员、自治实验乡筹备委员、食粮管理委员等等。九月一日起，兼任鸿英图书馆审订史料工作。此事创始于甲子年，原名甲子社，剪取各报纪事分类编为史料，旋改称人文社，自叶鸿英君捐款办图书馆，而社附于馆，另有月刊发行，余任覆审民十七以前之教育史料。同月二日、十八日两次大风雨，沿海各县受灾惨重，余偕旅沪同人奔走筹赈，在仁济善堂组成江苏川南崇宝启水灾救济会，分组办事。余任总务组，每晚五时至七时必至事务所办公，至结束时由余编制报告书。共收赈款三十六万六千五百六十三元及各项赈品，分发各灾区。统计其价值，川沙得六万八千一百七十二元二角三分，南汇五万九千一百五十六元八角七分，崇明八万二千三百七十五元三角一分，宝山五万四千一百零六元三角五分，启东七万五千零三十九元二角三分，另拨南通、太仓、奉贤、海门各三千元，上海市之浦东三区七百八十七元二角，移送黄河水灾会八千元，余为视察及办公各费之开支也。川沙除得上项赈款外，本邑又募集二万二千六百六十九元六角四分二厘。

五十六岁，五月，川沙县政府函聘余为县禁烟委员会委员。七月，交通部扬子江水道整理委员会函聘余为扬子江江阴海口段治江委员会委员，旋开会于江苏省建设厅，各县委员与会者江阴顾浩佳、如皋俞铭德、海门谈觉农、南通陈葆初、太仓朱恺俦、宝山赵正平、崇明王丹揆、常熟朱宗道、启东顾岳僧及余十人，议决应再加靖江一县。九月一日起，余代理上川交通公司经理一职，自公司成立以来十年矣，顾伯威君一手经理，兹因胃病向董事会坚请辞职，董事会议决给假调养，推余暂代六个月，期满又展四个月，余不愿久尸其位，请顾君销假复职。余在代理时期，每日下午到公司视事，上午到同乡会，不能再兼鸿英图书馆工作，即辞去。同时，同乡会建筑新会所亦已开工。

南汇川沙路由川沙至竹桥段建筑完竣，1936 年 3 月 15 日举行通车典礼。

五十七岁，为同乡会建筑工程接洽款项等事奔走，几无虚日，而川沙修志一役亦于是年赶完全稿。修志局创于民国四年，陆蘅汀明经（炳麟）主局务，黄任之君主纂，余协助之。因黄君与余频年在外任事不克回里，以致久延。上年一月，乘观澜小学寒假之便，扃集从事同人于该校涛园，分工合作，粗定纲要，嗣后在真武台连城别墅六次工作，二十四卷初稿略备，黄主纂以覆阅润色工夫交余一人负责。上所称涛园，系余前在教育局长任内，就县校添辟幼稚园，请同乡建筑家赵增涛君承办。款不足，赵君赔垫泰半，无以偿，为名之曰涛园，丐沈信卿先生书额。赵君名文照，并由黄任之君书“文照堂”额以报之。至真武台，原为道观，现由女尼住持。赵君于其西偏隙地建铁筋混凝土楼屋三楹，甚精雅，为川沙名胜，余为定名连城别墅，盖其屋在旧城墙下而又隐含赵姓之意也，详见《川沙县志》卷十三《宗教志》第七、八页佛寺节。同年七月，南汇赵漤（现名召稼楼）奚挺筠君（世榦）以创设怡稼职业义庄，函聘余为浦东同乡会代表之董事。九月，川沙县政府函聘余为文庙基金保管委员。李子韩县长迁调松江，余以其在川有政声，临去为文以送之。

五十八岁，一月，在川公开展览县志稿毕，余携沪覆阅付印，用仿宋字。校对由余一人担任，每日必有校样，随校随改，或加修正，或为补充，每种必复校三五次，日不足继之以夜，全书八百页，历一年间之长期工作，虽仍不免有误字，然此书可谓余致力较多也，有文跋于卷末。四月二十四日，出席川沙县政府二十四年度行政会议，余先声明全境税收总额，按民十五统计视民元几增一倍，至民廿二视民元竟逾三倍，民力已弗克胜任，如再有增加负担之议，谨代表地方人民否认及讨论提案。时果有增收芦课及亩捐等项，主席报告后，余据理驳辩，或予撤销，或予保留，均不成立。八月，松江县政府函聘余续任旧松属慈善董事会董事。该会自民十二成立以来，每届改选董事，余均连任，并连任主席十一年，至本年得辞卸主席，负责稍轻矣。十一月二十一日，浦东同乡会举行新会所落成典礼，余撰落成纪念词，其大要为自创立至斯五年间经过情形及以后力求发展之拟议，长五千余言，载入《纪念特刊》中。同月二十四日，步惠廉先生回美，余与顾冰一师及黄任之、张心九二君将前南汇出狱到沪时先生为我四人合摄之影，及本年八月一日在松江公宴先生时又摄之四人合影，分制瓷片二方，募影于上，并配红木插架，以赠先生，藉作临别纪念。同月，为上海爱国女学与川沙曹伯权、仲衡昆仲居间议订高墩沙滩地退股合同，将曹氏股份滩地八百亩移转与川沙教育局管业，从此川沙学产连前已领该沙新旧案共得六千八百亩矣。

五十九岁，元旦，浦东同乡会举行第一次同乡团拜礼，聚餐于杜厅。三月二日，为陆行镇开河争议，余与瞿绍伊君为同乡会代表，会同上海市政府委员履勘。同日下午，黄任之君偕广西省政府黄主席旭初冒雨至浦东，与余陪同参观上川路，至川沙站由王县长任民招待，雨中步行川城一周即返。翌日，以新出版之《川沙县志》赠黄主席留念。四月二十五日，偕内子赴常州参加京苏沪长途汽车公司联益会第七届大会。会例得携眷共同游览，除第一届创立会余未与外，第二届在江阴，开会后游览太湖；第三届在沪举行，上川公司亦为东道主之一；第四届在南京，畅游中山陵园及栖霞山、汤山各名胜；第五届在常熟，游虞山，并游宜兴善卷、庚桑二洞；第六届在嘉兴，游南湖，并游松江佘山；本届游常州郊外名胜，又赴句容境登茅山。余为上川公司代表，上川近经铁道部立案准称铁路，与其他各长途汽车公司性质有别，声明自本届以后退会，而该会旋亦以战事中止矣。五月，上海文献展览会函聘余为川沙县征集主任，并被推为理事之一。六月，伴同杭州益友社长王育三君调查川南农村状况，拟办合作社，王君认为南汇袜业、川沙毛巾业均有合作之必要。七月十日，在川召集全境毛巾厂主筹组合作社，一致赞成，订期开创立会，而战事起矣。八一三后，余在浦东同乡会办救济同乡难民事宜，南市寓舍不可居，移眷于法租界辣斐德路一二一一号青儿所租之屋。

六十岁，在沦陷区域度孤岛凄凉生涯，略记于《梦余录》，兹不赘述。大儿在青，自毕业同济医大后，服务宝隆医院、上海市卫生局、龙华戒毒所、沪南卫生事务所、浦东同乡会诊疗所及战时第十三救护医院。本年春季，自设诊所于浦东大厦三零五号开业，同时与同邑金响云君（翔声）之女公子省吾在同乡会六楼川沙厅行结婚礼。次儿在皜，肄业于大同大学，以南市黉舍已毁，托庇租界，屡易其地。幼儿在森，年十六，有志从戎，五月一日晨出不归，查悉远走汉皋，在汉时有仰渠从弟（志鸿）照料，继至重庆，承中华职业贾校长佛如兄（观仁）招待，黄任之老友来函嘉其志愿，负责玉成之，旋据森儿自铜梁函报，已以第二名考取中央陆军军官学校第十六期生，该校将迁设成都云。流光如驶，余忽忽不知老至，而同人有以六十称觞相强者。余素视此习俗为非，且在

张志鹤25岁至65岁留影汇制为一帧《蝶梦图》

国难时期，正怅我躬之不阅，何以寿为，乃旧雨中公宴余于酒楼者多起，却之不恭，受之有愧。复承黄云僧先生（蕴深）等竞赠诗歌，而尤以大德望七八老人秦砚畦先生（锡田）作五言长歌，由顾志廉君（涟清）、陈久余君、黄济北君、张心九君、汪礼卿君（胪甲）、张梅舫君（思义）、吴藩孙君（泰堉）、康竹鸣君潢制为轴，康君书之，取八仙上寿之意见贻，感谢无既。各友见赠诗歌另册汇录述珍藏之。

张志鹤《周甲自述》书稿

中华民国二十七年十二月十四日六十生辰自述既，另书于笺，汇同赠诗装成册页，并存原稿一册。至二十九年秋冬间，得暇再钞一本，未及半而大病作，三十年春暮，病愈乃续成之，故前后字迹不同也。

按：录自《周甲自述》抄本。该本系作者张志鹤以小楷亲手书写，初稿成于 1938 年 12 月，1941 年春抄录成书。文中述及“存原稿一册”，未见。

我生七十年的自白

（民国四十七年·1948年）

［此文信手写来，有白话，有文言，不成体格。时在民国三十七年十二月。］

我是一个乡农家之顽童出身，生于清光绪五年已卯十一月初二日，即公历一八七九年十二月十四日，忽忽到今七十年了。

七岁，始入族伯子明先生私塾，读方字，旬余便不肯读了，父责之，祖曰，年尚幼，不读可也。

八岁新春，又入塾，俗例清明放节假，我以放风筝为乐，假满，又不肯读，父责令必往，祖又曰，年尚幼，姑俟来年可也。此时期之顽童生活，真可谓箕裘克绍。好玩骑牛，牛身高，不得上，牛有长角，呼之曰借角，牛首微俯而侧，以足跨其角，牛首一昂，跃登其背骑之，越钦公塘，往东四五里，放牧于海滨草滩（此项草滩现已坍没海中，海岸西移二三里，不胜沧桑之感）。又喜驾牛于戽水车，立车盘上，在牛项，扣轭绳结（此结甚简单，而笨人视为难事）。又牛之耕地，拖犁翻垦后，再拖刀耙切细之，人立耙上压重，手执牛尾，农夫称为捏牛尾巴，我亦为之。又入秧田插秧，人小泥深，为求免污衣袴，则裸下体入水，又尝学织草屦以自穿（俗呼推草鞋）。同族中人农隙多练拳术，常年设有拳场，我更以此为乐园，耳目濡染，亦是三脚猫，懂得一些。到明年九岁了，祖父诏之曰，今年特请徐万斋先生来设塾，不可不读书矣。于是奉命惟谨，年终，徐师辞馆。

十岁，十一岁，两年，仍就读于族伯之塾。

十二岁，父命寄读于舅家顾氏，塾师一少年秀才凤际虞先生（讳仪庭），对于我温书之字音句读，有错误者，纠正不少。明年，顾氏改聘谈洽卿先生（讳道），为一老秀才，教读数十年，从舅顾心莲明经（讳鸿）出其门下，今教诸表兄弟，其小门生也。时两表兄已学作八股文，名曰做文章，我以为奇怪，问先生文章如何做法，谈师曰："汝若有意为之，可教汝做两句破题试试看。"乃以"学而时习之”句为题，先讲解题义及破题做法，令作两句，写在习字簿上。师阅之，谓尚可，惟第二句末用“乎”字，不合式。翌日，再以“君子务本”句为题试之，与从舅顾公心莲同阅，皆认为可教。谈师检出其旧藏《启悟集》一册见示，盖其中自破承题起，作文初步法也，遂为我讲授，亦依三六九文期，命题试习之，外祖闻之曰，此所谓开笔也，例须谢师以红封之敬。我于节假回家，禀告家祖曰我开笔做文章矣，意欲索红封以谢师也。祖叱之曰：“是何言？曾见几个读书人有饭吃！（骂尽一般老学究，不肖孙终亦未出其所料），吾家种田吃饭，汝只须识几个字，便垦泥块过活可也，切勿上当。”

谈师最好之规律，案头置日记一小册，长不盈二寸，横四五寸，中一横格，分为上下。每日上午背生书者，以先后为次，列书学生姓名于格线之上；下午背温书，则于格线下亦如之，字皆端楷，不到因事或病，亦皆载明。积数十年，已盈一筐，册式一律，凡曾受业者，虽已四五十岁，亦可查出某某年月日是否在塾，及背书第几人。又置方形四五寸小册一本，记学生功过。我因三月廿八日川沙香汛，有草台戏，于早晨受课生书后，私出赴城看戏，晚归，偷看功课簿，已记某生私自出塾，应责手心十下。明日清晨，我抢先第一人背生书无误，师无动静，晚又偷看功过簿，则已记某第一人背书，可免责。村塾教作文有程序，先是破题两句，再教承题三句，至学作讲首，曰放起讲，其次曰放起股，曰放中股，曰放完篇。我作起讲不多时，有些象样了，师乃曰，余因东家学生未能放起股、放中股，汝一附读生，不便正式先教汝放，汝尽自为之，可不拘程序也。

十四五岁两年中，同学作文者有四人，我多为抢替。一日师戒之曰，邻近村人谓余塾中五个做文章学生，由汝一人包办，余甚难为情，汝切记今后要不得，并令某一同学坐师案前面试，可谓禁令森严矣。吾祖日常生活，每于下午在龚镇茶寮，与几个老友斗六十四（竹牌名）。一日晚归，我适因中元节放假在家，告我，有友人中之陆秀才连城先生（讳钟琦），闻汝学做文章，要索文章一阅。我乃自拈“富润屋”句为题，作成全篇（时在塾中未完篇也），呈祖转请批改，颇蒙奖借，批语中有“知蛟龙非池中物也”句（可惜到老还是池中物）。十五岁那年，中秋节后，患了一场大病，几乎不救，卧床两三月，起来穿衣，原有长可没踝之袍变成仅及膝盖，病中正在发育时期也。

十六岁，谈师移砚同学黄香圃家（讳家骏），我亦往附读焉。黄家在钦公塘西侧，是年值中日甲午战争之役，海滨设防，筑炮垒，见塘上移运炮位及兵队出入，为我生始知军旅之事。是冬，始应童子试（俗称小考，别于乡会试之称大考）。川沙在清为抚民厅，不设学官，士子分考上海或南汇，我以从舅顾心莲为南汇县学廪生，童生须有廪保，为保结便利，我即投考南汇。先于冬间在南汇县考，由南汇知县主试，明春赴郡应府考，由松江知府主试，县、府两试均得终覆者（头场榜上有名得应初覆，每场有淘汰，至四场为终覆），每以为院试（亦称道考，即学政按临试）可有希望，我以初出茅庐，县、府试均终覆者也。

十七岁，改从王一清先生（讳文澄，原籍余姚，久居川沙，考入上海县学）受业，因其在龚镇设帐授徒，距我家较近也。同学最大者陆效飞兄（讳舒翼）长我两岁，最小者朱庭祺君（字体仁）少我八岁，同桌对面坐，每与之嬉戏。是年春赴松应府试，夏初又赴松应院试。在松江考试期间，满街满巷，称为童天王世界。同伴中年长者，或往茶寮小坐，或访友谑谈，我以年稚而面嫩，每不与偕，独自闲逛于方塔、西林塔、黑鱼弄、白龙潭、醉白池、超古寺及远至仓城等处，以为消遣。院试场期将近，廪保顾心莲从舅勖之曰，毋再乱跑，须整理笔墨，准备入场之一切，我乃磨墨满盒，装入考篮。及期入场，听点，接卷，认号，坐定后，盼到题目牌，首题“以能”二字，我以为不难作，乃握管摊卷。讵将墨盒一揭，则卷面已染一大堆墨（墨污犯场规），阿呀，完了，只好等下科恭喜，草草完卷而出，秘不告人，败兴而归。王师以为此科失利，宜改名字。我原名浩然，顾心莲从舅为取孟浩然踏雪寻梅之意，字之曰访梅，王师又从“梅”字着想，诵“天寒有鹤守梅花”句，为我改名曰志鹤。

十八岁，闻王家港王氏聘南汇顾冰一先生（讳次英，光绪甲午副榜举人）主讲其家，我往附从焉。顾师长我七龄，同学为王君士文（讳家彦，癸卯举人）昆季。士文与顾师齐年，而又同案入泮者，至是亦拜门下请益焉。其尊翁春泉先生敬师甚，如师之嘱，大事藏书，每月两次，自沪购书归，必一舟满载，其各省官书局出版而沪肆所无者，亦必设法罗致之。我初就学，日惟朗诵八股文，自以为用功也。顾师止之曰，勿尔，以读八股而做八股，毫无根底，必多看书，并先从识字入手，为我订定课程，每日读《说文》若干字，看《尔雅》或《诗经注疏》及《纲鉴》若干页，我自此才知有秦皇、汉武、唐宗、宋祖、明太等等历史，否则在四书五经之唐虞三代以后，不知如何会到今之世也。是年冬，龙学院（讳湛霖，字芝孙，湖南人）科试，我获取入南汇县学第八名。吾宗自小湾分支迁至九团，世代务农，三百年来，至族叔祖洁生公（讳文藻）于光绪十五年入上庠，算是第一个秀才，不若旧乡绅家，一门中老少秀才可抓一把也。我是第二个秀才，族中还以为希罕（总算从此开读书风气，现在族中大学毕业生亦不少了）。

十九岁，仍从顾师读于王氏塾。王氏富藏书，堪称瑯嬛福地，我遂努力阅书，虽不能多读，亦得多识其书名，前今两年中，获益匪浅。常例，既入学为博士弟子员，八股文须即揣摩墨卷，以图上进，我只顾阅书，不复措意及此。桂花香近少年头，初次应江南乡试，观光而已，但这次是八股文取士之末一科，亦足纪念。冬十一月初六日，娶于唐氏。我十岁时已订婚，我家与唐家东西相望，俗称一箭之路，亦犹俞曲园《右台仙馆笔记》中，所谓与其姚夫人自小共筛钱者（筛钱俗称扛三符，现在的儿童已不知有此玩意儿了）。

二十岁，以新婚后，在家设塾，教几个邻童及弟辈，以便课余与新娘为伴。今有时髦之度蜜月名称，我则可谓度蜜年者也，哈哈。

二十一岁，为便请业于顾师，借书于王氏，就王家港唐氏馆课，俨然抗颜为童子师。所谓自行束修以上者，全年共得三十金。乡俗旧例，延请塾师之待遇，童生年计划制钱二十千文至二十四千文，秀才三十千文至三十六千文，我亦如其例，并不以为菲薄，但过不惯猢狲王生活，年终辞谢不干了。

二十二岁，居家修学，并不设塾授徒，以书院课艺，博得膏火（即奖金），藉资个人零用，可较多于出门教读之修金。上海三林书院秦山长温毅先生（讳荣光）课经史策论，秦先生阅卷必详批，并动笔删改，颇为受益。南汇芸香草堂于山长香草先生（讳鬯）课经解，我常列超等。兼应观澜（在川沙）、惠南（在南汇）两书院时文月课，自以为不受他人拘束矣。乃至秋间，同邑包聘卿明经（讳志澄）因丁外艰，坚邀我往代周浦朱氏馆课，阅三月余。朱氏诸生中，有学作时文起讲、试帖诗两韵者，名宝康，即后来沪市豆米巨子朱允长君，惜今已作古人矣。

二十三岁，为黄楚南君（炎培，后改字韧之，今字任之）考入上海南洋公学特班。其原任南汇三灶镇周氏馆课，由顾冰一师之谆促，我往为之暂代。居停之子静涵（均）初学作文，附读之顾生揄青（扬）是冬初应童子试，我居然以老师送考面目，伴送顾生赴南汇县考。

二十四岁，正式受任为周氏塾师。邻塾只隔一庭院，亦周氏本家，其塾师顾翔冰君（讳泮英）为顾冰一师之从弟，朝夕相见，颇得朋友切磋之乐。夏，赴松江应岁试（每学政一任，岁试、科试各一次。岁试者，例行考验已入学生员之成绩也，老秀才怕岁考，报出游，或报病，暂赖不到，但不得过三科，且必须补考。相传笑话，有一摆摊卖字者，每字大钱一文，一个老秀才付十五文，请写扇面，则提笔书"俨然一秀才，文章滚滚来，一日宗师到"十五个字（宗师即学政），又加付两文，则添写"直呆"两字。科试者，为应乡试，须先应科试，一若报名然也）。我于廿一岁那年已当过一次岁考了，这是第二次。凡岁科两试，生员报考经古场录取者，必有正场取一等可补廪之希望。我此次考取古学，而八股文太不合格调，只列二等第二名，也算例外。时学风丕变，竞译东文书，我亦自习东文，与黄君楚南及其同学邵仲辉君（即今邵力子）三人合译《支那四千年开化史》一部出版，署名"译者支那少年"。

是年壬寅，补行庚子辛丑恩正并科，再入秋闱，同伴张心九君（尚思）年二十六，黄楚南君、顾翔冰君均二十五，我二十四，在秦淮画舫作四人合庆百龄之举，此少年乐事也。既归，黄君报捷，余皆为下第之刘蕡。我辞谢周氏馆，劝周顾二生入上海育材学堂，即今南洋中学是也。时清廷已下诏各直省府厅州县，将所有书院改办学堂，府为中学，县为小学，乃随同黄君请改观澜书院为川沙小学堂，呈文以黄君新举人领衔，而文为奉旨办理事件，厅丞陈家熊例不能不准，但貌视我辈青年，不予遽准，迭次批复，颇有玩弄调侃之意，黄君与我乃越呈张文襄公之洞。此行历尽艰辛，因既无公费，我辈又皆措大，困于川资，只能乘价廉之野鸡轮船（别于招商、怡和、太古三公司之有轮埠者）到南京下关，停在江心（该轮无停靠码头）。四更天气，过入小划子，逆风逆水，奇冷澈骨，划到江边上岸，已天明矣。沿途滴水成冰，风雪中，坐铁轮东洋车入城（时未有江宁铁路），车行好多时候，坐得冻僵。而城内未有如今日之旅馆，觅住小客栈，硬板三块为榻，夜则油盏一灯如豆，并无被褥，须自带行李，我们只带薄棉被各一条，实不足御寒。早起，至文德桥茶寮吃点心，狂饮高粱，以煮干丝佐酒取暖。最要紧是一纸呈词，而墨冻手僵，不能自缮，只好以两大元委托露天誊文公（衙门旁有代写文件之招贴者）代写。至督辕投文，则侯门似海，号房中摊列上辕手版，两三长台。只见红蓝顶子出入如织，不收呈文，谓须候收呈委员堂期面递，我们不能久待，只得再以几只大洋，托誊文公代递，并约抄到批示寄回。于是匆匆出城，到下关候船（是时下关未有市面房屋，只几个芦席棚，卖大饼油条而已）。好容易候到下水靠码头之太古轮船，我自背负被包，走上跳板，冰雪甚滑，一个筋斗，幸两边有网络，未落江中，而腰包仅剩之川资已丢了。回到上海，知川沙陈厅丞闻我们赴宁，恐江督阅禀，将斥其违旨，先已堂堂照会，请即开办学堂矣。

二十五岁，川沙小学堂开办，厅丞陈家熊照部章委黄君为总理，我为副办，招生两班，额为之满。我与黄君皆不支薪，黄君且自备饭。我自上年辞去周氏馆后，既无束修，又无书院膏火收入，个人零用亦不便向家长要钱，暗中自质衣物弥补。六月暑假，适顾冰一师暨杨月如君（讳保恒）、瞿绍伊君（钺）归自日本，订邀莅川演讲，一时闻风兴起，上海、南汇、新场、周浦等地绅耆学子均买棹而来。翌日，叶汉丞、沈奎伯诸君邀顾师至新场讲学，我与黄君偕往，致成南汇革命党之狱。此事因痞棍黄德渊等庇护北山寺住持，鸣锣取众哗闹，当夜我们避匿康衡甫家，黎明雇舟入南汇城，休憩于顾旬侯先生（讳忠宣）创办之肇兴学堂，撰文呈县。傍晚缮毕，五人偕入署面递，戴令运寅（字子迈）正坐堂皇讯案，约明日再去详谈。翌晨即去，戴尚高卧，午起，迎入花厅，大恭敬，开口便称昨夜阅诸君禀，已掣朱签拘犯封寺（北山寺），必为严办，诸君放怀勿问可也。乃信口雌黄，大谈经济政治，随时要请诸君指教等语，特开麒麟门，送出大堂以外，此所谓软进硬出者也。我们回肇兴校，饭后无事，五人之一陆济清明经（讳望峰）径回坦直桥家中，黄君与顾师冰一、张君心九（尚思）及我四人雇舟出城，游三灶镇，宿周宅（为我与黄君之旧居停）。翌日（六月廿三日）午后，城中急足至，持顾旬侯先生函，谓戴令请再去谈，望速驾，我们毫不迟疑，即登舟入城，至肇兴校，先饬役赴县通知，俟晚膳后即来。正在进膳间，一署役持灯笼，执戴运寅三字大红名片，谓请诸位老爷。我们披衣同去，导入花厅，戴令出见，开口便称你们是革命党，谤毁皇太后皇上（盖据黄德渊捏供也），即又饬役请捕厅老爷来，交其看管。于是同入捕厅署（典史署），腾出一大房间，署役曰此上房也，因太太回籍了，故可借用，我们嘱此役去向肇兴校借榻帐四副来。此房真大，四榻之外，另设一板铺，由两役人轮吸鸦片烟，算是看营，并同我们闲谈，以解沉寂。所谓捕厅老爷者，亦每日手执水烟袋来，送阅报纸，与我们敷衍，谓堂上（指县令）性躁，一时火气太大，兄弟当从旁婉解也，我们笑颔之。然而关防严密，禁止友人探望，并在窗外加钉木栅，视同江洋大盗，住在此中三夜两日半，算得是铁窗风味。但每餐由外送来丰盛菜肴六簋，这笔帐吃在啥人头上，至今不明白，大约是顾旬侯先生惠钞了。我们在里面毫无消息可闻，而外面已闹得满城风雨，鸡犬不宁，衙门前贴出六言告示，照得革命一党，本县现已拿获，起出军火无数……云云。一面电详江督魏光焘、苏抚恩寿，抚批解府讯办，督批就地正法，电令两歧。在再请示间，六月廿五日，是光绪帝万寿，地方官黎明朝贺如仪，鸣炮九响，致睡在旅馆梦中之朱锡笙君（朱比部赞虞先生之公子）惊醒跃起，踢翻便壶，跌碎近视眼镜，误以为我等已正典刑，虽不及劫法场，亦将哭法场也。廿六日中午，我们正在吃饭，忽一县役高举戴运寅红名片，谓请诸位老爷到花厅上去谈，乃略整衣履而出。房门外立一笑容满面之外国人，颀而长兮，与我们握手为礼，真所谓丈二金刚，不知此人何来。同行步至大堂，则一县役宣告，大老爷现需休息（实则鸦片瘾难熬了），请诸位回去，缓日再谈。是时，新场叶汉丞、吴景蘧等与牧师陆子庄、方渊甫、袁恕庵诸君皆握手相慰，始知一外国人系上海三马路慕尔堂总牧师步惠廉先生，特来保释者也。即登轮，迳驶上海，后悉此轮启碇后半小时，决定就地正法之电令到县，戴令已追赶不及了。若使戴令果于释出时在花厅延见，寒暄一番，便难逃出虎口矣，真险呀。

以革命党一案，上海育材学堂师生编成新剧，出演舞台是否逼真，未去看过，无从证明。但是年秋冬间，在日本东京出版之江苏杂志，载有《南汇县党狱始末记》一文，颇为翔实，现采入《川沙县志》第二十三卷中。我们自南汇出狱到沪，即暂借居慕尔堂牧师方渊甫先生家。我得家报，内子产后病剧，长男曾福患痢已久，我恨不能即归，但覆函为新生儿命名兴。七月廿一日，先祖汉宗公殁，闻讣奔回，已大殓矣。翌日，沪有急足来，促速走，即星夜驰往。知佑尼干律师告步惠廉总牧师，清政府派上海道就会审公廨提审，一经审过，立可解往内地，绝无保障，只有远走日本避之。时张心九君声明并未参加演说，已摘除案中名字，我等三人连夜搭船（船名西伯利亚）四等舱离沪。为登记避免耳目，顾师冰一改号仲修，黄君楚南改号韧之，我改号伯初，并即沿用通讯。到长崎登陆，转赴神户，投宿于南汇同乡陈平斋君之源昌号。匝月辞出，乘火车往东京，寓丸山福山町二丁目东樱馆五号。曾入清华学校习日文，以备留学，但费绌，不久旋止。岁将暮，三人回沪。同乡杨锦春先生（讳斯盛）招待于其家（在白克路珊家园人和里），我们旅居日本及来去费用皆出于杨先生资助，并代偿佑尼干律师费五百两，深为铭感。我得间回里，内子病虽愈，而长次两儿均已殇。是年，先祖与先叔新洲公及其长子志义从弟暨我两儿，老幼四代一门共死五人，我亦几遭不测，内子病亦濒于危，真可谓家门之大不幸也。

二十六岁，就南翔耶稣教堂设立之学校中文教席（已忘其校名，在南翔东市，隔一小河之南岸即古漪园，每日往游焉）。同事英文教员陈君（已忘其名）系一教徒，甚诚恳，授我英文，一学期读完课本五册，能自检字典阅书矣。然以速成强记，又不应用，稍久即尽遗忘。秋，应上海城东女学之聘，任教课，并承杨锦春先生邀，顾师、黄君与我在其别墅，创办广明小学，同时兼职于南北市两校，宿于广明，而每晚赴南市沪学会，补习算术、音乐。

二十七岁，专任广明教务，晚仍赴沪学会，又在北市理化传习所补习。是年杨校主筹设浦东中学，在六里桥购地建筑。

黄炎培、杨斯盛与浦东中学董事、教师合影（1907 年）

二十八岁，浦东中学筹备就绪，组织校董会。校董十人，我其一也。

二十九岁，春，浦东中学开办。黄君韧之为监督（清部章不称校长，中学称监督，小学称堂长），我为教务长。时各地中学尚少，闻风争来入校，头班生第一届毕业第一名庞松舟，现已为特任官，其余成材得志者甚多。是年秋，我率学生数十人旅行南京，沪宁铁路通车未久，我尚第一次乘坐国内火车。在宁二日，实行远足，每日黎明起即出发，至昏黑回寓所，一校工挑馒头一担随行，以充食粮。第一日，出聚宝门，至雨花台，折回出水西门，至莫愁湖，再入城，游清凉山而归。第二日，出朝阳门，游明孝陵、玄武湖等处，入太平门，登鸡鸣山，遥瞰台城遗址。两日步行，学生中有喊走不动者，我与体操教员陈君星五（庆云）一在前领队，一在后督队，以鼓励诸生精神。同行之国文教员黄许君臣（讳守垣）、沈君勉后（讳砺）实不能走，中途雇车先归。我有《远足日记》一文，刊在浦东中学第一期杂志（此本今已佚）。十月二十日，先王母周太夫人弃养。时吾父患瘵已甚剧，扶病治丧，送葬之日不能步行，乘肩舆往视窆，又察看生圹工程，归即卧不能再起矣，我以学校寒假期，得日夕侍奉汤药惟谨。

三十岁，新正初六，父命我召合家人俟于寝室外，谓将告别也。既齐集，又命速招之入，环侍榻旁，父乃举目视一周，颔之而瞑，神志清湛，岂偶然哉。我向在荫下，从未问家人生计，至此失怙，事无巨细，悉集于一身，呜呼痛哉。

三十一岁，川沙筹备城镇乡地方自治，黄君轫之及包君聘卿、顾君蓉江（讳懿渊）、陆君逸如（讳家骥）与我五人，为主任筹备员，同时苏垣樊稼轩（讳恭煦）提学使委我为川沙厅视学员兼劝学所总董。全境小学十余校，仅城内高等小学以旧有书院田租充费，其余各初小以串票捐钱二百余千文分给之。而劝学所经费指定旧宾兴款息充用，全年共钱八十四千文。设雇员一人，系自治筹备公所会计兼任，年支津贴银圆四十八元，已所余无几，聊充纸墨及临时书记缮写费而已。我纯尽义务，为饥所驱，仍任浦东中学教务，每月二次往来于六里桥、川城间。一日省视学庞芝符君来川视察，我偕同坐小车，赴四乡各校。中途在食肆便餐，庞君谓我既系完全义务，而又极辛苦，不应再赔车钱，请吃饭。我答以本乡人，有远客来，非公事亦必招待，惟恐不恭耳。我于劝学所，先后整理学款入手，以观澜书院田租年收不足五百千文，革顽佃，改新章，骤增一千三四百元。

三十二岁，城乡各区自治公所成立，我当选为九团乡议事会议员。

三十三岁，又当选为川沙厅议事会议员。但自治速成，而民智犹稚。二月初一日，突起自治风潮，被焚或被拆之自治公所三，私立学校十二，自治职员家宅二十九。我在沪招待被难诸君，并办一切文牍，常驻浦东同人会（时在万聚码头信成银行楼上）至匝月之久，此事我家幸未波及。松江府戚升淮太守（扬）结案详文有云：当纷扰之际，乡民相戒不入议长包志澄之门。视学员张志鹤，虽家属以被祸为虑，而乡民终亦不犯。在昔黄巾不犯郑康成，而陈实王烈诸贤能以德化其乡，意者川沙尚不乏人欤（自是苏属自治筹办处，有人戏呼我为郑康成，谑而虐兮，愧甚）。最后苏抚程中丞（讳德全，字雪楼）派夏道敬观（字剑丞）来川抚慰。我陪同往四乡宣讲，返城后，由夏道监视开第一届厅议事会，我被互选为参事员。夏道离川之日，阅报载武昌已起义。九月十三日，上海攻破制造局，开放军械库。闻春间在川境滋事之逃犯亦有潜往冒领新枪者，我为之惧，向沪军都督府请给严禁示文，并请上海警务长穆抒斋君（讳湘瑶）借拨武装警察二十名，于十六日驰抵川沙。我谒厅丞刘嘉琦，告以准备情形，劝即改称民政长，出示易帜。刘因僚佐已均星散，不知所措，我代为处置，漏夜属稿赶缮。翌日上午，树白旗，颁文告，全境翕然。未几，苏都督府委方鸿铠（字仰儒）为川沙民政长。方在川任钱谷幕僚久，一切均熟手，至是坚邀我相助为理，我暂兼总务、学务两课课长。

三十四岁，时为中华民国元年，先是上年十一月，应沈信卿先生（讳恩孚）及黄韧之君之招，脱离浦东中学及川沙县民政署职务，赴苏从政，江苏都监程德全（字雪楼）委任为民政司助理员，司长李平书先生（讳钟珏）常驻沪，兼沪军都督府民政总长，在苏由副司长沈先生代理，而黄君为民政司教育科长也。军事初兴，一切简约，都督月俸五十元，司长四十元，科长三十元，科员二十元，民政司副司长以下同住沧浪亭宿舍。总务科长原为袁观澜先生（讳希涛），嗣于三月间北京教育部成立，电召袁先生就任普通司长，其科长遗缺，由庄蕴宽（字思缄）都督委我继任。当时事浮于人，日不足，继之以夜，我每晚在宿舍随同沈副司长料理文卷。江苏在前清分两布政区，江宁藩司管宁扬徐淮海通四府二州，称宁属，总督驻宁。苏州藩司管苏松常镇太四府一州，称苏属，巡抚驻苏。革命后，以一都督统辖之，初尚宁苏分设两机关，至七月，裁并为一，由苏迁宁，都督由程复任，以旧总督署为都督府（即国民政府今址）。我仍任民政司总务科长，司长宁苏正副各一人，李司长辞职，由马隽卿先生（讳士杰)继任(宁属),沈副司长蝉联(苏属)。适黄轫之君赴北京出席全国教育会议,我并暂兼代教育科长。至十二月,实行军民分治,中央任应德闳(字季中)为江苏民政长(省既称民政长,各县即改称县知事),迁设省行政公署于旧江宁藩司署(明中山王府有园曰瞻园,作为员司宿舍)。依新官制,民政司改称内务司,科长荐任。

三十五岁,四月,颁到大总统任命状,我被任为江苏省行政公署科长,编列第二科,主管事项中,警务其一也。七月十五日,第二次革命之役,随军民两长迁沪,在斜桥洋务局设行署办公。旋迁苏垣旧抚署,即民元之都督府。九月,韩国钧(字紫石)接任民政长,又迁回宁垣。

三十六岁,省公署又行新官制,改组巡按使署,裁司为科,科改为股,我即摆脱归沪。自辛亥革命至此甲寅初夏,即老友黄君赠诗(七十言)所谓"辛壬癸甲终瞻园"者是也。先是春间,我已赁屋于上海董家渡内小南门外之定福街,移眷居之,为便于长次二女就学也,至是在沪始有退休之所。回溯三年从政,发过两次傻劲。第一次在兼代教育科长时,有一新到差之某科员拟呈一稿,请为核签,阅之,则为委任一江北法政学校校长,此事我初未有所闻,并查临时省议会议决甫经都督公布之六个月预算,并无此项法校经费;又黄科长以原任谘议局议员递为临时省议员,所亲自编制之预算,今在行政地位,径自违反之,我不能代受其过,拒却之。某科员絮聒不已,谓都督已发委任状,只须加一公文而已,我谓既有委任状,径自赴任可也,何必再多此一纸训令,缠扰两日,我终不理。晚间,同宿舍某科员曰,江北同乡对于某校长,已午晚轮流祖饯,只待一纸令文便可走马上任,君太恶作剧哉。翌日,马司长请我去谈,料知必为此事,果然。我述理由如前,马云,君言极是,但请另拟一稿,尽凭尊意为之(是欲试我以难题,后知某科员即马之新亲家也)。我拟一稿,训令清河(即今淮阴)县民政长,大意谓江北亟需设立法政学校,惟现预算内未列此项经费,应俟下届预算补列,现应即由该民政长先行设法筹备开办,并未提及谁为校长。马司长阅之,连称好极好极,即送判照行。时沈副司长适在沪,俟其回省,告之曰某科长真强项啊。第二次在内务司第二科长时,有一曾任教育科员已退职之苏人某君,自苏州夜车来宁,我尚卧未起,叩门谒晤,谓请帮忙一事,拟推某人为苏州警察厅长,烦即向省座吹嘘下令委任。我闻之,勃然曰，某为著名痞徒，何得假虎以冠，更为地方贻害！君苏州人，不为苏州地方计，我江苏人，决为江苏地方计，不愿有此等人为地方官。某君又言另行设法，求得省长允诺，请勿反对。我曰，倘省长下条子办稿，我必面陈不能办稿理由。某君败兴而去，乃向内务部控我一状，并无罪名可指，但说我不够荐任官资格，其实中央任命早已发下，相应不理而已。我退休在沪，时事新报馆孟莼荪先生（讳森）邀我去当营业部主任，真是外行生意经。是年秋，川沙八九两团海塘被秋潮冲毁。向例土塘由民业自行修筑，公家从未拨款，此时苏省主管水利者为我稔友，因代董业力争，谓常昭太宝塘工历年按亩带捐，川沙久尽义务，何以本地修塘不得分惠？爰请准于忙漕内指拨，先以五千元，继以二千元，也可算特开新纪录。

三十七岁，川沙设修志局，范知事钟湘（字泽珊）公函聘任我为采访稿审查长，旋又聘为协纂员。六月，教育部褒给金色三等嘉祥章，以在本乡捐建三甲小学校也。一介寒畯，何来捐款，盖以川沙县署任课长时，两个月俸及南菁校董公费凑成之。南菁自民元改为公立，设校董会，我被推为管理川沙县境横沙校产之经济校董，年支一笔公费，故有此款。九月廿五日即农历八月十八日，先母顾太夫人弃养，时我已辞去时事新报馆职务，回籍居忧。

民国二十三年（1934 年）一月，《川沙县志》编纂人员合影

三十八岁，又从事于教育生活。江苏省教育会受省公署委托，设短期体育传习所及教育讲演练习所，我承乏管理之职。又办小学教员暑期补习会，沈信卿先生为主任，我副之。是年调解九团下九甲芦荡新旧业争讼一案。缘民国四年设立沙田局后，沿海沙滩芦荡责成原业缴价领照，而九团下九甲滨海系

二十二保带丈三十，三十一、二、三及三十五、六、八等各图直出之芦荡，约近二千亩，原管业多至二百余户，其产权不计亩分，但以南北相距弓数论，最少之户有仅一弓或一弓半者，东西以西连于老额田，东至于海为止。前清时有人代向上海完纳芦课，故对于沙田局之文告颇多观望。旋因上宝沙田局与南川沙田分局管辖之争，其少数缴价之户亦复分向上海、川沙两局，如徐景云、李文卿等缴于上海，黄梓赓、张咸生等缴于川沙。及由江苏总局核定饬归川沙统辖，该分局一面示催报缴，一面准由秦卢亚、蔡伯良、苏虎臣等全数报领，已给四年十二月之部照。五年春，即设天余仓账房，宣告召佃，并以账房蔡竹生名义，呈县称各户霸占，请饬差押究，致双方讼牍，纷达部省。迨秋间斫柴，遂至斗殴，新业以刑事控县，拘捕徐某已到案，而顾某等避匿不遑，愈滋忿戾。川沙赵知事兴霙（字幼班）一日晤见我，谈及此事，谓新业刑诉依法不能不理，而旧业乡愚小户情亦可怜。据称前清历向上海完课，上海于辛亥光复时文卷册籍既无毁损，何以民国已届五年，上海县并不催征，此事大可研究。我谓此问题不在既往而在将来，设非有彻底解决之办法，虽一时压抑，其如以后每年秋间之斫柴仍难免愤斗何。赵知事请为调解，我答以调解须双方到场，非将已拘者暂释、未拘者中止无从进行。赵知事立允如议，嘱即补具一函，以为依据。我乃邀同黄平斋、包聘卿、陆逸如、陆莲溪、陈久余等，连署具函，而徐某出狱，其余免缉矣。自是以调解人名义，通知两造从长计议，结果新业提出四百亩归旧业各户按股摊分，仍偿还新业之原缴价款，订立合同，在合同封面，由县加书“永息纷争”四字，钤以县印。时在冬间，我适患伤寒重病，即就病榻为之盖章也。

三十九岁，春，病既痊愈，蔡伯良等在沪邀宴官绅，以谢芦荡案之调解，并交出四百亩部照，以告结束。赵知事起立谓，此案借重绅力，得以解决圆满，惟旧业二百余户分摊四百亩地，能否不生枝节，再看贵绅等之手腕。我答称可请县尊无虑。乃为撰制劈照据，刊印如方单式，并令将各户奇零之数自商合并，共有劈照据七十六纸，每纸填明系于某号部照某户名下，劈分得若干亩分；而原部照上，亦每纸详填劈分与某户若干，又某某户若干，本照本户实得若干亩分字样，校对符合，原调解人既于劈照据上全体署名盖章。各执据人又欲求官厅盖印，时赵知事已解组，我乃向代理知事景崧（字毓华）说明此案始末，立予盖印发还，遂各分执相安无事。至后清理盐田事竣，所有部照及劈照据均换领新单矣。是年夏，我就职吴淞同济大学庶务主任。冬经川沙地方公益会议，公推我偕陆逸如、陈久余二君赴南通参观张氏私立农校植棉成绩。谒张校主啬公（讳謇），请介绍校中毕业生季云（字子峰，如皋人）来川试办农场，以县立高等小学校产八团荡田百亩为之。农场计划分普通棉场、育种棉场、试作棉场，至秋成农隙，开农产品评会、棉作展览会、农友谈话会，其成绩颇为一般农民所称道，后又于场旁设苗圃，并兼办农童学校。

四十岁，川沙县高小校组设校董会，被推为校董之一。五月，江苏教育厅长符鼎升委任为川沙县劝学所长，自是又为冯妇矣。劝学所仍借居至元善堂之偏屋，不自备火食，而寄食于善堂。我以在同济大学兼职，每月两次到川，善堂供膳而不取费。每届年终，酌助捐款少许，聊以为报也。前清时之劝学所只设会计一员，由自治公所职员兼任。此时则一会计员，一练习书记生，皆兼职于地方款产处者。县视学杨承震（字应寰）驻所兼司文牍，一切文件，或拟稿，或商洽，每星期包封寄沪，由我核定后寄回缮发。一日，县知事章同（字觐瀛）谓我既尽义务，不支薪公，所有自沪寄川之邮费不应再赔垫也。我谓以川沙人应与本乡通信，或视同家报，谁复计及邮资哉。自袁政府取消地方自治制后，川沙另设地方公益会议以代之。每月集县市乡行政人员及地方公正士绅，讨论地方重要事宜，议决各案都能切实施行，虽无自治名称，确得自治实际。本年议及八、九团两乡之海塘及高昌、长人两乡直达黄浦之各干河，其修筑开竣宜统筹办理，组织塘工水利协会，我被举为会长。冬至日，举行宗祠落成典礼。祠建在龚镇北市二十二保十二图盛字圩一三六四号。吾张氏宗祠有二，一在小湾镇，祀自始迁祖居隐公以下，名其堂曰居隐堂。自居隐公后六世怡畴公，分支在龚镇之东，此祠祀怡畴公以下，名其堂曰怡畴堂。先是，光绪三十年，先父与宗叔祖秉堂、庆侯二公发起度地现址，筹建此祠，工未竣而款已罄，先父又病殁，无人董其成。本年由宗叔少堂、义孚、生源与我四人共同垫款，并纠族人凑捐以落成之。我拟订规约十六条，经全族公决，录示永遵，并采入《川沙县志》。

四十一岁，我以劝学所长名义，纠旅沪川沙同乡绅商，集成会款七千五百元，又县高小校三千元，莲溪小学及至元堂各一千元，市区公所三百元，合共一万二千八百元，报领高墩沙滩地四千亩，定为教育公产。其会款分二十五股，每股三百元，每年以公款拔还五分之一，至第五年已完全清偿矣。后又以滩地收益续领二千亩，此沙为横沙以北接涨之新滩。横沙系南菁校产，旧学使署定案，接涨均属横沙范围。而民国四年江苏沙田局准由上海爱国女学报领，时我为南菁校董，力持争议，并主张川沙属地主义，连年积牍奚止盈尺，卒由张南通调解，归各教育团体分领。

民国《川沙县志》书影

四十二岁，高墩沙之分领既定案，我以为分领可息争一时，而以后围田界址之争恐尤甚焉。倡议组织公团共同管理，拟章寄南通，经张啬公审阅后，称为法良意美，并征得各团体同意，乃成立高墩沙教育公团，我被推为川沙董事，主持执行部，其详章采入《川沙县志》。公团初领全沙三万一千五百余亩，嗣以增涨续领一万一千七百余亩，合共四万三千二百余亩。而川沙两次共领六千亩，兼又收购公团中爱国名下附股曹某之滩地八百亩，总计六千八百亩，已占全额六分之一弱。我初意此项沙田收益指充川沙中等教育经费，现闻县政府新制并入统收统支，究竟教育项下能有多少沾惠，我不知矣。此亦为我始料所不及者，噫。

四十三岁，川沙周知事庆莹以奉省令修治县道，提交地方公益会议，议决组设交通工程事务所，选举理事五人，并推我为主任。嗣因与上海县浦东塘工善后局筹办上川县道，爰仿上南及宝山成例，改组为川沙县交通局，我被举为局长，黄济北君（洪培）副之。自是勘筑县道，放宽街巷，取缔交通障碍，次第进行。县道依据上川两邑士绅之公意，实地勘测，南自川沙县城西门外之三灶港北为起点，沿大护塘西偏，迤北至曹家路镇，转西沿庄家沟北岸，接入上海县境，而达于庆宁寺码头渡口。

四十四岁，二月，县道行破土开工典礼。自上境先施工，同时上川交通公司已组织就绪，商由该公司垫款筑路，路成后，由公司租用，铺设铁轨，行驶机车。我以交通局长名义与公司对待，订立合同。自公司营业开始之日起，交通局与上海塘工局于公司进款毛数内合提百分之三报酬金，按月结算，即以抵偿筑路垫款，至垫款偿清之日起，上川两局合提百分之五报酬金。我预计至多二十年可将垫款偿清，尝与友人戏言，到民国三十年后，可坐享上川公司百分之五报酬金，我以一纸合同，为川沙公家挣得常年一笔大收益。不料今日（民国三十七年）川沙县政府竟按行车售票价，带收附加费百分之十五，超出我预计两倍，并闻县参议会且有加征至百分之三十之提案也。

四十五岁，一月十六日（阴历壬戌十一月三十日），幼男在森生。内子凡十乳，生女三，生男七，而不育者四。其齿，（一）、长女度新生于清己亥二月初三日；（二）、长男曾福生于庚子九月十二日；（三）、次男兴官生于癸卯六月，是时我适罹南汇党狱，同年长次两男先后殇；（四）、次女在新生于乙巳三月十七日；（五）、丁未年生之武和；（六）、庚戌年生之焱文，两男儿均至周晬而殇；（七）、男儿在青生于民国元年四月十六日（阴历三月初二日）；（八）、三女建新生于民国四年十一月三日（阴历九月二十六日）；（九）、男儿在皜生于民国六年八月二十六日（阴历七月初九日）；（十）、即在森，时在民国十二年，此其殿也（生三岁而出为幼弟志虎后，至二十岁而为国捐躯，可谓虚生此儿也）。四月，旧松属七县慈善款产董事会成立，我被聘为董事之一。松江旧为府治，育婴、全节、普济三善堂建于府治所在地，规模较大，其性质为府属厅县所共有。清季民初，松绅专管，各县起而争议，相持至八年之久，由江苏省公署令饬重订处理旧松属慈善款产办法四条，以资解决，并核定董事会简章十条。董事名额，松江十二人，奉、金、上、南、青、川六县各三人，任期三年，由所在地松江县署函聘（我连任至二十年之久，并为董事会主席十一年）。七月，川沙县劝学所改组为县教育局，我由所长改称局长，同时设县立师范讲习所，我自兼所长。教育局编制较劝学所扩大，原借至元堂余屋，不敷办公之用，乃请借用下砂场署房屋，酌加修理。以其时场知事常驻南汇城内，本署仅设分柜，余屋甚多，故县教育会、县农会、地方款产处、清理盐田董业协会、塘工水利协会、交通局等一并迁入，地方各机关联合一处，接洽便利。八月，中华教育改进社在北京清华园开大会，我为同济大学代表前往参加。南旋时，至济南，改乘胶济铁路火车赴青岛，视幼弟志虎于胶济路局之四方机厂，再从海道回沪。十二月，就任川沙清理盐田董业协会会长。

四十六岁，清理盐田，着手开办。先是民国四年，财政部颁清理松属盐田章程十条，其第四条辛项，老额灶地每亩补缴准垦费五角，松属各县均反对之。川沙于五年设南川沙田局之分事务所，丈绘图册。我与陆逸如君偕往参观，索阅图册，则八、九两团原系科则编号，修理井然者，该事务所之新图一切捣乱之，科则不分，而编号尤堪诧异。在一百另几号之毗连处便为二千号，问以何故，不能对。又问是否今日从一百号向东直出丈量，至一千九百九十九号止，明日又从西首开丈，而编号则继续昨数？答曰或如此。又问以不分科则，征赋如何办法（原分上则、中则、下则、下下则四等，赋额轻重悬殊）？由一号至几千百号，使业主何从认地？即试举一户名，请原丈员查示，则亦瞠目不知所措。我谓此名为清理而实则捣乱也，于是据理力争，并联同松、奉、金、南各县代表，抗议准垦费名目。旋由江苏沙田总局曾总办孟朴会同苏财政厅、松江运副，召集松、奉、金、南、川五县士绅在沪开会议。我发言甚多，曾为主席，竟日不得结论，当晚委托黄太史谦斋、陈省议员颖生向我说项，谓川沙可凭君意重行切实清理，但应俟其他各县办了后特别变通办法，虽由公家酌予贴补亦可也。翌日续开会议决：呈部废除准垦费名称，改为清理费每亩三角，部照改为盐田执业凭证。在各县只收费给证，而川沙以实行清丈，非偕同业户代表办理不可。爰组织董业协会，拟订会章十五条、清丈规程六十三条，层转部批核准（财政部指令沙田总局文云，查此项盐田，前总办任内曾经丈过一次，原派委员草率从事，以致现在征收清理费仍须从复丈入手，办理殊有未合，但既据称遽尔停顿于收款有碍，应即通融准予复丈，由该总办督饬详妥办理，务期精密真确，勿再疏忽，一面责成随丈随收，即在实收数内，每三角开支复丈费一角，以免虚糜而示限制，至所送董业协会章程、规程各一份，大致妥协,应准备案)。由地方人士指领局员清丈,八、九两团制成新丈各甲各则图形七十四张,丘形草图一百另四本,鱼鳞正册七十六本,户领号册八十六本,并制新田单,经江苏省长核定,饬由川沙县知事、下砂场知事、南川沙田分局会同钤印,加盖协会图记,用连单式,截留存根五百二十六册(可惜此项图册于协会结束后移送册单局转交地方款产处保管,八一三抗日之役,川沙沦陷,不及移运妥藏,由款产处主任凌云洲君托人转辗寄存乡间,污损散失,不堪收拾,并闻其中尚有少数未领讫之田单,被不肖之徒窃去抵押或变卖,贻害乡民,此非始料所及,实一痛心之事也)。

四十七岁,是年我于春天为一愉快时期,冬天为一悲痛时期。何以愉快?二月十二日,即农历新正十六,为幼弟志虎完婚。此弟六岁而孤,我教养之以至成人,就职业,而有家室,谓可告慰先父母于地下者也。何以悲痛?志虎婚后阅十月又十日,即冬至日,而以瘵亡,我于悲痛之余,曾写一文记其事略,兹附录于后[①]:

余兄弟三人,志虎其季也。字之曰季威,六岁失怙,十三岁失恃。先父湘州府君易箦间,目弟及余而口不能言,余泣曰幼弟教养长兄之责,父颔之,乃瞑。弟幼多病,为先母顾太夫人所怜爱,不遽令读。九岁[②],余在浦东中学长教务,挈之往,就学于该校附属第一初小部,而与余同眠食。及升入该校分设浦西南市之高小部,近余寓庐,改为通学,家庭常聚,先母方以为慰,讵即弃养,不及见弟之成立。弟年十五,考入同济大学附设机师科,余适任职于大学[③],得时察其起居。弟聪颖异常儿,在小学时课业锐进,越级以升,在同济毕业亦最优等。民国十年三月,入上海商务印书馆服务。十一年春,吴淞中国铁工厂延订为锭子间管工员,同时兼任本邑大川电灯公司技术员。是年冬,鲁案接收胶济铁路,需才亟,朱副局长庭祺电召,弟以十二年元旦赴青岛,奉委为四方机厂工务员。十三年秋,赴奉天东三省兵工厂,就任机器厂制图职务。十四年一月,请假南归,二月十二日,与同里朱庭蔚女士行结婚礼。是时,余私幸抚此弱弟,教养之以至成人,而成家室,可告慰先父母者也。孰知

---

① 民国《川沙县志》卷十六《人物志·统传》录此文。《周甲自述》"四十七岁"条述及此事。

② 民国《川沙县志》中,"九岁"作"九岁时"。

③ 民国《川沙县志》中,"大学"作"该校"。

阅十月又十日，而弟以病殁，痛何如之。弟所患为肺病，七月初旬由沈返沪[①]，余见状骇然，弟言因腹泻，故消瘦。余即请西医验明有痢疾菌，又以爱克司光镜照见肺结核，谓已入第二期证候，急为疗治[②]，药石无灵，而病日益剧，至十二月二十二日，冬至节，上午七时长逝矣。年二十三，未有子，余命第三子在森为之后。并述其生平，以志余悲。

今录此文时，在森又早已为国牺牲矣，更增悲痛。

四十八岁，横沙议办保坍工程，组织委员会，我任南菁校董，被推为委员，兼驻沪办事主任。横沙在八团外洋面，始发见于清咸丰年间。至光绪八年，大丈案内，由郁姚等姓缴价报领，嗣因有争议，遂半卖半捐，统归南菁书院为学产，全额五万亩弱。陆续围田，光绪十四年起征课，其后南坍北涨，接涨者即为高墩沙，而南坍几及原额之半，是以有此保坍工程，惜亦半途而废。是年，上南川盐公堂在南川两县分设食销官盐栈，我为川沙绅股代表，偕南汇代表与商股代表王绶珊君签订合约。同时我又纠合宋立峰等价领教育公产，在大湾御寇河东旧柘林营十四墩基地七亩一分创办公墓，规定葬穴三百十九号。同人指天字一至十号为我预定之地，乃戏云，定号虽在最先，入座须在最后也。我为撰文稿及章程呈县备案，定名川沙模范公墓园，详见《川沙县志》。

四十九岁，一月，辞县教育局长职。呈川沙县文略云，自前清宣元始任厅视学员兼劝学所总董，至民元改任学务课长，以迁职省署而止，民七又任劝学所长，民十二改为教育局长，继续至今，先后已历十有四年。其初全境公款不及千金，官公私立仅十余校，今虽教育经费扩充至年支六万元，校数亦较增五倍，幸赖地方父老之赞助，竭尽一市五乡之财力，有此目前之概况，时虞来日之大难。吾川办理教育廿余年，自当有人才辈出，为敢竭诚让贤等语。至六月，国民政府派员接收同济大学，我代表阮介蕃校长交代而退，计在同济任职十年又三个月也。又浦东中学由上海特别市教育局改组校董会，旧校董全体卸职，我自始为浦东校董，至此已历二十有二年矣。

五十岁，二月，又辞谢川沙高等小学校董职务，同时第四中山大学行政院

---

① 民国《川沙县志》中，“由沈返沪”作“由奉返沪”。

② 民国《川沙县志》中，“疗治”作“医治”。

（旧东南大学）派委接收南菁学校，我即将经管校董会款产册据并具报告书交讫，盖任南菁校董亦十六年矣。从此与教育界脱离关系，以后凡有商请为校董者，概婉却之。我愧非蘧伯玉，亦已行年五十，而知四十九年之非也。是年三月，以阮介蕃君就任上海兵工厂工务处长，招往襄办文牍事宜。同时，将川沙任务逐一摆脱，清理盐田董业协会，宣告结束，移交于另组之盐田册单事务局，并将塘工水利协会文卷移送川沙县建设局，只余交通局文卷，因与上川公司相互关系，正在整理待交中。回忆历年在川沙兼领各职，徒负虚名，而实际工作多赖黄济北君相助为理，钩稽悉当，我得免于陨越之虞，良可感也。

五十一岁，兵工厂又委兼总务处文书科长及技术委员会秘书，并由厂教育管理委员会函聘为委员。自是至五十四岁，四年中，致力于兵工厂本兼各职，不干外务。一二八之役（民廿一，一二八，日寇侵沪），兵工厂暂设临时办公处于法租界辣斐德路（今复兴中路），我亦税居西爱咸斯路（今永嘉路）慎成里十一号，五阅月迁回南市。旋兵工厂亦即停废，我以在厂掌文书之故，谙其历史，撰有《上海兵工厂之始末》一文，刊载鸿英图书馆出版之人文月刊第五卷五号，并由上海姚子让先生（讳文称）采入江苏通志访稿。同年五月，川沙李子韩县长（冷）函聘参与临时县行政会议，又聘为二十一年度地方预算编审委员及治安设计委员。我审查预算，删其可减之税收全年一万余元，以轻吾地方人民负担。十月，顾冰一师自吉林南旋，黄君任之喜曰，南汇革命党一案同难四友，前分劳燕，今得齐集上海，皆垂垂老矣。乃约作卅年寻梦之游，先赴松江，公宴步惠廉先生于醉白池。十一月五日，赴新场，凭吊当时出事之北山寺及城隍庙。翌晨，赴南汇，则前被看管之典史署已改作县党部，而戴子迈大令两次接见前恭后倨之西花厅亦已改为县政府总办公厅，孔县长充为摄一影，题“曾作阶下囚，今为座上客”字句。下午，北往川沙，官绅友好迎至观澜小学开钦仰会，是校实为造成党狱之发源地。此行所至各处，备受欢迎，招宴留影外，并有松江陆规亮老友、新场宋静庵区长、川沙陆衡汀耆宿，各赠诗歌留念。

五十五岁，一月，适为浦东同乡会成立一周年，我原被选为理事，担任文书组，至是常务理事杜月笙、穆藕初、黄任之、沈梦莲、吕岳泉五君联署聘函，由瞿绍伊君持来，面请为会务主任驻会办事。瞿君原为会务主任，以报馆及执行律务繁忙,不克常驻,坚邀我为之替代也。我于二月一日到会视事。是年川沙县政府节次函聘参加疏浚西运盐河赵家沟河工顾问、川沙公立普济医院筹备委员会、公安亩捐保管委员会、教育款产基金保管委员会、宪法草案江苏省联合研究会川沙分委员会、农村改进委员会、自治实验乡筹备委员会、粮食管理委员会等等。九月一日起,兼任鸿英图书馆审订史料工作。此事创始于甲子年(民十二),原名甲子社,剪取各报纪事,分类编为史料,旋改称人文社。自叶鸿英君捐款扩大图书馆(原称人文图书馆),而社附于馆,另有月刊发行,我任覆审订民十七以前之教育史料也。同月二日、十八日,两次大风雨,沿海各县受灾惨重,我偕同旅沪同乡奔走筹措,在仁济善堂组成江苏川、南、崇、宝、启水灾救济会,分组办事。我任总务组,每晚五时至七时必在事务所办公。至结束时,编制报告书,共收赈款三十六万六千五百六十三元及各项赈品,分发各灾区。统计其价值,川沙得七万八千一百七十二元二角三分,南汇五万四千一百五十六元八角七分,崇明八万二千三百七十五元三角一分,宝山五万四千一百零六元三角五分,启东七万五千零三十九元二角三分,另拨南通、太仓、奉贤、海门各三千元,上海市浦东七百八十七元二角,移送黄河水灾会八千元,余为视察及办公各费之开支也。川沙除得上项赈款外,本邑又募集二万二千六百六十九元六角四分。

五十六岁,川沙县政府函聘为县禁烟委员会委员。七月,交通部扬子江水道整理委员会函聘为扬子江江阴海口段治工委员会委员,旋开会于江苏省建设厅,各县委员与会者,江阴顾浩佳、如皋俞铭德、海门谈觉农、南通陈葆初、太仓朱恺俦、宝山赵正平、崇明王丹揆、常熟朱宗道、启东顾岳僧暨我十人,议决再加靖江一县。九月一日起,我代理上川交通公司经理一职,自公司成立以来,十年矣。顾伯威君一手经理,兹因胃病请辞,经董事会议决给假调养,推我暂代六个月(后又展期四个月)。我在代理时期,每日下午到公司治事,上午在浦东同乡会,不能再兼鸿英图书馆工作,即辞去。同时同乡会建筑新会所,亦已开工。

五十七岁,为同乡会建筑工程接洽款项等事,奔走几无虚日,而川沙修志一役亦于是年赶完全稿。修志局创于民国四年,陆衡汀明经(讳炳麟)主局务,黄任之君主纂,我为协纂,因黄君与我频年在外任事,不克回里,以致久延。上年一月,乘观澜小学寒假之便,扃集从事同人于该校涛园,分工合作,粗定纲要,嗣后在真武台连城别墅六次工作,二十四卷初稿略备。黄主纂以覆阅润色工夫,交我一人负其全责。上所称涛园,系我前在教育局长任内,就县校添辟幼稚园,请同乡建筑家赵增涛君承办,款不足,赵君赔垫泰半,无以偿,为名之曰涛园,丐沈信卿先生书额。赵君名文照,并由黄任之君题文照堂额以报之。至真武台原为道观,现由比丘尼住持,赵君于其西偏隙地添建铁筋混凝土楼屋三楹,甚精雅,为川沙近今名胜,我为定名连城别墅,盖其屋在旧城墙下,而又隐含赵姓之意也。同年七月,南汇赵楼(现名召稼楼)奚挺筠君(名世榦)以创设怡稼职业义庄,函聘我为浦东同乡会代表之董事。九月,川沙县政府函聘为文庙基金保管委员会委员。十月,李子韩县长迁调松江,以其在川有政声,临去,为文以送之。

上海浦东大厦奠基礼

五十八岁,一月,在连城别墅公开展览县志全稿。翌日,由川携稿来沪,统观前后各门,事实有重复或阙漏者,文字有矛盾或讹谬者,应待校补修正,需时尚多。同月二十九日,黄主纂将游蜀,我往商志稿付印事,决定由国光印书局承办。越旬日,黄主纂于途中以航快函嘱补县农场稿,而我亦以试印之样本若干页寄请阅定。自是，每日必校印样，随校随改，故每种必复校三四次，甚且焚膏继晷，校定清样，先制纸版，二十四卷次第完竣，就纸制铅，印出再校，仍有讹字者，重行改制，然后上架正式印行。全书八百页，历一年间之长期校勘工作，而仍不能免鲁鱼豕亥之处，殊以为歉。是年四月二十五日，出席川沙县政府二十四年度行政会议，我先声明全县税收总额，按民十五年统计，视民元已几增一倍，至民廿二视民元竟逾三倍，民力已弗克胜任，如再有增加负担之议，谨代表地方人民否认。及讨论提案时，果有增收芦课及亩捐等项，我乃据理驳辨，主席或予撤销，或予保留，均不成立。十一月二十一日，浦东同乡会举行新会所落成典礼，我撰落成纪念辞，其大要为自创立至斯五年间经过情形，及以后力求发展之拟议，长五千余言，载入落成纪念特刊中。同月二十四日，步惠廉先生回美国，我与顾冰一师及黄任之、张心九二君，将前南汇出狱到沪时先生为我等四人合摄之影，及本年八月一日在松江公宴先生时又摄之四人合影，分制瓷片二方，摹影于上，并配红木插架，以赠先生，藉作临别纪念。

五十九岁，元旦，浦东同乡会举行第一次同乡团拜礼，聚餐于杜厅。三月二日，为陆行镇开河争议，我为同乡会代表，会同上海市政府委员履勘，以资调解。同日下午，黄任之君偕广西省政府黄旭初主席自上海来。我在新陆站登车，陪同参观上川路。至川沙，由王县长任民招待，雨中步行川城一周即返。翌日，以新出版之《川沙县志》赠黄主席留念。四月二十五日，偕内子赴常州，参加京苏沪长途汽车公司联益会第七届大会，例得携眷共同游览。除第一届创立会我未出席外，第二

上海浦东大厦一

届在江阴开会后，游太湖尽兴。第三届在沪举行，上川公司亦为东道之一。第四届在南京，畅游中山陵园及栖霞山、汤山各名胜。第五届在常熟，游虞山，并游宜兴善卷、庚桑二洞。第六届在嘉兴，游南湖，并游松江佘山。本届游常州郊外名胜，又赴句容县境，登茅山。我为上川公司代表，上川近经铁道部立案，准称民营铁道，与其它长途汽车性质有别，声明自本届以后退会，而该会旋亦以战事中止矣。五月，上海文献展览会函聘我为川沙县征集主任，并被推为理事之一。六月，伴同杭州益友社长王育三君调查川沙农村状况，拟办合作社。王君认为南汇袜业、川沙毛巾业均有合作之必要。七月十日，在川召集全境毛巾厂主筹组合作社，一致赞成。订期开创立会，而战事起矣。八一三后，我在浦东同乡会办理救济同乡难民事宜，南市寓舍不可居，移眷于法租界辣斐德路一二一一号大儿在青所租之屋。

六十岁（时在民国廿七年），慨自上年十一月六日之晚，驻在浦东之国军西撤，十日敌总攻南市，十一日敌在沿浦登陆，十二日上海沦陷（自开战至此九十三天也），只余租界，成为孤岛。一切工作停顿，浦东同乡会只办救济难民事宜，我得多暇，随时接应来沪乡人，听取本地情报。川沙放弃两个月间，未有敌人踪迹，至本年一月十五日敌军到川，驻北门外车站，三日而退，四月八日又来占领矣。上川铁路营业，先已于三月一日起，被上海市大道政府派员接管。四月十日，松太两属十县士民代表集于浦东同乡会六楼，筹议救济春耕事宜，我为川沙县代表。卒以各本地均在沦陷区域，敌人土匪形格势禁，救济无从入手。而与会同人自是每星期三下午，必来会畅叙长谈，互报各地所闻，聊以解旅居孤岛之沉寂（每星期三之

上海浦东大厦二

会，继续至二百十四次止，改为每月一日、十五日，迄民国三十七年十二月，已三百六十六次矣）。同月二十八日，始创江浙同乡聚餐会，由名流张仲仁（讳一麟）、王丹揆（讳清穆）等发起，以联络江浙两省来沪避难同乡。每月两次，聚餐于八仙桥青年会九楼，于两省旧府属中各推一人为主持召集人，我被推为松属召集人，苏省苏、松、常、镇、太、宁、扬、淮、徐、通、海十一属均有人，浙省杭、嘉、湖、宁、绍、台、金七属有人。先后参加者达二百人，而每次到会少则四五十人，多则七八十人。座中五十岁以上最多，七十岁以上二十余人，最高年龄武进庄仲咸先生（讳清华）八十四岁，黄岩喻志韶太史（讳长霖）八十二岁，均健步如飞。喻太史倡咏重游泮水六律，和者纷纷，自是每届会期必有人以诗稿传观，可谓以文会友者矣。五月一日，幼儿在森晨出迄晚未归，检其衣物用具，悉已远走。此儿平日志在杀敌从戎，惟年稚，恐为父母所阻，故不告而行。乃致函汉口仰渠从弟，托其留意调查，至十一日，来电报已到。旋据森儿来禀，志愿入军校，而到汉之前一日该校已截止报名，并称因绌于川费，乘廉价之船，致迟误预计之程两日也。自沪至香港转汉，腰缠仅二十九元一角，悉已用罄，幸未流落中途，然亦险矣。

同月二十三日，大儿在青，与同邑金省吾女士举行结婚典礼于浦东大厦六楼川沙厅。青儿自毕业同济大学医科后，服务宝隆医院、上海市卫生局龙华戒毒所、沪南卫生事务所、浦东同乡会诊疗所及战时第十三救护医院，本年春季自设诊所于浦东大厦三零五室。次儿在皜，肄业大同大学理学院，以南市黉舍已毁，托庇租界，屡易其地。六月十九日，老友黄任之君自长沙函告，已代森儿询明军校考期，须在八月。任老又于八月二十六日自柳州来函云，在森已安抵重庆，住在中华职业学校内，已向军校报名。十月二十一日，森儿自铜梁函报，已以第二

黄炎培与张志鹤（左）

名考入中央陆军军官学校第十六期生，二年半可毕业，军校即将迁至成都云。流光如驶，忽忽不知老至，而同人有以六十称觞相强者，我素视此习俗为非，且在国难时期，正怅我躬不阅，何以寿为。乃旧雨中公宴于酒楼者多起，大都八人为东，以我一人为客，窃比于八仙上寿之意。又若黄济北君等八人，订期在农历九月十九日，以作九十九论，盛意尤为可感。壁轸酒会同人并于常会期外特设筵宴，假座之酒家曰陶乐春，亦有取义也。我于十二月十二日（母难之辰前二日）答宴寿我诸君，到客三十余人。金巨山君谓寿翁宜有画像留念，即为倩余觐光画师写照见贻，补景“天寒有鹤守梅花”图，我即由此自号寒叟矣。

六十一岁，以余画师所绘小像请陈陶遗君题字。像不戴帽而衣青衫，陈君谓天寒雪景，非加冠不可，乃加绘风帽大氅，而陈君署其端，并另笺赠诗一绝。陆规亮君以“天寒有鹤守梅花句”为辘轳体，赠四绝句。同时赠寿诗者纷来，得五古二，上海秦砚畦先生廿二韵，奉贤王孟培先生廿四韵；绝句，若顾冰一师、沈信卿先生等六人；五律，江阴陈慕周先生等三人；七律，上海黄云僧先生等三十四人。我又手书《周甲自述》一文，连同赠诗绘像，并付装池，成册页一巨帙，其首页为百又一龄杨草仙先生题字，附以自题小像一绝，答赠诗诸公步黄云僧君韵一律。我向不作诗，至是松江张敬垣君嘲之云“六十犹为处女诗”。又向未临帖习字，自本年起，寂居无聊，每晨六时起身，练八段锦一套，临多宝塔数十字，习以为常，镌一章曰“六十以后学书”。黄任之君从未见我作诗，在蜀闻之，来书云“闻君学诗，何无一字入夔门”；又闻我习字，以诗嘲之云“不知多宝临池熟，此帖还堪换米无”。是年四月十五日，森儿函告，军校考试三十余门学科甫毕，将旅行灌县，参观该处著名之水利工程。五月二日，又函谓离沪恰一周年也，附寄旅行所得之风景片十五张：（一）成都至灌县途中，在公路两旁休息；（二）到达灌县城下；（三）灌县二郎庙全景；（四）灌县伏龙观全景；（五）伏龙观之龙澜亭；（六）伏龙观下之离堆象鼻崖；（七）灌县竹索桥之近望；（八）竹索桥正面；（九）竹索桥横跨大江之雄姿；（十）上青城山之石径；（十一）青城山老君殿全景；（十二）青城山之朝阳洞；（十三）青城山天师洞之正殿；（十四）都江堰工程之一段；（十五）草堂寺之杜公祠，军校即在于此也。旋又函报考试成绩揭晓，于全体一千五百余人中列第三名。九月一日，第二次欧战开始，德侵波兰，而英法亦对德宣战，世界风云益急矣。十二月十七日，森儿函报升学分科考试列第二名，盖分入炮兵科也。

六十二岁，一月七日（即农历己卯十一月二十八日）得一孙男，与我同为己卯生，又同在丙子月，为诗二截纪之。命名曰祖同，字之曰二如。和诗称贺者，吴县沈信卿，上海秦砚畦、黄云僧、耿梦蘧，青浦项君萼、戴禹修、夏体仁，海宁孙博臣，金山黄芳墅，奉贤王孟培，松江陆规亮，嘉定夏琅云、戴伯寅，宝山金巨山、吴士翘，皆一时名宿，连同原唱之我，共十六人，分籍十县，合成一千一百五十岁，良堪珍视，潢裱为册。或谓此亦犹郑康成之名其孙曰小同也，因忆及宣统三年，苏属自治筹办处，戏呼我为郑康成（已见前三十三岁自白），又为孙号曰思郑，并撰《肇锡记》一文附录册中。是时孤岛生涯，无一事可办，俗谚所谓在黄连树下弹琴，苦中作福，曾与黄云僧、张敬垣、黄芳墅、黄谱蘅诸君大做其打油诗，互相讽刺以取笑，又与壁轸酒会姚伯麟君等赓续为之，粘贴成一册，我自署不知所云集，又名嘴歪集。十一月二十六日，浦东同乡会宴客，为建筑押款已还清，以谢银团诸公及担保银行也。先是民国二十五年春，同乡会建筑工程因缺费停顿，乃以基地及新建全部房屋抵押借款，由邮政储金汇业局，通和、垦业两银行，纱布交易所及同记号合组银团，承借国币三十六万元。又不足，至落成之际，并向浦东银行、上南川冬米会、杨思区积谷保管委员会续借四万元。加入银团，计共负债四十万元。至本年九月，募集房地产债券，清偿银团全部本息，手续既完，爰为欢宴。是晚席间，我忽患腹中右胁下剧痛，不能饮食，电招青儿到会疗治，翌日稍愈，第三日已无寒热，出外一行，晚归大痛，青儿用各种方法不能止，权以止痛兼安眠剂为急救，验血证明胆囊炎，势颇严重。青儿与其同学留德医学博士张为训君研究治疗用药，忌食油腻，谓须静卧两个月。期满犹未全愈，仍未敢食油煮之菜蔬，早晚吃稀饭两次，日中吃面包而已。初期一个月内，竟不可食牛乳鸡蛋，食则加痛也。

六十三岁，一月廿五日，森儿自蓉来函，悉已于上年十二月廿五日行毕业式，奉派至皖服务。二月五日来函，谓已抵渝，已谒见黄任之世伯，拟即由渝赴筑，正在设法车辆。另接陆润民君来函，谓途遇森儿，初不敢认，呼其名则应，为之大悦，因森儿已长大，身高过于润民也，遂伴同至冷御秋君处，谢其昔年介绍入学之盛谊。旋森儿自贵阳函告，二月十日离渝，十四日抵筑，暂寓在明侄处，将赴桂转赣。二月廿八日，自衡阳函告，先于十九日搭乘开赴柳州之公事车，廿二日抵柳，廿四日乘火车至桂林已下午七时，廿五日晨搭火车赴衡阳，深夜十一时始到。入城后，旅馆已均客满，而全城漆黑，无一开门者。时冒大雨，踯躅街头，腹又饥饿，至下半夜一时许，见一家门隙有灯光，叩之久，乃启户，为一豆腐店，遂购食豆浆一盂，腹中稍暖，坐待天明，及闻街上有人声，始辞出。连日路途劳顿，饥寒交迫，风雨侵袭，以致身病，复抱病过江，探询驶赣之汽车站，则已数月无车矣。投宿旅馆，头痛欲裂，发热如烧，幸次日热退痛止，又两日而全愈。三月十六日来函称，本月一日离衡阳，四日抵赣之吉安，暂寓中永叔路长记油盐店同学曾祥珩君处，俟后行止有确实通讯地址再报云云。我自去冬患胆囊炎，至四月下旬已足五个月，乃停吃面包，照常吃饭，惟未开酒戒。每晨之习字因病而辍，至三月九日始试为之，初则每晨写四页，共三十二字，已觉吃力，现加至每日写六页。美教士步惠廉先生在华近五十年，民国廿五年十二月已饯送其回国，至八一三战事起，先生念其在松江创办之孤贫儿院，恐无人维持，又毅然来华，而松江时已沦陷，冒险前往，招集流亡，重施教养。上年春函告经费日益艰困，虽得西洋友人略予佽助，亦属杯水车薪，嘱为在沪介绍华友设法募款，沪友咸表同情，集得三千二百元。今年又来函，谓粮价倍蓰于往年，而院童增至一百二十余名，请再募捐，即集得四千元交去。五月十六日，森儿自江西进贤来函称："暂为负责教育的一份子，今天第一次领薪，得到二元三角七分。钱虽少，总是花了精神劳力得来的，觉得珍贵，但我的成绩和努力使我练习了一个星期就升高了，我的地位比先来的人还高还快，下次领薪就可多一点了。"六月二十八日又函告，约于七月底离赣赴浙，大概在钱塘江南岸之萧山，第二个月所得薪金已比上一月多，可剩余二十元云。八月十三日，沪战以来四足年矣，次儿在皜于此纪念日，乘怡和洋行裕生轮赴香港，转往衡阳，就事于湘省硝矿局。同月十七日，森儿函告现驻在浙之诸暨，可由此经富阳到杭州再达沪，距家渐近云。十月九日，自诸暨来函称因多蚊虫，故患疟疾。十一月十二日，又函告已移驻金华，身体甚好，因半年接不到家信，甚为挂念，其通讯处"浙江金华第二四六号邮局率字一八二号附十号交"。十二月八日，太平洋战事爆发，九日，接森儿函称，脚上外伤未愈，不明言，想系临阵所受也。

六十四岁，一月二日，接皜儿上年十二月十日所发函，因未悉八日太平洋事起后沪上情形如何，电报不通，甚为惶急，又接森儿函，均复以日兵占领租界，尚平安。二月十三日，接森儿同月三日所发函，谓已接余一月九日训示，函中词气颇能知礼，其通讯处改为"浙江金华二四六邮局率字一八二号附二十三号"。四月九日，寄皜儿、森儿各一函，并寄渝黄任之君代简一律①：

遥望长江万里流，天高莫用杞人忧。
米盐琐屑儿分担，文字生涯孰与谋。
笔底临摹多宝塔，镜中光秃寿星头。
梓桑风雨飘遥甚，愧我还登等六楼。

四月二十六日，接森儿函，知住金华阳明里二十三号。上海租界伪组织日渐完成，我不欲与若辈相见，五月二十九日，函同乡会常务理事吕岳泉君（时五常务理事，除沈梦莲已病故外，杜、穆、黄三君均在渝，在沪仅吕一人），声明承乏会务主任已届十年，请给休养假期，旋经理监事会通过，自六月十五日起休假，自此每日以公园为避秦之地也。九月二十四日（阴历中秋），陆规亮君发起之千龄会，为沈信卿先生与美教士步惠廉先生，同为七十九岁，且同月生，同人集于鸿英图书馆，为沈步二寿翁祝，并征纪念作品，我寄七绝一首以塞责。老妻长我二龄，两人合成一百三十岁，请余觐光画师绘成百卅龄齐眉图，由沈信卿先生作篆，我自题一绝，"相看白发各星星，恰到双成百卅龄。家国艰难儿辈事，老人宜醉不宜醒。"盖图中我持杯坐松树下，老妻立假山石旁也。并征得南通孙沧叟，金山高吹万，昆山唐汝翼、徐承谟，宝山金巨山、吴士翘，青浦戴禹修，上海黄润书、项激云诸名流题句，琳琅满目，留示儿孙，以为家宝。十月二十七日，接到森儿七月十二日自福建浦城县所发一函，自此以后盼不到只字（其后方知儿已于九月二十五日殉国，此函成为儿之诀别，亦绝笔也，悲夫）。十一月三日，接皜儿函称，九月一日自衡阳赴调沅陵，道经长沙、常德、桃源、郑家驿。由驿至沅一百四十公里，山路崎岖，只有中国运输公司每日开驶客车一辆，客多车少，在车站候八天始得购票，犹为幸事，甚有旅客候至二十余天者，可见出门行路难也。十二月一日，接皜儿十一月二日自

---

① 《晚嘤草一》收录此诗，名"寄黄抱一代简"。

沅陵所发一函，谓将赴渝，在总局短期受训，约三个月，定于卅二年一月开学。

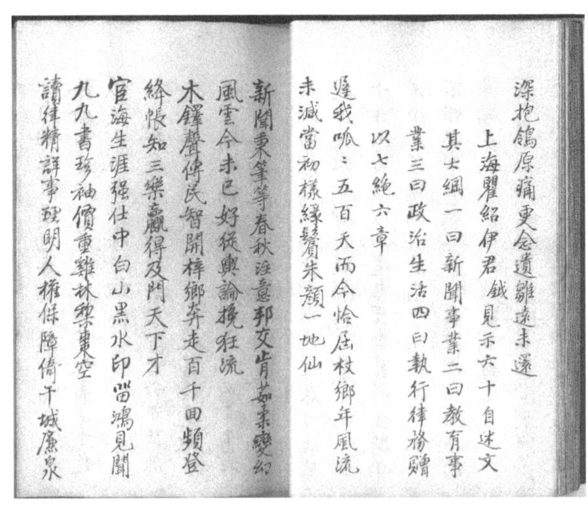
深抱鴒原痛更念遺雛遠未還
上海瞿紹伊君鉞見示六十自述文
其七綱一曰新聞事業二曰教育事
業三曰政治生活四曰執行律務贈
以七絕六章
逢我呱呱五百天而今恰屆杖鄉年風流
未減當初樣緑鬢朱顏一地仙
新聞秉筆等春秋注意邦交肯茹柔變幻
風雲今未已好從輿論挽狂流
木鐸聲傳民智開梓鄉奔走百千回頻登
絳帳知三樂嬴得及門天下才
宦海生涯强仕中白山黑水印留鴻見聞
九九書珍袖價重雞林梨棗空
讀律精詳事理明人權保障倚干城廉泉

张志鹤《晚嘤草》书稿

六十五岁，二月十三夜，梦满头白发，薙之盈盘，似一雪堆，诗以纪之[①]：

浮生六十五年春，梦里惊知白发人。

薙落疑同消尽雪，头颅从此一番新。

我年二十五、三十五、四十五、五十五各留一照片，四影合印一帧，沈信卿题五律二章，有句云："等是庄生梦，看君化蝶忙。"今年六十五矣，再添一影合印之，自题绝句云[②]：

四十年来留五影，每因回顾感沧桑。

今从后视何如昔，化蝶还堪几度忙。

并征得孙沧叟、高吹万、袁俶畬、朱德轩、金巨山、吴士翘、戴禹修、徐承谟、黄谱蘅诸君题咏，而以黄君四绝句尤为风趣。我尝戏谓今人死后，其子孙发讣，往往遍求名人题像赞，我则先自预备，将来如需要，只将此题照付印可

① 《晚嘤草一》收录此诗，名"夜梦白发满头薙之盈盘"。

② 《晚嘤草一》收录此诗，并加注释：余年二十五、三十五、四十五、五十五各留一照片四影合印一帧，沈信卿先生题句有云"等是庄生梦看君化蝶忙"。今年六十五矣，当再以一影合印之。未摄影，先成一诗。

也。又偶成起居自注一绝云[①]：

示病维摩原不病(借用东坡句)，高眠醉饱复何求。

黎明即起临池惯，一日公园两次游。

六月四日，接皜儿函，述其在渝自一月六日开课，至三月十四日结束，共在校九周。三月十九日离渝，至五月初始到沅，前后往返计逾五个月，用费一万二千元左右，学问无甚所得，而经验得了不少。归途由筑至金城江，几至覆车，生命危于累卵，其得转危为安者，若有神助，幸矣。六月二十一日，又函称有电调赣州之事，而沅陵厂长挽留不放行。九月三日，又函称，七月廿七日已离沅赴赣，八月九日道经衡阳，而衡阳过局长又坚留(最初任事之湘局)。在此滞留期间，在衡报考留美，已录取，惟须赴渝校学习半年后赴美。十月廿七日，又函称辞职出洋邀准，已由衡阳转赴昆明，廿三日已入校报到，学期三个月，期满甄别，先赴印度留三个月，然后出国，留学一年，可回国矣。

六十六岁，四月十一日，接皜儿自昆明三月二日发之函，谓考试结束，出国护照及一切手续均办妥，飞机舱位亦订定，三四日后即可启程，先到町江，改乘火车，横贯印度，到腊河。在途中须坐火车十天，在腊河勾留两月，再赴美。若无飞机，则乘船。惟航路不畅，须绕道而行，约六七十天航程也。七月二十七日，接在明侄自贵阳来函，据称接皜儿五月二十五日函，因血压过高，业已退学，不日可返昆明。是则游美之举，成画饼也。九月十七日，喜得孪生二孙男，取通俗字义，为撰《命名记》一文，名之曰祖福、祖寿(祖寿生仅一百二十八天，而殇于急性肺炎。其时初闻有配尼西灵之药名，而沪上尚无到货，至穷于医治)。

六十七岁，二月十四日(阴历正月初二日)，傍晚在复兴公园遇包天笑君，问我接到新四军贺年片否？答以曾接得反攻同盟第三支部之片，淡红色，金边，背有一篇新三字经。迨回家吃夜饭，接同乡会电话，谓沪北宪兵队有一河北人张某，通知明日上午十一时要我到该队，见上川路曹长，地址在四川路桥北堍，毗邻于邮政总局。我想此必由检查邮件而生事，如不去则彼生疑，或将用大车子来接，反不好看，翌晨准时前往。我以为门岗日兵必狰狞可怖，走上

① 《晚嘤草一》收录此诗，名“偶成起居自注一首”。

去，偏出意外，彼先对我行敬礼，我示以昨晚张某之字条，彼嘱即迳自入内可也。入门则大广场上有一小芦席棚，宪兵三人，问我何事，又以字条示之，则请签名于簿，指登大厦。而厦之下层虚无人焉，旋一小厮自梯下来，我交以字条，即引登楼。壁上挂钟，恰是十一时。所谓上川路曹长者正在问事，见字条，躬身曰老先生来了，请坐。我即坐在长板凳，靠一长桌，见同样之长桌长凳多起，有许多被传之同胞埋头填写表格，间有与日本人相为问答者。与我并坐之一人，表已填好，置桌上，见为曹启明(即漕河泾曹氏墓园主人)。回顾正在问事之上川路，一桌三人，其对面坐被问之人，旁坐一翻译。上川路乃在罐中抽一纸烟饷我，谢不受，盖我吸惯雪茄者也。旋又一日本人以铅笔及表格纸请我填写，姓名、年龄、籍贯、现住址、出身、经历、现职业、家庭状况以及交友等等，甚繁琐。我约略照填，彼阅之，谓老先生甚好，请再开列最要好之朋友履历，我答以老夫朋友甚多，皆是要好，何从写起。彼坚请必须写出几个，我即写某为某公司经理，某为某银行董事长或董事等，三四人。又请再写几个，我拒却之。少顷，另一日本人拖一长板凳，请我与曹启明去坐，谓两位老先生坐此地，较宽舒些。我乃与曹君闲谈，悉在被问之施某为其门生，同营棉花业而同被传者。十二时正，施某事毕先退，上川路曹长亦去吃饭，不到十分钟即又出来。曹启明已先去坐在被问之位，上川路搬一靠背椅，请我坐在热水汀之侧，谓老先生坐此地，和暖些。于是静听彼与曹君之问答，历数分钟，还听得八岁起读书。我想如此问法，问到六十几岁，不知要多少时候。忽一穿黄制服之人走来，喝问老头子何得坐在此地，我手指上川路，谓他请我坐的，始无言而退。我想同是日本人，何以一恭一倨迥异，哪知倨者乃是汉奸走狗。旋一不穿军服之日本人请我给一名片，我指桌上已填有表格。彼取阅，谓甚好，即向上川路取一函件，塞入衣袋中，请我随同走入另一办公室，亦是一桌三椅。坐下一翻译，即先前喝问之人，至此谂知其亦中国籍。问他姓名，则云姓马，平湖人。该日本人阅表格，谓老先生好福气，有老夫人，有儿子做医生，又几个朋友很阔气。开始问答，费了许多时间之不相干废话。问幼时在哪一个学堂念书的，我对马汉奸言，你也是中国人，应该晓得五六十年前，未有像现在之学堂者，只请一个先生教读，是为私塾。马不能译，只称秀才，日本人不懂，又以铅笔书示，仍不懂，马乃写“进士”二字，彼一见，起立致敬

(后来老友金巨山君戏呼我为乙酉进士)。又问我浦东同乡会常到否,有朋友出入否,是哪一种朋友,有朋友来信否,来信是毛笔写的呢,还是用钢笔写的。我说老年人,自然朋友亦多年老者,朋友来信不多,或毛笔,或钢笔,权在写信者。彼乃从袋中摸出一函,问我看得出收信者何人,我说写的是张伯初先生。彼又于函中抽出红纸金字之片,字已用蓝墨水涂抹,问我看得出是何字句,我答以面临太阳光,老眼昏花,字又涂抹,看不出了。彼说看不出最好,本来不要你晓得的。又问信封上之字,毛笔呢,钢笔呢,何种墨色。我说毛笔,蓝墨水。彼乃谓此信是你哪一个朋友寄来的。马汉奸便抢着说,快说出来,否则要不客气,留在此地,不放回去的。我说如果发信人具名的,还不一定是认得,何况不具名的,哪知是谁。日本人很谦和的态度,请老先生想想看,想得出,说出来,我守秘密,决不与你有干。我直捷痛快的说,这是想不出的。僵持了好久,彼再三说,谢谢你,想想看。最后又说,一时想不出,请回去后细细再想,能想出,告知我们,是感谢的。我说好,便兴辞而出,见壁钟已一点五分矣。马汉奸还赏给我一个好差使,渠借阅之一张报纸,叫我带到马路对过一家皮鞋店,交还他,真是又气又好笑。

我自八一三战起之翌日,每晚宿于浦东大厦三楼。三十四年三月,上海伪市政府通知日军征用本厦三四两楼,限期迁出。我商得老友黄兆禄君同意,借宿于其寓所四楼,在复兴中路(原名辣斐德路)一二五七号,我于四月八日迁入。八月十日夜,睡梦中惊闻喧闹声,旋有人大呼日本乞降矣。八月十五日午,日皇裕仁正式向世界广播投降。我至九月九日迁回浦东大厦,盖借住黄家恰五个月也。十一月十九日,同乡会开理监事复员会,我于是日销假出席。十二月二十日,接皜儿函称,自印度回渝,由黄任之世伯介绍入战时生产局,现战事结束,该局撤销,局员或遣散,或迁调,儿奉调派行政院上海办事处,可回沪度岁云。三十一日清晨来见,据称于昨日下午三时自渝乘机起飞,到上海已在夜半以后也。

六十八岁,苦念森儿久无消息,已逾三年。在作战时,行踪无定,戎马倥偬,不遑通讯,犹可说也,后据其兄皜儿报称,升入陆军大学宜有来信矣,而亦杳然。及皜儿归,面询之,仍支吾其词,我已知绝望。至三月某日,接到抚恤公文,惊醒我三年来之迷梦。此儿自二十七年五月离沪后之情形,黄任之老友知之较稔，因请其为撰小传，我又为文以哭之。其文有云：

据查汝之阵亡，在三十一年九月二月十五日，即旧历八月十六日，反攻金华之役。距生于十二年一月十六日，即旧历壬戌十一月三十日，实年未足二十，以旧历言之，则称二十一岁。汝为所后之余弟志虎，死年二十三，汝命尤短。余弟任职东三省兵工厂，汝以中央军官学校第十六期炮兵科毕业，出赴前线抗敌，阶至陆军上尉，属第一〇五师三一四团二营，领迫击炮排。两代皆初试其才，而遽以夭折。天乎，余家何辜，乃至于此！余为诏汝两兄，将来亦应为汝立后，以延余弟之祀而妥其灵。

此文连同小传印成一册，征求纪念文字。承各友好宠锡诗文，得五古三，五律一，七古一十四，七绝五十七，七律二十四，长歌九，悼词一，悼文三，白话文一，挽联七，挽额一，并以亡儿遗墨两函件，汇付潢池，装一巨帙。钱自严太史署签"列祖睢阳"，我亦自题一绝于其端：

小谪红尘二十年，白龙桥畔渺云烟。
求仁既得应无憾，移孝为忠我曰然。

九月十一日，即旧历八月十六日，已届亡儿殉国第四周年，命其两兄在南市关帝庙设奠招魂。越五日，仲弟志鹏（字仲飞）病殁于家，年六十，同怀只剩我老大一人，伤哉。

附录是年四月致川沙县长王亚武一函[①]，为其有关地方掌故也：

亚武县长阁下，比闻横、高两沙有淆乱产权之举，若再苟安缄默，殊恐贻误滋多。弟在宣统初元忝任劝学所总董事兼视学，以为横沙坐落本境，原属学产，即应改充川沙教育基金，牍请苏省大吏被驳，谓南菁专有产权。又请向南菁承垦余滩，认缴板租而转佃于农民，以取其余润作壤流之小助，聊止渴于望梅，亦未邀准。旋有邑人备价向苏藩司报买尚未出水之金带沙（实即今高墩沙之前身）一案，弟等依据江苏谘议局议决案，请领为自治及教育公产，一时鹬蚌适遇渔夫。苏提学使申明横沙附近各沙均在奏案五万亩未足额范围之内，移请藩司注销，将缴价发还，并饬厅颁行禁令。弟等一片热忱悉成幻梦，而被发还缴价之邑人丛怨于弟等，以致闹得满城风雨（见《川沙县志·卷

① 另有《张伯初致川沙王县长函》平装本，文字略有异同，抄录于后，见"往来信函"部分。

廿三》第廿九、卅两页)。

迨辛亥鼎革,弟入苏都督幕府,接收已撤之提学全部文卷,乃得详知南菁管有横沙产权之始末。民元改组南菁为全省公立学校,弟被推为校董之一,掌理川沙校产,又悉横沙征租情形。查横沙始发见于咸丰年间,曾由江督李宗羲批准永远作为公产(见《川沙厅志·卷四》第三十五页),嗣于光绪八年大丈案内,郁姚等姓缴价银一万二千一百七十七两零,佃领滩额四万伍十余亩,旋姚费两姓将其全额之半捐入南菁书院王学院,并偿还郁姓之半数,价银六千八百八十两零,全沙尽归书院。又续涨新滩九千四百余亩,由南菁补缴价银一千八百八十两零,共得泥滩四万九千四百五十五亩有奇。光绪十四年,苏抚崧奏咨定案,启征芦课。而其成田,有南菁自费围圩者为自管田,另有人纳费承围者为围户田,转租于佃农,故有业户、围户、佃户之分,及永租(俗称老租)、板租、现租(亦称预租)之别(租案详见《川沙县志·卷八》第六十三、四两页)。南菁每年所收租款实得无多,前有该校某校长谓校产五万亩,租款仅得此数,可大加整顿,我将请一营兵去押收,当答以君尚未明内容,如果明白内容,应知虽有十营兵亦无用也。至其接涨之沙,先有小横沙,早已并入老横沙内,而后起之高墩沙,民国四年江苏沙田总局收上海爱国女校之缴价,原案指领吴淞口内依周塘滩地,因被浚浦局驳拒,乃移罩于川境高墩沙。当时可与抗争者,惟有南菁,所管横沙未足额,包括附近各沙之成案。而弟为南菁校董,实主持之,以为先由南菁请准川沙,可分领其一部分充学产。争持积牍不止盈尺,历时至四五年,最后经南通张季直先生出面调解,邀沙田总局长刘焕、分局长秦家骥暨弟与黄君任之及江阴王君希玉同时赴通,会集于濠汤小筑,磋议两日之久,始订定由南菁、爱国两校与川沙、江阴、南通三县之教育团体共九个单位分领高墩沙全部支配亩额,各自缴价。而川沙限于财力,认报四千亩滩额,犹苦费无所出,仍不敷用,又招附股观澜小学三千元、莲溪小学与至元堂各一千元、市区公所三百元,共计得一万二千八百元。而缴付滩价连丈照费共一万二千八百七十三元,系照部定价格,并无丝毫小费,所有办案川资费用均由私人凑垫,并不取偿。至于募借之七千五百元,分期五年,酌提公款清还。而与各附股产权者,为永久妥慎起见,协议订立合同(详见《川沙县志·卷九》第五十五至五十九页)。一面为报领九团体永杜纷争,征得张南通同意，召集会议，组织教育公团，签订共同经营契约六条（详见《川沙县志·卷二十三》第三十及三十一项）。署名签约各代表，南菁校王希玉、爱国校蒋韶九、川沙劝学所黄任之、南通劝学所于敬之、南通师范张啬庵、南通女师范张孝若、通海商校张退庵、江阴辅延校郭粹修、江阴劝学所章幼琴。此项契约，除各团体分执外，录报省公署，并函教育厅沙田总分局、川沙县署一体备案，时在民国九年九月。

自是厥后，经各代表议决，派员前赴该沙管理，先将每年年收芦草变价积数充筑圩工费及补缴成田价并续报新滩价之款。盖第一次报领总滩额三万一千五百四十三亩一厘五毫，第二次续报总滩额一万一千七百二十五亩二分一厘一毫，合共四万三千二百六十八亩三分三厘六毫也。历年收支暨成田分派节经印有报告册，并附图表，已共印十七册之多，现正编印第十八册三十三年度收支报告。每次编印均先经代表会议审核通过，而印成后交各个产权团体存执备查，川沙前教育局并不例外，按报告册中支出项下，补助该沙地方公益各款名目颇多，亦与年俱进，而以教育费为最。例如三十二年度，共支给八万六千五百余元，教育费占六万一千四百余元；三十三年度共支给七十五万四千余元，教育费占三十九万七千余元。三十四年由陈起英等要求随租带收教育费，每亩黄豆四斤，征起者随即取去，未征起者先借黄豆数十担。最近有一校长王玉如来沪购办教育用品，借支法币三十一万元，存有公函及收据为证。且该沙各小学校基地皆由公团捐拨，建筑费亦多拨助，似对于当地教育不可谓不兼顾矣。而收入只有田租，每年租额比其他任何业户为低，邻近私人产业三十四年份每亩收黄豆、苞米一百五十斤，最少亦百斤，公团定额每亩至多收黄豆七十五斤，少只四十斤耳，彼此相较，其差额为十之与五。故公团除去仓房管理经费及修理圩岸、水洞、种青等项重要开支暨上开补助地方各费，在管有产权之各团体，所得纯益几何，抗战数年间形势尤复特殊，每有入不敷出之慨，此公产与私产不同之情形也。

凡经营沙田，大多数为谋私人利益，往往以此起家，其资格较深者每被称为沙棍。若弟于横、高两沙预闻卅余年，本身迄无尺地寸土之关系，庸耳俗目滋以为疑，实则可查可访。第一心为谋川沙教育公益基金，仅以一万二千八百七十二元之成本，初得滩地四千亩，续得二千亩，连种青筑圩一切费用均在其内，并未增资分文，又为教育局收买爱国校附股曹翔记滩地八百亩，共川沙部分，现已有田滩六千八百亩。内如附股至元堂与莲溪校各以一千元之成本所得田滩，除提十分之二归入县教育基金外，实尚各有三百七十二亩八分四厘（参阅《川沙县志·卷九》第五十八页），试问其近年收益如何，并对于经手人曾否需要一丝一毫之酬报，该校，该善堂，当可证明。弟以地方人为地方公益事业、教育事业略尽棉力，似亦可对地方矣。

抑更有声明者，川沙所有六千八百亩产权，对于高墩沙总额四万三千二百余亩中，已占百分之十五点七，在共同经营之九个团体中，实居第三位，不可谓非大业主。所执新旧两案田滩部照，向由县教育款产保管委员会妥存银行保管箱，现有省令登记沙田之举，尽可一并取出验明登记，自较其它业户为便。惟闻第五区长通告该沙佃农以完租清票申请登记后，便可迳自完赋，取得产权。又有顾云龙等并未报知公团，竟亦私自围筑，呈请贵府三七分田，如果确有其事，不胜骇讶。各佃农登记侵夺产权与顾云龙等分田之所得即皆公团之所失，公团所失若干，川沙亦依此例，百亩中失其十五亩七分，川沙人关心本县学产者谅均难以承认，岂止弟一人哉。

至历届公团分派结存租款时，川沙向由县教育局代表领取，三十三、四两年分得租款，沈代表敬之以其职务停顿，而各学校在伪政权管辖之中，不即领去。今春各校开学已在胜利复员之后，需款正殷，当将所存应领之款，连同至元堂与莲溪校两附股分领之收据十纸，悉交沈君之手，旋据沈君告知，已转送贵府，列入统收统支范围。而造谣者乃谓以此三百余万元行贿左右，弟惟付之一笑，诬蔑个人诚不足惜，而亵渎官府尊严，其可恕乎！孔子云“如得其情，则哀矜而弗喜”，是所望于贤有司耳，蚩蚩者氓滔滔皆是。弟今老矣，雅不欲与任何人争一日之短长，落伍多年，羞为冯妇，乡人好恶论定非遥。临颖神驰，不自觉其言之覼缕也。

六十九岁，一月二十一日，即旧历丙戌大除夕，黄任之君招其兄济北及我，三人小酌话旧。序齿，济北年七十一，我六十九，而任之正七十，三人平均七十。我谓将作相识以来杂忆诗数十百为寿。越四日，稿成，得二十绝句，历叙四十六年经过。任老阅之，以为尚有阙漏，答赋一律。其结尾二句云“东樱蜷发双趺席，老忆前尘足补遗。”盖在日本东樱馆事也。三月二十三日，浦东同乡会开第七届会员大会，改选第三届理监事。我当选如旧，并由新任常务理事杜月笙、黄任之、吕岳泉、瞿绍伊、蔡剑天五人联署函聘，蝉联会务主任，代为执行日常事务，我殆犹十方丛林之被推为住持者欤。黄任老对于亡儿在森甚为关念，在同乡会大会场，报告亲送其入伍出征及为民族而牺牲生命详情，并于是年中秋，即亡儿殉国第五周年之前一日，来函[①]称，董木天君以抗日战利品钢笔一枝见赠，转赠国殇张在森乃翁伯初，媵以诗云：

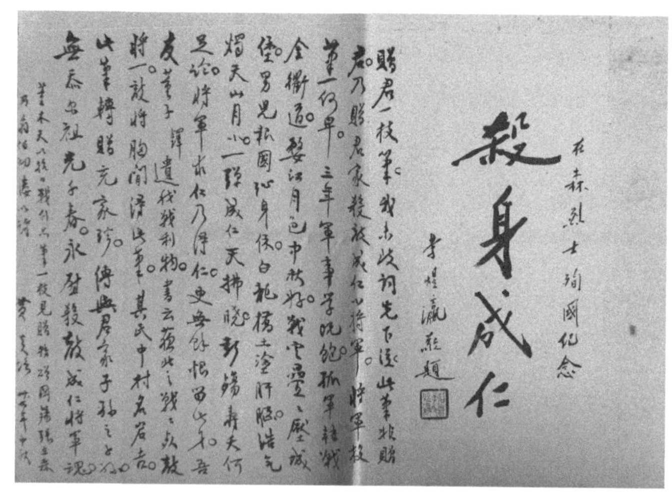
在森烈士殉國紀念
殺身成仁
孝煜瀛題

黄炎培致函张伯初纪念张在森牺牲五周年

赠君一枝笔，我未致词先下泣。此笔非赠君，乃赠君家杀敌成仁小将军。将军投笔一何早，三年军事学既饱。孤军转战金衢道，婺江月色中秋好。战云叠叠压城堡，男儿报国耻身保。白龙桥上涂肝脑，浩气烛天山月小。一弹成仁天拂晓，彭殇寿夭何足论。将军求仁乃得仁，更无余恨留此身。吾友董子(铎)遗我战利物，书云苏北之战战死敌将一，敌将胸间得此笔，其氏中村名岩吉。此笔转赠充家珍，传与君家子孙之子孙，无忝尔祖光千春，永慰杀敌成仁将军魂。

我将此诗潢裱为一帧，连同其它纪念物品，制一小木箱，悉置之其中。

① 故浦东地方人士顾炳权藏有此函手稿。稿右侧为孝煜瀛题“在森烈士殉国纪念　杀身成仁”及落款，左侧为黄炎培手书该诗，并记时间“卅六年中秋”。

(一)黄任之君于函面批殉国事件张在森史料者(1)王敬久将军代电,(2)顾顺全同学报告书;(二)抚恤文件;(三)灌县风景片十五张,批命书一纸;(四)军校第十六期学生第一总队同学录一册;(五)画像上书小传一轴;(六)中村岩吉自来水钢笔一枝;(七)黄任之君赠笔诗一帧;(八)遗像铜版一方;(九)纪念诗文一巨帙;(十)良友画报一册,系森儿在沪出走前每日手持不释,由其母收拾留念者。木箱面漆书"谱系十七世移孝作忠,在森殉国纪念物品,后人永珍藏之,中华民国三十六年九月,第五周年置"。嗟乎!此儿埋骨沙场,我悲不如蹇叔,徇其两兄之请,觅地植碑,以为纪念。购就本乡龚镇市郊天长公墓川字四十九至五十三,六十九至七十三号,十个墓穴毗连之地,将以东葬亡弟志虎,西为亡儿在森立碑。但值此经济动荡之秋,工程尚未进行,于我心有戚戚焉。

七十岁,碌碌因人,而今亦可云老矣(《礼记》"七十曰老")。一月二十日,偕黄任之君坐汽车赴松江。自八一三抗日以来,我养晦十年,此尚为第一次较远之出门,四望华屋山丘,不胜今昔之感也。是日,在松江西门外乐恩堂参加美教士步惠廉先生追悼会。此老上年十二月二十日殁于美国乔其州麦根城,年八十有四。其在华五十一年,遗爱甚深,我书五言二十一韵挽之。松城醉白池,旧游地也。敌伪时期,松人好事者为欢迎汪精卫,特建迎宾馆于池右雪海堂之后,我与黄君便道往视之。屋犹无恙,人事已非,可怜亦可哂已。其后我寄王文甫君(醉白池旧松属慈善款产董事会驻办秘书)诗,有句云"萍踪曾弔宾鸿馆,车辙难寻佛字桥。"(松江西门内佛字桥有名,民国二十年因筑路拆去,其下埋一石刻佛字,大逾四五尺,我得朱拓一纸,上题"皇明崇祯庚午八月"。计至拆出时恰周五甲子,盖三百年矣)。

二月五日,接川沙县长苏奎炳函,为九团白涂则田赋事。我复以函云:"九团白涂则,本人名下并无分毫,惟知其原案,可为坦白详陈者。此事南汇人孙隐滨君为之,孙君于民国十八九年间任南川沙田分局副局长,以财政部颁空白盐田凭证,招八九团承报白涂,缴价低廉,并与下砂场知事合作办理升课。对于乡人,丐余为作一言之介。乡人初不以为受愚,而今则以余为怨府,盖其二十年成本悉掷虚牝也。八团部分并不甚坍,九团则未成桑田,先入沧海。寒家所有向可收获之下下则田,十年来已尽坍没。白涂又在其外,只有白水而无涂矣。各花户以孙君经招为多,当时孙君邀请领衔报案之人及战前经手完课之人,均已作古,而孙君亦黄垆抱憾,谁可与语。似只有归入整理土地案内,无涂可寻者豁除,有涂可认则追欠并完,未识高明又为何如"云云。

我在六十以前,向未敢以诗名示人,近以多暇偶为之,哪知亦易惹事。上年为寿黄任之君七十诗,第二十首之第二句"杨又生稊福满门",第四句自称"今年可告例金婚",注谓君上年六十九,生子汤饼,余今年六十九,金婚花烛,便有人向我讨金婚喜酒吃。我谓此西洋风俗,中国典礼所无,我非洋化者,婉却之。今年为寿季倜凡君五十诗,开首二句云"后我呱呱二十年,弧辰翻早百余天",彼便算出我之生日在仲冬之初,与同乡会理监事暨川沙联谊聚餐会同人,发起举行公祝。我固预诫儿辈毋得称觞受祝者也。届期,诸同人以扩大聚餐,名曰公筵,设席于同乡会六楼,参加者一百五十人,每人纳百金为公份。并以我有赞助上南川冬米会之意,诸同人并各酌量认捐冬米为寿,连同餐费结余,凑成五十石米款,后又有追补认捐者,至结束移送上南川冬米会时,米款及其孳息共得六十二石有奇。此以公意为地方造福,其盛谊诚可感谢也。我并未治面饷客,只供黄酒二瓮佐餐,殊为抱歉也。退而自省吾身,七十年如梦,诚所谓少壮不努力,老大徒伤悲者。

六十以后始学诗习字,聊为消遣。学诗十年间,存稿七绝二百八十余首,七律八十首,大都为庆唁酬应,或与同人倡和之作,绝无风花水月之吟,盖亦年龄及境遇使然也。其他古体偶或为之,更不成诗,宜乎黄云僧君打油句,戏云这是……哪算诗者。而习字则以外来红白帖子日多,无力应付为苦,想用"秀才人情纸半张"方法,涂鸦了之。到今日,纸半张之价值,以金圆券论,其数目亦很可观了。哈哈。(自白到此暂止待续)

按:录自《我生七十年的自白》1948 年印平装本。

我生七十年后自白续编

（1961 年）

开场白

我在七十生辰后，回想自童年入塾始有知识起逐年经过事实，就脑海中留影较清晰者，摄取出来摘要录下，连续至稀龄觞庆止，自署曰“我生七十年的自白”，附以自二十五至六十五岁每十年一小影，合印成一册，分贻亲友留念。《自白》篇末附有“待续”二字，友人秦翰才君有年谱癖，频年搜集已往及现存人之事略代辑年谱，迭次敦促我再将七十岁后继续自白下去。但我自七十三岁大病以来，精力衰而目力眊，懒于动笔，未有以应。流光如矢，转瞬已过八十关又三载矣，兹以日涉公园之余晷，将七十一岁至八十生辰再写十年，又署曰“七十年后自白续编”。八十以后暂留余地，倘天假之年，再历若干岁月，而我尚能握管作书时，来一个余兴亦即最后自白，并可称真正老白。何日能践此言，固不敢悬拟，姑俟之云尔。

一九六一年清明前十日，八三叟张伯初

公元一九四九年，吾年七十一

是年为旋乾转坤，全国解放，中华人民共和国成立之年。上海先于五月间解放，其在解放前期，风云日急一日，反动政府国民党军汤恩伯统率号称二十万大军驻守上海，疯狂残暴不堪言状。我是浦东人，略纪浦东情形如次：

一、声言为防守便于瞭望起见，凡被认为有碍视线的坟墓、树木以及民房，一律拆除。乡先贤李平书先生钟珏之墓亦在应拆之列，地方人士奔走呼号，得有力者之疏通，仅予保存。

二、黄任之君与我等创办之私营上川铁路及穆杼斋君创办之上南铁路，自五月一日起先后均被管制，并要将铁轨拆下锯断，改作工事之用。上川已被拆一小段，事后检查，又被毁桥梁五座。

三、黄浦江亦被封锁，乡民逃难欲渡浦而西者，难若登天，只高桥一带有设法到沪者。我在浦东同乡会筹设收容所，一设在南市浦东公所，一设在嵩山区合肥路棉布业公所。五月二十一日，组成救济同乡难民委员会，分组办事。二十二日，借用浦江水上指挥官之坐舰，由照料组同人携带面包赴浦东太古栈房散放。只因岸上戒备森严，不能多延晷刻调查详情，但将面包托由该栈房职员代为发给难胞而已。

人民解放军于五月十五日进入川沙城区，自是战事日益剧烈。向西挺进，枪炮之声昼夜不绝，红光烛天，国民党军纷纷溃退作鸟兽散。二十四日，已解放到沿浦一带。是夜至二十五日上午二时，解放军已入上海市中心区，浦东同乡会亦于二时后有解放军入内通知嘱为安心。

我住在同乡会三楼三〇五室，坐北面南，沿马路即今延安东路，从玻璃窗外窥巷战，解放军追逐败北匪军，排枪之声时停时发，我室玻璃窗被流弹穿一洞，检不到此弹落在何处，倘恰到我身，则亦光荣牺牲矣。

国民党军临走前之残酷行为惨不忍言。老友黄任之君次子竞武任职上海中央银行，于五月十二日突被特工逮捕，其秘密囚在何处无从探悉，至全市解放后仍如入海捞针。六月三日，始在南市车站路保密局开掘被害各尸体中发见，面目尚可辨认。并查得被囚而未及处死放出之人，乃知竞武于五月十七夜半后三时许被提出，未返囚室，并无枪声，盖活埋者也。

七月二十四夜起大风雨，二十五日又全日益甚，沿海受灾尤惨，为前清光绪三十一年(一九〇五)阴历八月初三之夜大风潮灾后所仅有。而南汇灾更重于前清，川沙稍轻，但老洪洼以北之外圩塘坍去约长四里，房屋冲毁，人畜漂流，田间浮厝随潮漂至钦塘脚下，多如山积，柩主无从辨认，诚浩劫也。八月一日，成立松江分区生产救济协会，由松江区专员公署领导，会所设在浦东同乡会六楼。八月二日，同乡会亦组设浦东水灾协济会。八月十三日，川沙县人民政府公函聘我为川沙县生产救灾委员会委员。

十二月二十一日，长孙祖同自校中回来午饭，见报载苏联元首斯大林是日七十寿辰，诧称斯大林与祖父同生日，因是日恰为农历十一月初二日也。斯大林照实足年龄是七十岁，我是虚年龄称七十一，我作三绝句纪其事①：

生同一八七九年，我忝呱呱早七天（我十二月十四日生，而斯生于同月二十一日）。

若把今朝农历计（我生于一八七九年农历十一月初二，今年公元十二月二十一日恰值农历十一月初二日），并无庐后与王前②（可称同年同月同日，又查得清宣统三年（一九一一）、民国十九年（一九三〇）之十二月二十一日亦同为农历十一月初二日）。

公元廿一农初二，七十年中三次同。

前有宣三民十九，及今叨附共呼嵩。

还有同宗同辈中，生年月日更多同（同宗同里同辈张新吾与我同年同月同日生，而两妯娌亦同岁，后一辈子女数及性别均同，再后一辈孙男女数及性别到现时止亦尚同）。

今天借贺苏元首，东亚作朋三寿翁（《诗·鲁颂》有“三寿作朋”句）。

一九五〇年，吾年七十二

一月二十六日（星期日），即农历己丑年腊月初九日，自冬至起算，至此四十五天，恰是五九亦称中九。是日为淮阴朱德轩君绍文七十寿辰，同人假座上海南市郁氏宜稼堂举行公祝，除全体合摄一影外，另以南通孙沧叟（年八十三）、吴江钱自严（年八十）、如皋冒鹤亭（年七十七，携一幼孙）、丹徒商佐臣（年七十五）、上海郁志甘（年七十四，宜稼堂主人）、金山高吹万（年七十二）、宝山金巨山与寿翁朱德轩（年皆七十）及我（年七十一）共九人，合摄“江苏九老图”于震无咎斋后之三百年山茶古树下，金巨山君题古以纪其盛云：

岁阳在己阴在丑，时惟涂月之中九。

庞眉皓首萃一堂，互举羽觞祝遐耇。

① 《晚嘤草二》收录此诗，名“斯大林七十寿辰与我”。

② 《晚嘤草二》中，“并无谁后与谁前”句作“并无庐后与王前”，仅注释说“可称同年同月同日。”

为仿洛中图拟绘，形容先向寿光取。
宜稼堂前影合摄，山茶花下集九叟。
孙龄八三钱八秩，疚斋重七诞癸酉。
濮阳七五郁七四，吹万楼主逢八九。
铁沙寒叟七十一，走与淮阴生最后。
生虽最后龄亦稀，此日寿人还自寿。

自上年初解放后，开征夏季公粮，我即受九团一、二、三、四甲白涂则滩地之纠纷。此案先于一九二九年十月由南汇人孙隐滨发起，孙君时为南川沙田分局副局长，与下砂场知事鲁俊驰狼狈为奸，指该地属于盐田范围，由下砂场发给新升灶荡执业印单。而沙田局以清理盐田名义另发财政部颁清理盐田执业凭证，由沙田局收费，惟须有具呈请领之人，由孙君自行撰稿，商得沈桂清领衔具报。其投资孙君自占绝大部分，并商请我介绍本地人参加股份。我介绍同乡包其栋、黄家骏二君各参加一部分，另有我亲友中之参加者亦一小部分，缴价每亩银圆叁元。因该地尚属潮来成水潮去成涂，俟高涨种青以至围筑成田，历时较久，而每年应完赋课，为集中便利起见，每亩另收银圆五角，合成贰千五百元存储生息，以备完赋之用。以包君任职上海汇丰银行，推定包君掌管此事。对于收费各户，由包君出给加盖包显记印章之收据为凭，并为将来高涨筹垦之预谋，议订联垦规约五条存照。每年完赋以我来往川城之便，下砂场署（粮胥）金品芳以分户之串汇交于我，由我向包君取款。至一九三六年，包君付款迟延多日，问其原因，悉由于款存银行息微，恐不敷用，另存于南市十六铺协盛源水果行。该行是年倒闭，本息无着，而由包君赔垫者也。未几包君病故，而抗日军兴以后，此事久已无人置问，原经征之金品芳亦已死。一九四八年二月五日，接到川沙伪县长苏奎炳来函询问究竟，我覆以上述详情，并说明近年海潮冲激坍塌日甚，原在白涂以内之下下则田亦已尽没入海中，只见白水而无泥涂成滩矣，请即归入整理土地案内豁除其赋课在案。

至解放后，开征一九四九年夏季公粮，由本乡寄来通知单一束共一百余户，我又函陈川沙县人民政府牟县长益民，恳免此项已坍无地之粮，并缴还通知单，因我个人并无分毫在内也。查《川沙县志》载此项新升白涂总额四千九百九十九亩二分八厘，乃一九五〇年一月廿七日接到一九四九年秋征通知单一纸，我名下应缴稻谷一万六千五百四十六斤十五两，内列有新升白涂五千二百四十五亩二分六厘，比较县志载原案增出二百四十五亩九分八厘，不知从何而来，其中有人任意舞弄昭然若揭也。二月一日，川沙牟县长来函称白涂田一节早经呈报专署请示，迄今尚无示覆，我想在专署尚未核覆以前，是项负担可以暂缓。

三月八日，接到累进公粮通知单，内开自耕田五千二百七十八亩六分六厘（比秋季开征通知单又多出三十三亩四分，当系包括实有的自产在内），应缴累进稻谷一万五千二百七十四斤二两，连同基本公粮（除去已缴自产部分一千七百八十七斤外），尚欠一万四千七百六十斤，合共应缴三万〇〇三十四斤二两矣。

三月二十九日，又接到乡间寄来公草保管据一纸，内已载明"业户张伯初今代人民政府保管本人一九四九年秋季应缴缓欠公草八千二百七十三斤半，俟政府通知随时缴纳，此据。"又署名具保管人张伯初，下有红点作为所盖指模。这个把戏耍得太不成话了，万无向政府出具笔据不交呈政府而寄回自行收执之理，真幼稚得可笑。

六月七日，接到苏南行政区粮食局驻沪办事处通知，追缴上年度农业基本及累进公粮稻谷共计三万一千九百八十六斤六两，限期五天。我于同月十二日去函详晰声明缘由，该处于十四日电话招往晤谈，我即于十五日清晨前往（在上海北四川路新亚酒店一五〇号）晤见办事员杨震川（无锡人），交阅一切经过文件。他说此事为慎重起见，本处当派一干部到乡实地调查，以求明了，但除白涂外之公草及累进公粮约需谷二百斤应请照缴，以清手续，我答以除宅基坟地外皆出租田，未合累进之规定。我回来又将非属白涂部分之已完秋征公粮田亩、户名、粮额等项分列三表，第一表出租田二十三亩二分八厘，赋额十八元一角九分六厘七毫；第二表自耕部分宅基八分六厘九毫，赋额七角五分〇九毫，坟地一亩二分〇六毫，赋额九角七分九厘五毫；第三表族人活典之田八亩二分八厘九毫，赋额六元七角九分四厘一毫。说明，第一表出租田完全未收租，照政务院指示公粮应由佃户负担，而表中十个佃户，除四户照缴公粮外，两户只缴半数，三户只缴一小部分，一户贫苦不能缴，均由业主补足缴清，且第三表活典田之一户亦由受典人代缴；并照川沙县一九四九年秋征实施补充办法规定，低赋额地区出租田不足三十赋元者免缴累进公粮，我将三表所列之田并计亦不足三十赋元，自应无累进公粮之负担等语，备函附表，于同月十九日送去。后至七月十三日，应该处纪、杨二君电约晤谈，据称已经派一干部到乡三天，查明白涂既没有地没有生产，无论是张某的非张某的，均不应负担公粮；至出租田，既代佃户缴足公粮，是不应负担者而亦已负担之，现不可再向你要钱也。同月十八日，黄任之老友自京转来苏南行政公署主任管文蔚覆文一件（因管主任在京时曾与任老谈及此事），内开关于张某白涂问题，已通知松江专署转知川沙县府免征其公粮，如已征收，亦全部退还之。至此，似已完全解决矣，然而松江专署仍未予销案，另有后文。

九月二十日，华东军政委员会土地改革委员会通告在外业主申报在乡土地，我即依其规定缮成申报清单同式三份，于同月二十九日分寄川沙县暨所在地顾路区及黎明乡三级人民政府，计在乡土地总数为二十四亩三分六厘。至十月十三日，又专函川沙县府声明拥护土改，先自献地为倡，任凭分配；查原申报清单内阶级成分，本人及子女按照《土地改革法》第五条之规定均不得以地主论，每人平均土地数不超过当地每人平均土地百分之二百者均保留不动，但本人是拥护土改政策者，自愿放弃即将全部出租土地，前已申报在案之总数二十二亩二分八厘六毫一并献给本县土地改革委员会，任凭分给无地少地之农民发展生产，请即转知所属区乡两级政府查照办理。十一月十五日，川沙县长李德全覆函称"前后来信均收敬悉。关于阁下几次来信，不但清楚的申报在乡土地，并拥护中央人民政府公布之土改法，愿献土地交给人民分配，我甚为欢迎。至于阁下提示之家庭成分及本人成分，我完全同意，现黎明乡才开始划阶级评成分，我即通知该乡遵照办理，特覆。"同月二十五日，我赴川城专谒李县长，将所有田单按照十月十三日去函所称献地之宣言开具清单，请其点收。李县长即在清单上亲笔批"今收到"字样发还存执，我的土改手续至此已完全结束矣。

一九五一年，吾年七十三

黄任之老友于中央人民政府新成立时膺任国务院副总理兼轻工业部长，

一月二十二日因公到沪，二十三日在浦东同乡会集亲友座谈，二十七日赴松江，二十九日赴川沙，三十日同乡会开欢迎会，任老畅谈国内外形势历两小时，二月四日离沪。在此时期，我又遇到一番风波。二十六日，友人自松江开会公毕回来，告知松江专署政委张彦公开报告对我发生误会，似颇严重。时任老又到沪，在电话中告知他在无锡时张政委先已提及此事，匆促未及解释清楚，将约他来沪面谈，明日赴松江可与他同来。二十七日晚，任老又以电话告知已与专员顾复生及张政委同到沪，约我明晨到百老汇大厦（今改称上海大厦）面晤详谈。翌晨前往，见到任老及张、顾二长官，他们均以有事将外出，嘱我暂留勿走，俟他们回来同吃饭。至下午一时许，任老始回，邀同张、顾二长官及奉贤金学成、上海姚惠泉二同乡与我同上十六楼进午餐。即席我详述如上年所纪自开征公粮至苏南行政公署解决免征的一切经过，最后我说我所报告两位首长当已明白似我应无地主成分吗，张政委答在政府毫无成见，只看群众如何耳。他既提示群众问题，则知有人捏名诬控恶霸大地主之嫌尚怀疑莫释也。回来补具书面报告时，除上述详情外再详陈之，此事我屡欲明言而未出口，尚以旧观念恐贻家门之羞，但此是封建思想，今在新时代，当澈底坦白。

说来很简单，所谓群众者，只有不法堂侄张在勤一人造成，并串同龚石连为之推波助澜，此二人对于我抱有夙怨者也。在勤系初中毕业生，不务正业，吸毒坠落至不堪收拾地步，流浪在上海过渡码头，见认识之乡人伸手讨钱过日。解放初期乡干部文化水平较低，他乘机混入，摇身一变曾任所在地黎明乡乡长，卒以贪污为县长牟益民撤职并将拿办，他又逃至上海，仍过其流浪生活。曾到我家，稍给以钱并给以旧衣服，讵不两日又遇见在街头，已无所给穿之衣服，褴褛至不能蔽其下体，还伸手向我要钱，我怒极，举手杖将打他，而他逃跑了。待至牟县长调任去后，他又潜回本乡，依然故态，在乡大喊打倒第一个大地主张伯初，说是在松江有田、横沙有田、本乡有滩地五千余亩，非捉到办他不可。龚石连则因其父曾与比邻盛姓争一出路界址，要求我说句公平话，我说该处系钦塘脚挖废免科公地，双方均不完粮，均无执业凭证，既是公地，仍照原状公用出入可，毋庸争执。因此他怀恨在心，及其继在勤之后为乡长，有乡人来沪向我诉说被现乡长龚石连强迫打手印，要联名控告你老先生，但不知其所告何事，我说任凭他去做可也。在勤并到处扬言，黎明乡由他本人与龚石连、张金土及陈某四人要如何便如何办。张金土系一成衣工人，亦曾一度为乡长，出入用两人随侍左右作为卫兵，煞是可笑，此时张在勤已与逮捕一批二流子同被拘禁在川沙了。

我作这份报告长二千余字，双挂号邮寄松江专署去后，姚惠泉君自松江开会回来走告，顾专员嘱为转知事已完全明了，业予销案。同时并闻川沙亦已将龚石连逮捕入狱矣。

我在浦东同乡会主持会务二十年，此是封建团体不适存于现时代，应在废除之列。上年原已有会务改进委员会之筹设，今夏又改组为会务改进小组，会议而停止理监事会，推定金学成、姚惠泉、黄炳权、蒋孝义、奚孟起、龚汇百、朱鸿圻、沈思期及我九人为改进委员会委员，拟具改进概要并预备向行政当局接洽必要之条件，推我撰述同乡会成立以来经过事实。我即审择历年会务中之最重要者分为十大项，并就某项中事实较多者另分若干目，草成《浦东同乡会史料一斑》，油印分送公核，并为过去同乡会留鸿雪之万一，兹附录如下：

浦东同乡会史料一斑

本会成立于一九三二年一月三日。

一九三六年十一月二十一日，新会所（即今址）行落成典礼，所有购地及建筑设备共计银圆六十三万八千二百八十三元。初成立时参加会员一万九千余人，至一九四八年第八届会员大会时，据收费统计有会员七千二百零二人（会员证载明以每年纳会费者为会员），嗣后因时局关系及币制波动停收会费，故大多数会员已失却联系。

本会历年工作，除寻常事件繁不胜述外，兹举其较重要者分列于左：

（一）救济工作

甲、兵灾救济

(1) 一二八之役，发生于本会初成立时，浦东沿浦难民流离失所，急筹救济。（一）在周浦、杨思两处设收容所，（二）在沿浦之周家渡、白莲泾、塘桥、老白渡、赖义渡、洋泾六处设站发米，共支银圆一万五千五百四十元。

(2) 同年集款援助抗日之东北义勇军及该地难民，分批缴送共计银圆一万七千二百八十元。

(3) 八一三之役,除参加上海市救济委员会外,一九三七年八月十五日起至二十六日止,每天遣送回乡难民,用卡车送至高昌庙江边码头渡浦,乘上南小火车后各自回里。旋因浦东沦陷,十一月一日起,又在南京路外滩用卡车接运自乡逃沪之难民,继续至十二月三十一日止。会中设救济难民办事处,一面分设收容所十二处,收容人数多至四千一百八十六人。自一九三八年四月起,各收容所先后结束,截至一九三九年三月六日止,共支经费三万一千余元。

(4) 解放之役,一九四九年,沪郊待解放前反动军队未撤退之际,本会成立救济难民委员会,并加入上海临时联合救济委员会为委员,另设难民收容所两处,一在上海棉布业公会内,一在南市浦东公所。初解放后,又在洋泾、高桥两处各设临时救济工作站,至七月宣告结束。

乙、水灾救济

(1) 一九三三年九月二日、十八日两次大风潮,沿海各县受灾惨重。本会急筹救济,与崇宝启水灾筹赈会合组为江苏川南崇宝启水灾救济会,募得银圆三十六万八千五百余元及物资合银圆一十八万四千余元。川、南、宝三县受灾较重,分得较多,详见《川南崇宝启水灾救济会报告书》。

(2) 一九四九年七月二十四日夜及二十五日台风大雨,沿海受灾,南汇尤重。本会组设浦东水灾协济会,协助松江分区生产救济协会及南、川两县生救会办理救济事宜。

(二) 减轻人民负担之请准

(1) 一九三〇年起冬漕每石加征两元一案,本会成立后电经中央院部准饬免征,苏省府决定于一九三三年起实行取销。

(2) 川、南等县盐田先经沙田局收费清理完竣,而苏省府于一九三三年令与漕田一律带征清丈费,本会请由松江运副证明经财政部令免重征,而川沙已带征之一年清丈费亦即于次年流抵发还。

(3) 盐田契税于一九三三年由本会请准照漕田例减半征收。

(三) 交通建设之建议

(1) 一九三五年四月,建议整理黄浦江水道。备文并附浅说四条,分致中央院部暨省市政府去后，公文旅行转辗推诿，应由全国经济委员会核办，而该委员会覆以令饬扬子江水利委员会核议具复为词，此后遂无下文。

(2) 一九三七年三月，建议展筑沿浦公路。自浦东大道南首终点杨思区起，仍沿浦滨展筑至浦南，与沪杭公路衔接，其长不足三十里，所经上、南、奉三县境，运输灵便，不独发展企业，抑且造福农村。备文绘图分请省市政府去后，苏省府覆称所议尚有理由，惟上、南、奉三县建设经费为数无多，且已支配净尽，省方财力又甚支绌，该会如有财力，可照《江苏省招商投资筑路行车办法大纲》推举代表来省接洽等语，旋以八一三战事起而中止。

(四) 文化教育事项

本会组设文化教育委员会，除协助中华职业教育社在本会办理中华业余图书馆暨第四中华职业补习学校外，略举如左：

(1) 同乡清寒子弟助学金，自一九四四年至一九四六年五个学期发给助学金一百零四人。

(2) 一九四三年，创办浦东第一儿童教养院于浦东龙华嘴旧火药库。同年，接办川南儿童教养院，改定名称为浦东第二儿童教养院，设在川沙城内。至一九五〇年，第二院移并于松江劳动教养院第一院，延续至今，现有院童一百名。

(五) 医务卫生事项

(1) 浦东医院设在浦东警局路，原由同乡人创办，自一九三四年本会第三届会员大会议决改归本会主持，另组医院管理委员会负责切实办理。至一九三七年八一三战事起，初犹暂迁设于三林学校内，卒以浦东全部沦陷，无法维持而停止。现该院址房屋租赁与上海市立第三医院。

(2) 一九三七年，组设医事卫生委员会，推定瞿绍衡为西医主任，秦伯未为中医主任。六月一日，开办西医诊疗所，设在本会二楼二〇一号。七月七日，开办中医诊疗所，另在会外赁屋办理。中西医均施诊给药至一九四四年终止，中医诊疗所停诊结束，一九五〇年九月止，西医诊疗所亦以费绌停办。

(六) 改进农业事项

(1) 一九三六年十二月，会同中华职业教育社，为繁荣沪东南各地农村经济起见，发起组织沪东南农村合作事业促进会。总会设在本会，并在上、南、川各县分设农村合作事业促进会。翌年，已与各县代表接洽就绪，筹备进行，而八一三战事猝起，遂即中止。

(2) 一九四七年，又组成农业改进委员会，推请专家蒋孝义等详拟农业改进计划，并拟在浦东各地设分委员会，订立章程细则，先后据川、南、奉、松等县开报镇乡地址清单，并据奉贤县报告成立分委员会。翌年，又据松江县及上海市之高桥、杨思两区各报可供植棉试验场之地亩。一九四九年春，改正名称为浦江区农业改进委员会，推定蒋孝义为总干事，编订《棉业合作改进植棉办法》及《农民训练班办法》，正在筹借款项选购棉种，而反动当局军事行动紧急之际又阻碍难行，至解放时会务停止。

(七) 改良风俗事项

(1) 为改善婚嫁制度，破除奢靡陋习，自一九三八年八月起至一九四二年十一月止，本会举办同乡集团结婚共二十三次，计参加结婚人三百七十对。

(2) 禁毒之宣传与赞助，曾于一九三四年八月由黄常务理事炎培撰成《为政府厉行禁烟敬告吾乡父老兄弟》一文，大量印成单行本，专送川、南、奉三县政府转行分发城乡各地，以广宣传。并赞助南汇县府集捐，在大团、泥城两处各设戒毒所，成绩良好。

(八) 招雪冤抑事项

除同乡寻常纠纷事件由本会法律专门委员会随时调解取决免争外，其较重要者略举如左：

(1) 一九三三年一月，松江亭林镇居民施大公被当时政府诬指为反动而逮捕解究，本会电准苏省府饬由临时军法处审理释放。

(2) 一九三三年十二月，川沙学生薛炽涛在光华大学肄业，亦被诬为当时之所谓反动而逮案，本会即代电淞沪警备司令部准予摘释。

(3) 一九三五年三月，上海人任妙泉被盗诬供，由县拘解镇江警备司令部，本会电请连同本案被诬之金雪根一并讯释，旋任妙泉即释回，而金雪根发交上海地方法院讯明开释。

(4) 一九三三年二月二十五日，法租界越捕在新桥街开枪阻止二妇同坐一人力车，而路过之川沙人徐林生殃及受伤，本会向法租界当局交涉，结果将犯事之越捕提付法院依法惩处，并保证以后不再有同样事件发生。

（九）救护同乡安归

本会除历年接受中国救济妇孺总会及公安机关送来被拐或迷路之同乡男女暨江海关水巡救起失业投浦之人，均分别给资安遣回籍外，其重要者如左：

（1）一九三五年，川沙张林华之女被拐至辽西铁岭卖入娼门。该女托人函知其家，报由本会电请该地当局将该妇女吊出，本会并即派员前往领回后，交还其家属。

（2）一九三八年，奉贤泰日桥女子萧行珍被拐至青岛卖入娼门。该女逃出后遇有旅青同乡瞿杰文，函知本会查访其家属，本会即电请瞿君派员将该女伴送到沪后，偿给川资，并交女与其家属。

（3）一九四二年二月，天津江苏会馆函告，由天津地方法院发交被拐女子倪文仙、倪会仙二名，系南汇人，嘱为查明地址，以便遣回。本会查明该二女系南汇三墩人，即覆请派员伴送来沪后，由其家属出具收领状，交来人带回送法院销案。

（十）业余俱乐事项

（1）本会新会所大厦落成后，即组织业余俱乐委员会。一九三七年五月，先成立歌咏组，并举办同乡旅行团，旋以八一三战事起而中止。

（2）一九四七年冬，又成立国乐研究队、乒乓球队及话剧组，初解放时期停止，现乒乓球队仍维持不替。

九月初，我病倒了，系十一年前胆囊炎旧病复发，加以新病慢性胃炎，势颇严重，较甚于前次，幸有子能医一切，治疗周到，较胜于住医院。若住医院，必须长时期，而需费恐难为继也。儿子在青为慎重起见，并请前辈名家骆、何两医师及其同学张为训博士共同讨论用药方针。因此病必须长期疗养，向同乡会坚辞会务主任名义，由会中小组会议议决给假养病，而未许辞职。

至岁除前夕，卧病已四个月矣，作病榻自怜四绝句又一律[①]。因前今两次大病均已至九死一生地步，故诗中称又甦翁。诗录如下：

① 《晚嘤草三》收录此诗。

自怜老病又甦翁，百廿天来一榻中。
大好光阴容易过，秋风转眼复春风。

自怜老病又甦翁，终日相亲是药笼。
有子知方随肘后，我惟高卧作痴聋。

自怜老病又甦翁，十一年前约略同。
一误何堪今再误，只因常忆旧郫筒（病由嗜酒狂饮所致）。

自怜老病又甦翁，郁郁难忘我欲东。
足软如绵行不得，未知何日可从公。

自怜老病又甦翁，生也有涯怅我躬。
久不梳翎余瘦鹤，聊将糜粥喂饥鸿。

老饕扁忌花猪肉，新药还宜荷尔蒙①。
正是疑年更添岁，衰颜敢望返如童。

右诗录寄黄任老以代报告病状，后得其覆函，称读到又甦翁诸诗如亲情话。

一九五二年，我年七十四

我抚今思昔，念及六十年前附读在舅家顾氏塾中的光景，恍如隔世，此后迭经时事变迁，又不啻换了几个世界。甲午中日战争，庚子八国联军，辛亥武昌起义，癸丑二次革命，洪宪帝制，辫子军发动复辟，以及直皖、奉直、苏浙各个军阀内战，国民党军北伐，八年抗日，至日寇降后之蒋政权糜烂吾人民，皆我所身经目击。七十一岁乃见到人民解放军成立新中国，远胜于我理想中之乌托邦，人民得到真幸福，亦我老眼之大幸福也。

三月七日，接到黄任老来函，称吾辈江东子弟同窗（南汇铁窗风味）四友只剩你我两人，当时只有原始的人道主义，天真的爱国主义，如何革命，如何建国，胸中何尝有成竹，今吾辈眼见新中国蓬蓬勃勃，扬眉吐气于国际间，远

① 《晚嘤草三》中，此句后加注释“尚未服用”。

如西藏亦供一尊，岂非吾生有幸，只想一息尚存，鞠躬尽瘁，舍此别无他念也。

我病经过半年后，中午始吃饭，佐餐以稍用油之青菜为适口，孰知肝病绝对忌食油脂，二十余天后旧病又发，虽经抢救病情好转，而元气更伤矣。

在三反运动中，我所主管之浦东同乡会发见会计部分有共同贪污犯二人，一为会计主任蒋某，一为出纳员程某(二人已坦白认赔，我本与人为善之意，今隐其名)。我虽在病中，自愧平时失察有亏职责，亟应自我检讨公开引咎，乃作自讼诗一首，送请小组会议严正批评。黄任老原系同乡会常务理事之一，在京闻此消息，亦来函查询究竟，我覆以贪污二人之职务姓名，二人已自坦白认赔，并经公同审查完竣，正令其各具退款计划书矣，并录送我自讼诗请核。诗①如下：

廿年尸素忝居高，前有萧规我愧曹(先有瞿绍伊君为主任一年)。
臂助何来空妙手，目明未足察秋毫。
乍知有虎出于柙，堪叹亡羊奈此牢。
羞对江东诸父老，是谁之过谴难逃。

右覆函件于六月五日寄京后，才三日即收到任老来函，称你的诗绵密稳惬，想老友精神还是充满为慰。又说吾与你二人为创办川沙小学，同上南京是一九零二年的事，到今足五十年了。

七月十五日，自觉精神尚好，清理所存废旧物品，检得钢笔一支，谂系亡儿在森遗物。此儿于“八一三”之翌年五月一日不告而出走，身无长物，潜往武汉，欲遂其从军之愿，亦无钱置备必需之用品，故其来信均用破毛笔所书。至毕业后服务军中，曾函乞其大兄在青为购钢笔寄去，青儿终苦无法寄递，殊为耿耿，孰知其用惯之旧笔尚留在家中也。

森儿成仁后第五年之先一日(一九四七年中秋)，黄任老以其友人董木天(名铎)所赠得自战死敌将之遗笔镌有“中材岩吉”者转赠，作为永久纪念，附以长歌，跋语云“董木天以抗日战利品笔一枝见赠，转赠国殇张在森乃翁伯初，媵以诗。”我将此诗潢裱装轴，连同一枝笔并置森儿遗物小箱中(所有遗物均在此箱内)，以示后人，森儿殉国至今秋已十周年矣。

---

①《晚嘤草三》收录此诗。

九月二十四日，致黄任老函，报告同乡会事。迭与中国人民救济总会上海市分会联系，先请协助，现进一步拟请径予接管，正在筹议进行中。同月二十九日，任老覆函大为赞成。函中并告知毛主席大关念一般耆老，最近扩大文史研究馆，各省各大市都设置，六十岁以上有些名望者皆罗致，月送薪金，不须到馆，还照顾医药等事，是嘉惠高年的厚意。

读韩昌黎诗，有云："断送一生惟有酒，寻思百计不如闲。莫忧世事兼身事，须着人间比梦间。"此诗不啻为我写照，特录之以资借镜。

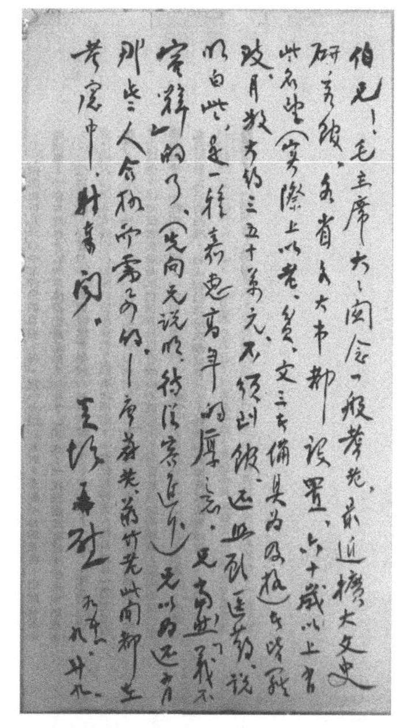
伯兄！毛主席大大关念一般耆老，最近扩大文史研究馆，各省各大市都设置，六十岁以上有些名望（实际上以老、贫、文三者俱具为原则）者皆罗致，月致大约三五十万元，不须到馆，还照顾医药，说明白些，是一种嘉惠高年的厚意。兄前函所云我不容辞地的了。（先向兄说明，待该案通过了）兄以为还有那些人合于所需的——广蘋老、蒋竹荘此间都在考虑中。特奉闻。

炎培奉上　九、廿九

黄炎培来信（1952年9月29日）

一九五三年，吾年七十五

二月五日，致函黄任老，报告浦东同乡会于本月三日由中国人民救济总会上海市分会代表李文杰等前来接收，我辈为会务奔走二十余年，至此告一结束。所接收者，一座八层大厦及其中一切设备并会中所有办公物件，我移交清讫。同乡会名义从此取消，而我亦卸却仔肩，丢了包袱，无事一身轻，藉公园以休养，日涉而成趣矣。

二月十九日，接到任老覆函，是二月十三日夜即农历壬辰大除夕写的，其最后说这封信就算是你我两人五十年不死的纪念文（今年恰是五十年）。文中是我与你不死于南汇城里"草草了事"的刽子手下（听说当时南汇刽子手不会杀人，急得不了，向屠夫临时学习了一些杀猪法。那时我还没有素食，否则人将以为我不吃猪肉的报应，而你们还是靠我福）。到今天我和你还在人间，大概我和你的结局不会"草草了事"而将七舒八齐的了，哈哈。

三月十二日，我在家吃过中饭，回到浦东大厦三〇五号寓楼，见有中国共产党上海市委员会统一战线工作部的请柬，订于是日下午二时半举行座谈会，并备“菲酌”字样。正疑讶莫明其故，适来一电话，听是女同志口音，她说上午持柬来谒未晤，务请准时必到，我答以久病未全愈，难以应命。她说放汽车来面邀陪同前往，我坚辞，说明走出汽车后一切行动仍须有人扶持，还是我自行雇车带一个人扶同前来可也。届时我由旧服务工张吉斋伴同坐车去到目的地延安西路二百号，扶掖而进。我在签名处询知，共邀八十人，已到六十七人，年最少者六十岁，最老虚云和尚一百十四岁，是一特客。少顷，上海市长陈毅、市府秘书长刘季平同到，与来宾一一握手，先以全体摄影。三时正开会，刘秘书长任执行主席，陈市长作长篇讲话，并未提及文史馆事，但请大家随便发言。先后起立发言者十二人，最先是袁俶畬君，最后由刘秘书长指请虚云和尚，但他年老而发音甚低，虽用扩音筒电传，而我仍听不到其是何言语。六时散会，继以欢宴，有盛馔，据闻每席菜价五十万元（当时币制）。我以忌食油脂不能下箸，呆坐看吃而已。迨宴毕，有汽车送回，而我的五脏神已起内哄矣。事后，至文史馆成立，先后发表馆员名单，是日座谈会上客都是馆中入选之人也，我亦接到七月一日陈市长署名的上海市人民政府聘书，内开“兹聘台端为上海市人民政府文史研究馆馆员”。

四月十二日，约得同庚八人，以出生月日先后为次：（一）奉贤廖味蓉，（二）青浦戴禹修，（三）无锡蔡禹门，（四）镇海余云岫，（五）吴兴张公威，（六）即我本人，（七）上海李慕青，（八）三原姚伯麟，上午十一时齐集浦东大厦六楼聚餐。先赴楼下鸿运来照相馆摄影，印出影片四周附有题字，上面题额“饮中八仙”；左右联语，右为“并立尽同庚七姓八人六百岁”，左为“吉词颂难老再加五倍三千年”，下面依次题各人姓名籍贯、“皆七十五岁癸巳春季合影于浦东大厦”字样。先期戴君用杜工部《饮中八仙歌》韵作长歌，与我为戏事，后又有七律一首，继以十六韵七排，廖君有七古十六韵，姚君与我各有七律一首。

我为黄任老以壬辰大除夕写的来信算是我们两人五十年不死的纪念文，仍检出步惠廉先生前后为同难四人所摄照片，附以我今年新照片，合制成一帧，作为五十年不死的留影，于四月十七日寄送任老作为酬答。影片四周题字，上面正中有句云：“同难当时师若友，两回留影最堪珍。未成四皓今谁健，左右相看只二人。”右上方“四人合影”，旁写“一九〇三年南汇党狱保出到沪，步惠廉先生为摄此影。右起余时年二十五，次向左张君心九年二十七，顾师冰一年三十二，黄君楚南年二十六。亡命日本时起黄君改号韧之，余原字访梅，亦改号伯初。”左上方“四人合影”旁写“一九三二年为党狱三十年，寻梦欢宴步惠廉先生于松江醉白池，先生又为摄此影。左起为余，次向右张君心九，顾师冰一，黄君是时又改号任之。”下面正中为余半身近影，下写“一九五三年大病初愈，摄于上海浦东大厦，时年七十五。回顾前影已足五十年，现惟黄君任之与余尚在人间。黄君供职北京，来一函说算是五十不死的纪念文。”

为亡儿在森植纪念碑于川沙西门外乐乡公墓。先是得森儿凶耗，我痛不能如蹇叔之哭孟明。为收尔骨，其兄在青请作衣冠墓，我不许此虚伪行为，又请立纪念碑，乞黄世伯任之为作小传镌于碑阴，我頷之。我为亡弟志虎日久未葬，已在本乡天长公墓购地一方，森儿原出嗣为虎弟后，讵知两代俱夭折，拟以昭穆位建一墓一碑。一九五三年元旦，既葬亡弟，又将为亡儿立碑，友人劝我改在乐乡，谓川城近郊观瞻较众，且可与黄竞武烈士之墓并峙，作为黄张两家后一代之烈友，其前面又有林钧烈士墓，主管公墓之沈敬之君拟指定该地一方称为“烈士墓区”。乃在本年清明完成植碑工程，碑高六尺，正面是“抗日国殇张在森烈士纪念碑”一行大字，碑阴附刻黄任老所作传文第一段二百余字。

六月十六日，惊悉老友瞿绍伊君病故，我即撰书挽联，翌日偕顾视高世兄同车赴华山路中国殡仪馆吊唁。路远，坐车来往各半小时，颇感疲乏。入晚骤然腹痛，由青儿诊断知是旧病复发，连日势颇沉重，若照乡俗老眼光看来，必以星命家言流年在这个月里丧事人家去不得之故。其实我病自一九五一年九月二日以来，已历一年又九个月，因肝病绝对忌食油脂，近以吃过几次鸡汤，其中亦含油质所致。黄任老亦闻悉，来函说你又病了一次，应是贪嘴的“小惩”，希望予以“大戒”，此后勿再贪嘴。看你的笔墨还是很有精神，能守“大戒”，尽可活得下去的。他又曾言来书文字和缮写多么精美，很快慰地看出你风姿不减当年，望你经过大戒，实做到提前胜利，恢复健康，来争取可能回复瞻园生活如何（瞻园是明中山王府遗址，指前江苏省行政公署）。

八月二日，上川交通公司开董事会。以董事长一席瞿绍伊君已出缺，公推我承其乏，固辞不获。因思上川发起于一九二一年一月，最初列名公牍者六人，现只存黄任老与我两个原发起人，公司财物亦经敌伪时期占领破坏，不胜沧桑之感。

八月五日，是苏联共产党成立五十周年后之第六天，我病已渐瘥，致函黄任老谢其“小惩”“大戒”之说，并告以我们五十年前遇难之日恰后于苏共成立之日十五天，亦是值得纪念的。他即来书问我如何计算出来，我又覆以查照商务印书馆出版之阴阳历对照表，一九零三年之阴历六月廿三日（我们入狱）即阳历八月十五日，距七月三十日苏共诞生之日，中间只隔十五天。

黄任老前次来函，说想和你谈谈“历史任务”一名词意义，可能有一封长函送给你，不久果接到其八月十九夜自北戴河回京装次所发一函。原文甚长，兹撮其大要：“谈我们的历史任务或称历史使命，我们过去几十年干的一切是对得起人民的，把西洋的史事来对照一下，愈信象我和你一辈人干的真是光明磊落，每一阶段都有一番切实的交代，这些存在是完成，这些消灭也是完成。”

前于四月十二日约得同庚八人作“饮中八仙”之雅集，其中张公威君是名画家，宣称将为同座诸君各赠画像一帧。我先得之高四尺小幅，扶杖立于松石间，神态毕肖。装池后，承戴禹修君代为征求题咏，在裱幅左右绫边平均分配十个着墨范围，由题咏者亲笔缮写。其十人为镇江吴眉孙君（庠）七绝，宝山吴士翘君（邦珍）集陶诗，嘉定戴敬庵君（思恭）七绝，奉贤廖味蓉君（麟年）七律，吴江钱自严君（崇威）七绝，长沙瞿蜕园君（宣颖）五律，金山高吹万君（燮）七绝，宝山金巨山君（其源）五古，青浦戴果园君（克宽）七律，江阴陈季鸣君（名珂）七绝，琳琅满目，留示我后人奉为家宝。

九月二十八日下午二时，上海市文史研究馆召开茶话会，假座南京西路九六二弄上海市民主青年联合会，以为预祝中华人民共和国成立第四周年。国庆节并使各馆员得相见叙谈之便利也，由李副馆长青崖报告本馆成立以来情形，先后延揽馆员已发表三批共八十三人，以后并将继续延揽。第一批发表三十六人，第二批三十一人，第三批十六人，其中最高龄九十岁，为太仓唐蔚芝先生文治，其余八十以上者十一人，七十以上者四十二人，六十以上者二十九人，共约六千岁左右。

十二月十一日，清晓醒来，忽觉胸腹闷痛，知是旧病又发，即通知青儿配药。下午又灌肠，多方疗治，寒热四日退尽，不到公园一星期。此次发病原因为多食奶油及全脂奶粉，内有脂肪作祟也。自九月一日起每晨饮鲜牛乳半磅，十一月中旬起晚餐吃面包用内蒙古奶油，佐饮向用光明牌代乳粉，旋亦改用全脂真奶粉，以致脂肪触发旧病。上次六月发病后，因蛋黄刺激胆脏，戒除鸡蛋，此次又病，连鲜牛乳亦暂停饮矣。真所谓因噎废食，不觉失笑。

一九五四年，我年七十六

一月二十九日，上海市文史研究馆举行春节联欢会，假座民主青年联合会礼堂，备设午宴。十一时齐集，摄影毕，大家入席，我因忌食油脂不能同餐，即辞出言归。

二月六日，黄任老自京到沪，住东湖路七十号华东招待所（该处在解放前是杜月笙新建住宅，已售与美领事馆者）。因翌日即患感冒入医院，病愈出院后，至二十七日始招我往晤，以汽车接送。是日为中华职业教育社上海分社开工作委员会议，附带请同乡老友列席见面。客多不能畅谈，出示其去夏在北戴河避暑时手写之《读马克思〈资本论〉第一卷札记》一册，嘱我带回细阅，可以想见其近时之思想，聊当深谈。

五月九日，老友黄济北君病殁于广慈医院，遗嘱将其遗体赠送医院供解剖研究之用。该院原系法国教会创办，现为上海第二医学院之附属医院。

最难忘一九二六年以前我在同济大学服务，而兼任川沙各项公职，遥领虚名，其实际工作多由济北兄代为执行处理，真是一个得力臂助。我今为文悼之，长七百十五言，写在荣宝斋裱好之折册上，便其后人留作纪念物也。

五月二十四日，清晨，顾正方君践约来偕同赴浦东。坐其自备小汽车至十六铺轮渡码头，过江上岸即东昌路上川公司行驶之公共汽车站，八时十五分开，行走浦东大道约二十分种，已到庆宁寺火车站。此新车站自旧址迁建在江边，我尚第一次见到也。我自一九五〇年十一月二十五日乘上川火车到川沙，至今日恰已三年又六个月不到浦东，因我自一九五一年九月患病以来，亦已两年又八阅月也。是日回来，十一时正在庆宁寺公共汽车站，开到东昌路，过江再坐小汽车，回至我家恰是十一时四十五分。在路上坐小汽车、公共汽车、市轮渡船三种交通工具，仅历四十五分钟，可谓迅捷矣。

华东一级机关暨上海市讨论中华人民共和国宪法草案（初稿）委员会经第一次会议决定分组讨论。共分二十组，来函通知我参加第二组，即在文史研究馆，自四月十四日至五月二十二日为止，共开会讨论九次，组员三十人。自七月十六日起另组上海市宪法草案讨论委员会文史馆支分会，又将支分会按地段分成十小组。我在凤阳路地区组，至八月二日结束，前后共开会六次。组员应以书面提意见，如无修改之意见，亦须写一些感想，我只写了三条聊以塞责。

我为于香草遗著丛辑撰弁言稿，函送黄任老商量“弁言”二字是否适用，祈裁示并修正稿中文字。先是三月四日任老将自沪回京，特来话别，谈及于香草（名鬯，字醴尊，南汇周浦镇人）遗著未刊之稿卷帙甚富，由其婿张履中保管，无力付梓，日久难免散失，应及早处置。我们一致主张献书于政府，任老嘱为留心联系。七月十五日，张履中君来洽，我先已接任老覆书，称为求名实相符，不如将“弁言”改称“香草遗著整理归公之经过”，履中亦赞同此意见。改正我即将原稿交去，并商定将遗著正副本两份分送苏省、沪市两政府保存，因香草先生籍贯在苏省区域也。履中在日寇沦陷期间旅沪，转辗迁徙必随带香草稿本，不稍疏懈，并将全稿精楷钞成副本，费时十年而蒇事。除已刊入南菁书院丛书及学古堂丛编各一种，并已知其书名而觅不到稿本亦有二种外，出示其所编现存总目录凡二十四种共一百八十八卷，装成九十册，正副本各一木箱，报经苏沪两政府批准派员接收。至十二月十八日，江苏省文化事业管理局派来干部韩益之暨上海市合众图书馆馆长顾起潜先后到我寓楼，由张履中将稿件分别点交苏省正本一箱、沪市副本一箱去讫，此事已告完全结束。在场眼同办理者有沈思期、黄炳权、姚惠泉、奚孟起及我五人，亦一盛举也。张履中为此事来沪时，携有香草遗墨书画十幅，以示同人，黄炳权即借此墨迹摄影，装册分贻同好，甚精致，并推我作跋语说明之，附印在影册后。

川沙自一八一〇年设治以来，历史未久，地方又小，并无古迹可言，只有“岳武穆墨迹诗帧”，视为至宝。“八一三”前夕，正在上海文献展览会中，仓猝收回，暂存我处，川沙又旋即沦陷，无可送回。至解放后，川沙亦无保管文物机构，我拟送入苏省博物馆，商得黄任老同意后，再函沈敬之转商县政府办理。九月二十三日，沈敬之君派人持函来取件，据称政府预备派专员运送南京。九月二十五日，川沙县府出给正式收据“今收到沈敬之先生转来张伯初先生保管之岳飞墨迹壹帧，此据。”专人交来，此事亦告一段落。

我于十月三日将上项办理经过函告黄任老，并贺其新任第一届全国人民代表大会常务委员会副委员长，云“敬贺你荣膺新职，权力地位更上一层，而工作当较清简，适于高年怡养，甚善甚善。”任老即于六日来覆，称得三日手书，承贺，贺得中肯，老友到底是老友，一大叠函电中尊函应是冠军。

十一月三十日，赴浦东庆宁寺出席公私合营上海市浦东公共交通公司董事会成立会议。公司所在地即沿上川车站迤南过浦东大道陈家宅一号，该处系前洋行买办兼地主陈谷生的住宅，建筑略参照宫殿式，亦用琉璃屋瓦，解放后已归公，现向上海市房地产管理机构承租。合营组织私方是上川铁路、上南铁路、浦建汽车三个公司联合而成，公方是属于上海市交通运输管理局，由局指派公股董事四人，私股董事十一人，上川占六人，上南三人，浦建二人，我为上川六人之一。

十二月二十日，我自浦东大厦三〇五号迁回复兴中路一二一九弄四号青儿寓所居住。我早在一九一四年由本乡老家挈眷来沪，租住小南门外蔡阳弄四四号叶姓房屋，至一九三七年八一三抗日战争开始，南市寓所已不可居，即于八月十四日起，我个人住浦厦，而全眷亦以避难移居复兴中路今址，当时还是法租界，称辣斐德路。计我在沪住南市二十三年，住浦厦十七年又四个月，前后合成四十年。自浦厦归公后，政府支配作公家集中办公机关，所有其中旧租户限于一九五四年年底一律迁出。

一九五五年，我年七十七

一月二日，次儿在皜自新闸路中华新邨十二号新赁寓所，挈同登记公证结婚。新妇沈亦青女士来谒翁姑，我在今寓址附近美心酒家（“美心”二字亦新婚吉语）设筵两席，集我直系亲属子女及婿、孙男女及外孙男女共二十余人，联欢团聚，并无一外客参加。先是于上月二十六日，皜儿与沈女士办完公证结婚手续，即日乘沪宁火车往无锡、苏州作蜜月旅行之举，今日回沪，新夫妇即来见，一切陈规旧俗彻底废除。新妇沈女士浙江平湖籍，在上海任小学教师有年。

一月十二日，为昆山老友李颂霞君，将其所写自传一文代寄黄任老，请为介绍入上海市文史研究馆。二月十九日，接任老抄来上海市政府办公厅覆函，称“介绍李颂霞入市文史馆工作事业已照办”等语，嘱为转告李君。

八月十九日，偕同庚老友戴禹修君同坐车赴法藏寺吊廖味容君之丧。我在挽联中有“二载中先后亡三兔”句，因前年集同庚八人合影聚餐，皆是己卯生肖兔者，以出生月日先后为次，廖君是龙头，姚伯麟是殿军。当年姚君即作古，以生的老八升为死的老大；其明年余云岫继之，以生的老四升为死的老二；今年廖君亦继之，以生的老大降为死的老三，至此已亡三兔矣。兔死之悲，况在人类，人琴之感其何能已！又逾年，而蔡禹门又继之，以生的老三降为死的老四，“饮中八仙”已去其半，老二戴君曾作悲痛语，云是可称半死半活也。

黄任老久无来信，旋知其在北京医院割治膀胱前列腺肥大（中医称癃闭），施行大手术顺利完成，并得其十月三十一日在医院所作三绝句，我乃去函慰问。

一九五六年，我年七十八

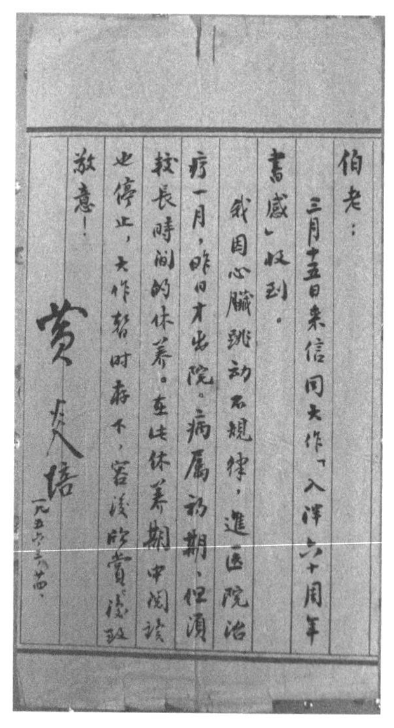
伯老：
三月十五日来信同大作「入泮六十周年書感」收到。
我因心臟跳動不規律，進醫院治療一月，昨日才出院。病屬初期，但須較長時間的休養。在此休養期中閱讀也停止，大作暂时存下，容後欣賞。謹致敬意！
黄炎培
一九五六、三、廿四、

黄炎培来(信 1956 年 3 月 24 日)

一月二十日，是日为值得上海人民永远纪念而难忘的一天。紧接着市郊农村完成社会主义合作化和全市手工业实现合作化的伟大胜利之后，全市的资本主义工商业被批准公私合营了，同时所有学校及医院一律改归公立，由国家支给经费而大加扩展。

四月一日晨，赴川沙，即日返。我自一九五〇年十一月二十五日曾到川城，其后因病不能出门，迄今已五年矣。此次见城中面貌一新，有许多新建设，我又往西门外一视为亡儿在森植有纪念碑之乐乡公墓。

我自一八九六年丙申入泮，今又岁次丙申，足六十年矣。成《丙申入泮六十周年书感》八绝句，用活体正楷铅字印成一小册，分贻亲友留念。

丙申入泮六十周年书感

六十年来老秀才，当初未冠未成材(注一)。

千秋黄卷师空训(注二)，一领青衿色已灰(注三)。

注一：县府试头场首题例分已冠、未冠，年二十以下作未冠题。学院试除顺治二年暨十一年两科外，均无已未冠之分。公元一八九四年，余十六岁，初应童子试。是冬县试及明春府试均终覆，学院试以墨污卷犯场规被斥。一八九六年，十八岁，第二次应试，龙学使湛霖取入南汇县学第八名。

注二：入泮后，受业师顾冰一先生赠联云：瀛岛此先声休言一领青衿已偿奢愿，琊環真福地须识千秋黄卷即是前程。

注三：今人已不知何谓襕衫，而一般制服多用青灰色布。

学籍南庠民籍川，只因厅治地方偏(注一)。

新邦建县兴文庙(注二)，才告落成又改弦(注三)。

注一：川沙于清嘉庆十五年，自上海、南汇两邑析地设抚民厅，未有文庙，不设学官，士子应试仍分隶上、南。余入南庠，填履历应书南汇县学附生，川沙厅民籍。

注二：辛亥革命后，厅改为县。一九一四年，川沙孔教分会请援例带征亩捐兴建文庙。一九二六年，才得动工又因时事而中止，至一九三一年继续完成。

注三：川沙文庙亦依当时功令称孔子庙，但建置并未悉照旧制，原备地方教育机构之利用，旋即改作中学校舍矣。

薄视科名冠沐猴，秋闱报罢便回头(注一)。

维新最是遭时忌，六月霜飞桴海浮(注二)。

注一：一九〇二年，余二十四岁，第二次应省试，下第归来即辞去南汇肇溪周氏馆课，径赴上海入爱国学社，自为学生研求新学。同时功令废各地书院，改办学堂，余又偕黄君任之发起请改川沙观澜书院为小学堂，二人于严冬冰雪中同诣南京督辕，具牍邀准。

注二：一九〇三年春，川沙小学开办，照部章以黄君任之为总理，余副之，均不支薪。一学期终，薄负时誉。六月暑假后，余随同顾师冰一、黄君任之，应邀至南汇新场演讲，该邑戴令运寅指为革命党，构成大狱，遇赦亡命东瀛。

民初祀孔废而兴(注一)，犹见庙堂俎豆登。

西庑分趋除拜跪，西装礼服记吾曾(注二)。

注一：清社既屋，民国肇兴，祀孔典礼即废。一九一三年，江苏省民政长韩国钧下车之始，乃于孔子诞日在宁垣府学宫举行秋祭。

注二：此次祀孔，余在省垣，以荐任官资格备员分献西庑，穿西式礼服，行三鞠躬礼，至今思之，不觉失笑。

校刊松郡采芹编(注一)，清代各科前后全(注二)。

百六三科中有我，已无同案可随肩(注三)。

注一：一九三九年，松江张敬垣等慨各地文献之毁于兵燹，上海时中书局出版之《松江府属采芹录》已购不到，见余藏有一部，集资重印，并属余校勘。其中多讹字，借来松城张氏草香居楷书钞本，以资参考。

注二：自顺治二年开科至光绪三十一年废科举止，前后岁科试暨恩科共一百六十九科，松属各县之曾为博士弟子员者均在其内。

注三：查一百六十九科中，余在第一百六十三科。南汇一案二十五人，余今为仅存之一个也。

寿芹录(注一)与诸生表(注二)，耆旧凋零剧可怜。

寥若星辰还有几，三人相顾忝居前(注三)。

注一：一九二五年，陆衡汀明经调查川邑人入上、南两庠而尚存者，编印《铁沙寿芹录》，仅得五十四人。

注二：余协纂《川沙县志》，一九三六年出版，于选举门创格增设“同光间诸生表”，自同治五年补行元、二、四年三科起至光绪三十一年末科。四十年中，二十九科川邑共得一百八十八人。

注三：到现在为止，以上表录中仅存黄君任之、陆君仲超及余三人，而科分余忝在前。

重游泮水传佳话，川邑前曾有几人。

志载二丁和李陆，算来第五及吾身(注一)。

注一：

1. 厅志载：

李桂，字秋芳，二十二保人。一八一一年（嘉庆辛未）依例举行重游泮水。

2. 县志载：

(1) 丁尔光，字少矜，八团人。一八八一年（光绪辛巳）亦依例举行。

(2) 陆炳麟，字蘅汀，本城人。一八七四年（同治甲戌）入泮，一九三一年（民纪二十年辛未）计闰重游，至一九三四年甲戌足六十年，仿上海姚文栋先例，举行三游泮水。又越三年，丁丑，创行四游泮水（三游时作赋一篇，以民国甲戌三游泮水为韵）。

(3) 丁世仁，字安卿，八团人。一八七七年（光绪丁丑）入泮，至一九三四年甲戌，亦计闰举行重游泮水（是年卒）。

六十年中几海桑，泮宫非复旧宫墙。
重游别有新风景，文化宫中游艺场（注一）。

注一：解放以后，各地文庙闻有改为工人文化宫（或称俱乐部）者，其中亦分设各式游艺场。

镇江袁伯庸君长春，在一九一三年初至翌年夏与我共事于江苏省公署，为一得力之臂助，近年任职上海新亚药厂。其人茹素学佛已四十年，一九五五年冬病殁。今春其弟孝谷来谒，出示伯庸手书之大乘经典正副各一册，均工楷一笔不苟，嘱为题句留念。我于佛学未尝问津，只写与伯庸相交四十四年之经过，成一长篇，聊识黄垆之感。

长孙祖同，后我六十年诞生，与我同是己卯年丙子月，因命名祖同，字之曰二如，今以便面乞我题纪念文字，为书如左六句示之①：

人生八字分四柱，年月日时干支字。
祖孙先后六十年，四柱之中同其二。
孙儿诞生为命名，祖同二如取此义②。

---

① 《晚嘤草三》收录此诗，名“为长孙祖同书扇”。

② 《晚嘤草三》中，此句后加有注释：余六十一岁长孙生，与余同是己卯年丙子月，名之曰祖同，字之曰二如，今十八春矣，书此示之。

一九五七年，我年七十九

五月六日，为中华职业教育社成立四十周年，五、六两日假座上海文化俱乐部开纪念大会，原创办人黄任老来沪主持。任老今年八十正寿，我赠诗七言八十韵，写在荣宝斋裱好之折册上面交之。

十月中旬，黄任老自民主建国会中央率同整风工作组南下，视察上海、杭州、南京等处工商界整风运动。在沪时，住锦江饭店，曾招往畅谈。回京后，十一月二十日，寄来视察时见闻纪事诗七绝十四首，上海三首，杭州三首，宁杭公路二首，南京六首。

我十九岁结婚，迄今六十年，例届重谐花烛，撰印纪念四绝句，分诒友好。苏州卢彬士君文炳年八十二，与我同是丙申重游泮水又先已于甲午重谐花烛者，去年及今兹两次和我诗，又赠《甲午重谐花烛唱和集》一册，我以七律一首谢之。兹录我的纪念诗如下：

丁酉结婚六十周年纪念

柴米夫妻六十年，漫夸两万两千天。

重谐花烛堪符例，颔首儿孙戏膝前。

采芹逾年咏好逑(丙申入泮，丁酉结婚)，高堂重庆笑容浮(时在重庆下)。

二龄长我思吴谚(吴谚女大二米铺地)，赢得家无内顾忧(开门七件事余向不顾问)。

主持中馈室家宜，鞠育劬劳为母慈。

十乳只成男女六(三男三女)，最怜少子作汪踦(幼子在森抗日国殇)。

记曾冠带与裙钗(旧时结婚仪式)，笑比登场优孟排。

百有六旬今昔感(七十九与八十一合成一百六十岁)，相看翁媪白头偕。

一九五八年，我年八十

《礼记》:“八十、九十曰耄”,《左传》有云“老夫耄矣”。耄是去声，我今应作平声，读若猫。猫贪鱼腥，我因肝病忌油，每日只能吃不用油煮而清蒸之鱼一味，已成猫，习惯呼我“老夫猫矣”，当之无愧。

二月十九日，黄任老自京来函，要我告以我的近况、家乡近况、朋友近况，并附来赠章行严诗四绝句，因有关五十年前我们两人在南汇的一桩公案也。我即于二十二日就其所询各个近况覆以长函，得其三月十七日来书，说我所覆写得详明可喜。

伯老！
二月廿三日手书早收到了，写得详明可喜！而且都是好消息。
我也给你一个好消息，我们两人不出一星期，可能又要握手了。且勿急，我到了，会通知你。
可能锦江要添一个茶客。
即
敬！　黄炎培
1958.3.17.

黄炎培来信（1958年3月17日）

六月八日，约集上海市文史馆同人中八十岁同庚者，连我共十人，举行彭龄雅集。上午十时，齐集于人民公园茶室，遂同往菱花照相馆摄影留念，依生辰先后为次：(一)章耐冰，桐乡人；(二)林道源孟鸣，定海人；(三)张光(女)红薇，温州人；(四)戴克宽禹修，青浦人；(五)沙善余，上海人；(六)李遵光逢谦，巨鹿人；(七)张公威，吴兴人；(八)我本人；(九)曹冕净修，广州人；(十)叶伯奋澹公，闽侯人。正午十二时，赴福州路清真食堂聚餐，毕各散。戴君禹修曾赋望江南词十二阕纪其盛。

常州八十六岁老人吴椿甫君见赠七古一首，祝我八秩。吴君亦前清光绪丙申入泮，与我同为龙芝荪学使湛霖门下士也。我旋亦撰成八十自寿诗二律，印分亲友留念。兹附录如下：

寒叟八十自寿

自白陈编懒续编(注一)，余年逝水病中延(注二)。
再赓思乐芹何在(注三)，重咏好逑月更圆(注四)。
适馆授餐愧饩廪(注五)，涉园成趣傲云烟(注六)。
儿孙各有新生活(注七)，未许弧辰舞膝前(注八)。

注一：一九四八年，撰有《我生七十年的自白》一编，今又十年未续。

注二：一九五一年，肝胆旧病复发甚剧，至今未能全愈。

注三：一九五六年，例届重游泮水而已，无芹可采。

注四：一九五七年，例届重谐花烛，是年逢闰八月，而拙荆帨辰在八月中旬。

注五：一九五三年七月，应聘为上海市文史馆馆员，愧无贡献，徒糜饩廪。

注六：老病无聊，日涉公园藉以休养。

注七：长、次两儿服务医、工业，孙辈在校求学。

注八：冬月弧辰，毋用称觞。

观河怕见改须眉，蝶梦图成亦太痴（注一）。
革命曾为亡命客（注二），归田已失力田时（注三）。
只因痼疾宜除酒（注四），不会吟哦且学诗（注五）。
百岁还存五分一，倘能补过敢言迟。

注一：自二十五岁起，每十年留一影片，至六十五岁得五影，复制汇为一帧。七十五岁恰值革命案狱五十周年纪念，将出狱时同难四人合影及三十年寻梦时又一合影并列对照，下加我七十五岁近影，亦汇制为一帧。两帧中有我前后八影，名之曰蝶梦图。

注二：二十五岁的事，详见《我生七十年的自白》，凡七十岁以前事均在《自白》中。

注三：余本农家子，童而习之。惜今年老而无劳动力，不能再在田间工作。

注四：由于嗜酒过甚，致成痼疾，今不能再饮矣。

注五：余向不好吟咏，六十岁为谢诸友好见贶，试行和答，松江张敬垣君嘲之云“六十犹为处女诗”。

我出生于一八七九年十二月十四日，即阴历十一月初二日。当时正朔行夏之时，只知有阴历，不知有阳历。迄今八十年的阴历十一月初二日则是阳历十二月十二日，前后对照，今年比前提早二天了。

我有刘伶癖，常备奚止斗酒，自患肝病绝对戒饮，剩有五十斤装绍酒一坛，无所用之，拟留至八秩弧辰，可作宴客之用。那料到此时已难广招宾客，集体聚餐只有儿孙辈直系亲属，略表称觞之意。初拟宴锦江饭店，已告客满。改至蕾茜饭店，设筵两席，共二十余人，有说有笑，杯盘狼藉，醉饱而归。然四顾亦嘉宾满座，几无虚席，可见上海繁荣之市况，解放前无此景象也。垂暮之年，身逢盛世，何乐如之。另一日，次儿在皜扶我到人民艺术照相馆，摄有八十留影一片，兹附列于后。

附录：

深葬说

自古云入土为安，是葬乃人生最后结束的一桩大事。葬者，藏也。古之人不封不树，孔子亦言墓而不坟，既不封土坟起，又不树立标志。墓为埋棺之兆域，《记》有云其深不及泉，可想见其在地平以下之深度。后世竞尚奢靡，好为坟高如山，俗呼坟山。亦有加以木石点缀，起建看坟房屋，号称墓园，其面积广矣。且按人口繁殖速度，其死亡率亦成相当之比例，而葬地占废愈多，有妨生产，识者忧之。

三十年前，上海穆抒斋君湘瑶创为深葬之说，掘地深至一丈而埋棺于其中，上覆泥土仍为平地，照常耕种。惜其本人未及实行，思想又进一步，遗嘱火葬，而未作骨灰之安排。适值"八一三"国难突来，其子将骨灰裹入行囊窃负而逃，转辗流离，八年中多一累赘。

解放后，川沙黄任之君炎培身在中央政府，早知国家发展农业机器耕田，必须铲平田中坟墓，而先将其在川沙东门外之先德坟茔就原址掘深三公尺以下改葬之，以为乡人倡，而乡人一时未有仿行之者。至最近吾乡人民公社为事实上之需要通告迁坟，而无地可迁者不得不在原处挖深，即将尸骨埋之，又买不到石灰或水泥，草草了事而已。

或者谓此后已无私人所有地可葬，惟有公墓与火葬耳，然此二者犹未为彻底解决也。公墓能保久安乎？不久以前，只有上海在租界中几处俗称外国坟山者是正式公墓，中国人凡有丛葬处，多属慈善机关主管之义冢，而公墓罕有所闻。迨经时局变迁，上海人口剧增，生者赁居不易，而死者在各会馆公所之殡舍寄柩亦实不能容，于是四郊成立公墓如雨后春笋，都系私人营业，利之所在，甚至推广至苏州灵岩山区。曾几何时，而上海最早之外国坟山在嵩山路、普安路之间者已改建淮海公园，在静安寺前之万国公墓已改成静安公园，在汉口路、九江路之间的西人公墓亦改为上海市山东路体育场矣，其原葬尸骨不知迁往何处。即历史较短之中国人公墓，亦因近年工业大发展而推广工厂区，其近距离之公墓应先迁让，亦势所必至。虽远在山区者似较稳固，但将来如遇探矿者发现矿苗或办林业者视为造林所需，其地之公墓尚能安然不动乎？

请以我本籍川沙为例。最先成立之大湾公墓，布置庄严，木早成拱，尚有预购穴位而未葬之空地，亦经铺好草皮，加栽花树。上年，人民公社举行拆迁田中坟墓，即令就近迁入公墓中隙地，顿使公墓成为义冢。其次，天长公墓未葬之地尚多，亦经公社指定为工业场所，不许再葬下去。最后成立之乐乡公墓正在陆续增添设备，而购有穴位者或安葬甫毕，或准备安葬工作中，当局认为接近城厢，不适宜于环境，去年乃令迁移至距离较远之千年社地方矣。

至火葬，则处理骨灰亦成问题。我在三十年前为川沙创办第一个公墓，特来上海参观万国公墓及毗连之火葬场（即今之静安火葬场）并附属之悼祭大礼堂，见四周鸽笼式之壁橱置有骨灰瓶与盒，我想年久愈积愈多，其中如无家属领回，亦不缴寄费，必被抛弃，即使暂寄存而有人取去者，亦不得不另谋安置。

友人中有教育家青浦人沈叔逵、实业家潮阳人郭伯良，均遗命其家人在火葬后即将骨灰投入海洋，此诚可谓大解脱。但恐其亲友中或尚有一些旧观念者，狃于传说磨骨扬灰之恶名词，闻之难免其颡有泚。

前年，同乡瞿绍衡君既殁，火葬后，另在公墓购一穴位再葬其骨灰，此办法似较完备，而实多费一翻手续矣。

最近往吊老友灌云江问渔先生恒源之丧，我询及如何安葬，有人答称在永安公墓购地，用深葬法。我知江君与黄任之君为挚友，必其生前服膺黄氏深葬之主张，而遗嘱其后人实行之者。此举也，可称为一劳永逸之计，我甚韪之。地面上将来无论有任何变动，而地下人尽可长眠不管，万一果有桑田变成沧海之日，则与大地同归于尽，夫复何言。

我是赞同深葬法者，为此说以作宣传，惟其深度不拘定尺数，应以“其深不及泉”之古说为准，还希望阅者提示意见。

一九六一年，寒叟时年八十有三，于上海。（张伯初印）

按：录自《我生七十年后自白续编》1961 年线装油印本。

·文选·

《旅行》序

（清光绪三十三年·1907年）

远足之旨趣，黄君韧之著为文，已抉发无余蕴，余无可述焉。中秋之日，远足队出发，学生四十二人，职员导之行者十人，余送之校门外，而未偕行。行者诸君中，钱君剑秋雄于文而勤于笔者也，逆料其归时必有详备之游记饷我。既归，其述此行颠末，口讲指画，余倾听之，亦若梦游焉。越数日，剑秋复出所著小说《旅行》稿相示，阅其目，自发议以讫往返七日中之经历，悉网罗之，殆无一事一言不载，余读之，益若身入其境。书凡四卷二十四回，剑秋责余牟数言于卷端，余不文，何足以污剑秋书。虽然，余爱此书，乌可以无言。

夫今之谈教育者，其诱掖学生之方法良多，惟旅行修学以天地为大讲堂者，盖未数遘百闻不如一见，学者憾焉。本校此行，所至之处，采择标本，演讲故事，剑秋既任演讲，津津不倦，俾学生得地理历史上之实益。而又恐诸生之过境忘怀也，恐未与旅行诸生之不得闻其详也，恐他校欲踵而行之者茫无头绪也，乃笔之为书，以公同好，其用意为挚厚矣。且夫旅行有游记者多矣，高人雅士登山泛水，往往以绘景写情之作

记载四

五日紀程 （伯初）

戊申八月。本校學生。爲第二回遠足旅行。遊京口金陵。往返五日中。二十三日爲本校創立第四週年紀念日。二十五日爲日曜。二十七日爲孔子誕辰。例均休業。所曠課二日耳。職員與是役者。葉君典臣。客金陵久。又屢遊京口。任嚮導。陳君星五。督隊。錢君劍秋。襄理。黃君許臣。沈君勉後。演講。顧君志廉。司醫藥及庶務。余任會計書記焉。

八月二十三日上午五時。職員葉君典臣、顧君志廉、先出發。乘滬甯鐵路早車、往鎮江。預備晚食及宿事。

三十分。旅行隊員、先行紀念式。(全校開會、定下午一時、旅行隊提早行之)監督黃君韌之演說紀念大意。并勗諸生曰。旅行亦求學非浪遊。抑今番之旅行。恰與學程合。鎮江。小學也。南京。中學也。回校其學成歸乎。則竟以旅行爲紀念可也。

六時。命從役三人、先將襆被雜物、載二車。運往汽車站。

七時四十分。出發。學生凡六十五人。分三隊。隊各有長。皆校服。背鞄一。中實衣、褲、鞋、襪、牙刷、等。攜傘一。備雨也。身懷鉛筆、小洋簿、滬甯鐵路簡圖、金陵城簡圖、旅行規則、旅行隊員名單、各一。

五日記程　一　浦東中學雜志

张伯初撰《五日纪程》，载《浦东中学校杂志》1908年第1期

为绨章缋句之文，然而文词愈工巧，事情愈失真，剑秋乃演为白话文体，成章回小说。世之小说家亦多矣，响壁虚造海市蜃楼，求其信而有据者，十不得一。剑秋此书乃无一字一句不确，然则谓为旅行之实录可也，谓为本校历史之一部分可也，虽谓为他校旅行之指南车亦无不可也。书此质剑秋，并促其速成云。丁未八月。

按：录自《浦东中学校杂志》1908年第1期。《浦东中学校杂志》由浦东中学校于1908年11月在上海编辑并发行，不定期，1910年停刊。

浦东中学学生远足旅行五日纪程

（清光绪三十四年·1908年）

戊申八月，本校学生为第二回远足旅行，游京口、金陵，往返五日中。二十三日为本校创立第四周年纪念日，二十五日为日曜，二十七日为孔子诞辰，例均休业，所旷课二日耳。职员与是役者，叶君典臣，客金陵久，又屡游京口，任向导；陈君星五督队；钱君剑秋管理；黄君许臣、沈君勉后演讲；顾君志廉司医药及庶务，余任会计书记焉。

八月二十三日上午五时，职员叶君典臣、顾君志廉先出发。乘沪宁铁路早车往镇江，预备晚食及宿事。

三十分，旅行队员先行纪念式（全校开会定下午一时，旅行队提早行之），监督黄君韧之演说纪念大意，并勗诸生曰：旅行亦求学，非浪游，抑今番之旅行，恰与学程合。镇江小学也，南京中学也，回校，其学成归乎，则竟以旅行为纪念可也。

六时，命从役三人，先将襆被杂物载二车，运往汽车站。

七时四十分，出发。学生凡六十五人，分三队，队各有长。皆校服，背鞄一，中实衣、裤、鞋、袜、牙刷等，携伞一，备雨也。身怀铅笔、小洋簿、沪宁铁路简图、金陵城简图、旅行规则、旅行队员名单各一。钟鸣，齐集运动场整队，队长各监其队，督队职员陈君星五率之行。庶务员黄君济北先往南马头照料渡船。

八时十分，渡浦。分坐三船，潮平风静，瞬息即抵岸。济北赶赴汽车站，购三等车票。

四十五分，过十六铺，经法租界，仍沿浦滨走。

九时，过洋泾滨，至五马路口电车站。职员沈君勉后来入队。三队分乘电车三。第一队余与星五督之，第二队勉后督之，第三队剑秋督之。途中微雨。

上海市私立浦东中学校董(1917 年 6 月)

浦東中學校全景

中屋高出而銳其頂者爲禮堂西爲中學東爲高等小學高等小學東之北爲第一初等小學東爲表門校地全三十畝

上海市私立浦东中学校全景

二十分，至汽车站。济北已购定沪宁间来回车票。站长陆君招呼颇殷勤，为我旅行队专备一车。

五十分，职员黄君许臣来入队。恽君铁樵来送行。济北勾当毕，回校。

十时三十分，上汽车，时车不即开也。以客房拥挤，不敷坐位，早上车较适。售报人来，购各日报及新出之杂志曰《旅客》者。铁樵别去。

十一时三十分，食面包牛脯，以当午餐。

十二时，汽车开。凡慢车每站必停，快车则非出入较繁盛之站不停。此行快车也，过真如（宝山治，以寺名），眼帘中一闪而已。

二十二分，至南翔（嘉定境，以寺名，相传古有二鹤集石上，久之飞去，石上忽有诗云“白鹤南翔去不归”，因建寺）。

二十四分，开。风和日嫩，秋光可挹。草舍临溪，疏林绕水，皆堪入画。过黄渡（嘉定、青浦接界，以黄渡浦名，车站在青界）、安亭（嘉青昆新四邑接界，以安亭泾名，车站在昆界）、罗家滨（或称陆家滨），望见昆山（本名马鞍山，唐天宝中移县治于山之阳，改今名），浮图高耸（山上有凌霄塔），诸生争指之，盖出门百里甫见山耳。车经铁桥，其下青阳港也，迤北如匹练。

一时三分，至昆山（车站实在新阳境）。

八分，开。过真义（距昆城西二十里，以真义浦名）、维亭（元和境，本名夷亭，相传吴阖闾时东夷侵逼吴境，驻兵于此，故名），右有阳城湖（分东湖、中湖、西湖，共广七十里），左有沙湖（一名金沙湖），浩淼相望。而至和塘（娄江故道，自昆山至苏城娄门，长七十里），横于沙湖之北，与铁道作平行线，汽车突驶其间，恰似行琉璃屏上焉。又过外跨塘、官渎里，则苏城北寺塔。突兀现眉睫间，昔人诗“塔势如涌出”，洵然。

四十八分，至苏州。行旅熙攘，轨下穿地道，以通往来。

五十分，开。诸生凭窗环眺，与职员相问答。南为狮山，北为虎丘（本名海涌山，相传吴阖闾葬此，有伏虎之异，因得今名。明永乐中建云岩禅寺，且筑浮图），所谓“狮子回头望虎丘”也。过浒墅关（长洲境，亦曰许市）、望亭（无锡境，吴大帝所立，本名御亭，唐人有“御亭一回望”之句，改今名）、周泾巷，则见锡山、慧山（西域僧慧照居此，故名，又曰惠山。其东峰于周秦间大产铅锡，因名锡山）。两峰矗立，若呈其妩媚之态，以迟我等之至者。

二时四十三分，至无锡（汉初锡山之铅锡竭，因创无锡县，王莽时锡复出，改名有锡县。后汉有樵客于山下得铭云“有锡兵，天下争；无锡清，天下宁。有锡沴，天下弊；无锡乂，天下济”，光武以下果无锡，顺帝更定今县名）。

五十一分，开。命从役出面包、牛脯，分食如初。过洛社（无锡境，市名，距城北三十里）、横林（武进境，距城东南三十五里，为运道通渠）、戚墅堰（有戚墅港，故名）。时天热口渴，茶水已罄，车丁索值昂（购饮，每小杯制钱十文），且不足供多人饮。惜夹道皆秋，无梅可望也。

三时三十五分，至常州。

四时六分，开。过刘家村（或称陆家村）。

四时九分，至奔牛（武进境，距城西三十里，亦名奔牛塘，相传古有金牛奔此，故名）。

十五分，开。过吕城（丹阳境，吴吕蒙所筑，故是乡无关壮缪庙）、陵口（丹徒境，以闸名），村落荒凉，茅舍半圮，民情瘠苦可知也。农家获稻登场，驾牛以碌碡碾之，其法较吾乡为拙。

四十六分，至丹阳。

四十九分，开。过新丰（丹徒境，距城东南四十五里，以塘名），经运河北流入江处，有铁桥，自苏州至此二百五十里，间运河萦带于铁道之左，水陆竞驶，帆船未免拜下风矣。顾盼间，大江突入眼底，浮出金焦、北固诸山，秋漪晴岚，映以晚霞，景益清绝，洵一幅天然绝妙画图也。偶而汽笛一声，忽堕黑窟，车内电灯一时竞吐银光，盖驶入宝盖山隧道中焉（山脉长，不易绕越，因穿隧道），历时一分又三秒，乃重睹天光日白。

五时三十二分，至镇江（亦称京口，以吴时置京口镇故）下车。典臣、志廉已在月台招待，宿所赁定万宜楼旅馆，且携馆仆来接运行李。时站长亦来招呼，订明日上车时间。学生列队出车站，典臣前导，志廉与余在后督视行李。夕阳西下，暴风忽来，征云如车轮，霎时弥漫空际，始则霡霂，继则大雨如注，分明作一剂清凉散，烦襟顿涤矣。

六时十五分，至万宜楼旅馆。馆临江干，下为招商局西马头，左距镇江关数十武。楼洋式，凡三层，我等赁最上层十间，室雅且洁，有电灯。学生甫卸装，争询钱、沈二师来未，盖剑秋、勉后行较迟，天色昏黄，失之歧路，比至则淅沥声大作，恰与刻漏声相应和。

八时，饭毕。诸生部署卧具，职员商定明日游踪。馆中司事觅一土人为引导。

九时，卧。

二十四日五时三十分，起。倚栏望江，日已曈曈上，烘映波心，光耀夺目，不啻为山色水光，特添几许明媚，以酬吾队员奢愿，诸生喜欲狂。盥洗毕，食面包、牛脯。

七时五分，出旅馆门，向西行。典臣、志廉不与，将乘早车先往金陵择赁宿所。

三十五分，至金山（旧名不一，唐时裴头陀于此获金数镒，得今名），入江天禅寺（旧名泽心寺，又名龙游寺，通名金山寺）。再进为大雄殿、藏经楼，循石级上，右有妙高台、慈云阁，折而登最高处，是为妙高峰，有亭曰“江天一览”，立石中央，高丈余，锲此四大字，康熙二十年御笔也。少憩，勉后集诸生于亭，演讲此间形胜及历史上之关系，讫，各任意游。向北不数武，下有古法海洞，洞外构小屋，扃焉。唤一僧启之，伛而入。洞黝以深，中有一佛像，供香火，洞口书“唵嘛呢叭咪吽”，梵语也。既出，诸生之健者拾级登慈寿塔。塔在洞右隅，高数百尺，前为观音阁，其右侧门颜曰“佛印山房”，阁内有法帖寄售，剑秋、许臣、勉后各选购若干种。时诸生或息于此，或散于外，余亦信步至夕照亭。仰观康乾两朝御制诗碑石，字迹多剥落。忽闻军号声自高处来，其音清以脆，盖王生云春、石生鼎扬在塔上吹之焉。亭违塔数弓地，余即觅径往，登其绝顶，是真汪彦章所云“揽数州之秀于俯仰之间”者。东望焦山（后汉处士焦光隐此，故名。一名樵山，亦名谯山），北固石公海门，群峰环列；西望江水上流，一泻千里。长江天堑，而镇江为其门户，洵不诬也。凉飔袭襟带，令人飘飘有凌云想。下塔，复至观音阁，一苏僧披袈裟至，进香大士前，膜拜毕，出护戒牒，索盖寺印，喃喃自语，味其词气，殆六根未净者欤。

九时，鸣军号归队。折而下，至大雄殿左，瞻蕲王殿（南宋韩世忠于此拒金兵，故祀之），时寺僧撞钟集斋堂会食。其屏门悬“当思来处”四大字，方丈向外高坐，众僧约二百人，分坐左右长桌，每人置碗二，一菜一饭，齐声诵忏而后举箸。食时，殊静肃，若非亲睹，几疑为室中无人也者。

二十分，出寺门。一司阍僧方坐食天王殿下，其体格庞大，几与旁塑之努目金刚相抗衡，诸生以为奇，大笑乐。星五吹叫整队，将往视第一泉（本名中泠泉），计程距此三里。泉且涸（寺僧于大雄殿侧凿井取之者，赝也），不如登北固山游甘露寺为得，遂折回。

十时五分，回至旅馆。少憩，啜茗，食点心。

二十分，复出。向东行，许臣以足疾，留旅馆。

五十五分，至北固山。峭壁危崖，高数十丈，势险绝，然全队奋登，无告疲者。入甘露寺（吴甘露中建，汉昭烈就婚东吴，尝寓此），廊有石，横丈余，纵二尺许，锲"天下第一江山"六大字，明吴琚书，笔力雄健。其旁一小门，门外有双麟塚。自廊内折而西，则有关壮缪庙、朱文公祠，又西为杨勇悫公（岳斌）祠、彭刚直公（玉麟）祠，祠后台榭参错，陡入江心，有一亭峙峰巅，额曰"江山多处"，盖取昔人诗"两岸青山北固多"之意也。围以石栏，中有石几，队员憩此凭眺，则金焦左右峙，而焦山尤近在咫尺间，状峥嵘似狮；其南为石公山，形又似象，故亦称象山，正所谓"狮象截江水之下流"者；其北二岛如碧螺，轻浮水面，是谓海门山（亦称双峰山）。时勉后为诸生讲蔡谟起楼于此山上，梁武帝改称北顾楼故事，亭前偏西即为楼。楼尤高于亭，今称春秋楼，登其上，北望扬州，尽原田沃野，南俯铁瓮（即镇江城），全城历历可数焉。楼中供魁星像，楹联多迷信语，其为科举时代之秽史乎。下楼回至客厅，啜茗，见匾额书杜诗"乾坤日夜浮"之句，洵足为此山写照。剑秋在外觅孙刘试剑石，不得，询寺僧，则云今无存矣。有狠石，相传孔明与孙仲谋坐其上计攻孟德者，状如羊，勉后见之，为余言"狠"字剥落似"狙"。

二十五分，归队，下山。势陡削，如丸走坂然。

五十八分，回至旅馆，治装。

一时，饭毕。

四十分，别万宜楼旅馆。

二时，至汽车站。

四十分，上车。购阅各日报。

三时三分，开。向金陵（亦曰秣陵，战国时楚置金陵邑，秦改称秣陵，明正统中定名南京，今为江宁府）进发，慢车也。过高资（丹徒境，距城西四十里，以港名，亦曰高家镇)、炭渚(以驿名)、下蜀(句容境，以港名，俗呼官港)、龙潭(其地有龙潭，因以名镇)，尧化门、太平门，每站停二分时。轨道两旁，左枕茅山脉，列嶂如屏，右带扬子江，晴波在望。

五时十四分，至下关车站(在江宁城仪凤门外)。典臣、志廉已自城内来，竢于月台。见站门外有白洋布旗二，书"上海浦东中学堂"，殊诧异，谛视之，下方一注"新丰栈"，一注"名利栈"小字。询诸典臣，知彼探吾旅行队将至，特来招待，牟利可谓工矣。顾吾已赁定中西旅馆，招待者悻悻然卷旗去。

自上海至此，走尽沪宁间路线矣。凡六百有三里，车行当以昆山至新丰为最平稳，而上海、昆山间次之，至镇江以上则輡轅异常，殆以山脉起伏间，轨道时有高下欤。

四十八分，乘宁省铁路(亦名下关铁路)汽车入城。此路当筑至中正街，工未竣，今开车至督署东墙太平桥止，中间经三牌楼、无量庵二站，站房均未建，车亦未备，借用沪宁铁路旧车，三等车则以其贫民小工车当之。

六时十二分，至太平桥下车。天已昏暗，无灯火，检视行李甚不便。

七时五分，至中西旅馆。馆在督署西南隅碑亭巷，新造洋楼，以旅馆而兼西菜馆者也，精洁尤过于镇江之万宜楼，我等赁居十间如前。坐甫定，李君怀诚(无锡人)、赵君厚生(宝山人)自两江师范学堂来访。李君在钟英学堂与典臣共事久，现任职于两江师范附属中学。赵君则任职于师范学堂，与勉后交最厚者也。俄顷，又有钟英学堂学生二人及旧职员张君集三来。

八时，饭毕。商定明日行程，剑秋令诸生布置宿事，志廉与馆中司事说定明晨早膳，并嘱为觅一土人导游。李、赵诸君别去，即倩张君定购馒首。

九时，卧。

二十五日六时，起。

七时，饭。李君、赵君偕其二友至。一为陆军小学学生，一为商业学堂学生，以是日为日曜得暇，愿同游。

八时五十六分，出发。备马六，李君等四人及勉后、典臣乘之。沿大行宫东走，遇金生翔声(川沙小学堂旧生)，询知在商业学堂肄业。

九时十分，入明故内城西华门。有一署北向，颜曰"公衙门"，门内堆贮杂物，门首仅悬虎牌，有"办公重地"字样，土人为余言，此明刘伯温所居也。其附近有八旗武学堂。

二十五分，入明故紫金城西安门。至内五龙桥，散队。瞻方忠文公（孝孺）祠，自其西侧三忠（景清、铁铉、练子宁）祠，折而入焉。摩挲公之血迹石，赤痕如线，缕缕分明，盖以亭，左文襄公（宗棠）为立碑记，墙壁间多题咏，诸生有录之手簿者。

祠建于明故宫址，祠外衰草连天，荒凉满目，仅余一二瓦砾委荆棘中。昔周初微子过殷墟，已不胜麦秀禾油之慨，胜朝迄今数百载，区区土木之陈迹，宜其毁灭无存也。

十时，出东安门。

七分，至朝阳门外，少憩。

四十分，至明孝陵。陵当钟山（俗呼紫金山，相传秦始皇埋金玉杂宝于此山，以厌天子气，其后时有紫气发见，故云）之阳，周以垣，其前立石人石兽甚多。陵门外跨石桥三，入门见罗列御碑，正中者勒“治隆唐宋”四大字，康熙三十八年御笔也。再进为飨殿，供明太祖神位，亭后两旁小屋，乃守陵人所居者。至此少憩，且瀹茗焉，分食馒首，以代午膳。又进为陵前隧道，其上为祭坛。时诸生或徘徊其下，或登祭坛，或跻陵之绝顶遥望元武湖，且吹军号以为乐。职员数人亦携望远镜在祭坛四眺，城内北极阁及两江师范学堂之钟楼挺然如箓筍。回至隧道中，典臣与李君怀诚放声高歌《中国男儿》《亚东帝国》二阕，回声琅琅然，足以发扬志气，展拓胸襟，学校中安得有此绝妙之乐歌教室哉！

余等之初至也，有西人一男一女携一奚童来。西女摩碑石读之，指年月处发其婉丽之音，睨男者曰：“康熙！康熙！”盖娴于外交故实，且知汉文者。后又有二西人至，纵观往迹，凭吊唏嘘，岂其与余等有同感欤！

十二时二十分，勉后集诸生于飨殿后，演讲金陵之历史地理及明太祖故事，甚详。

五十八分，出。典臣等乘马觅原路入城，勉后以不善骑乃入队步行，沿钟山麓向太平门进发。经前湖，已涸。山路崎岖，诸生且行且止，有坐于石者，有偃卧者，有奔走前进者，相距不下里许。余立高处环观之，则校服白光四散如夜间流星然。钟山之阴有明徐中山（达）、常开平（遇春）等诸勋臣墓，华表凄凉，翁仲偃仆，为之怅然者久之。

二时，集太平门外元武湖（一名练湖，亦称后湖）堤上，望见沪宁铁路汽车，时典臣等已乘马出城来会，许臣折回旅馆。

十五分，入城。折而西，经覆舟山（一名龙舟山，亦曰元武山）之阳。山石赭色，南望有崇宇，砌以红砖，土人告余曰此小营前陆军小学也。已而闻枪声訇然震耳膜，盖此山之西有打靶场焉，时当预备秋操，故营中演习特勤。

四十分，过金陵工艺局。其南为宁省铁路，其西即鸡鸣山（本名鸡笼山，宋时改名龙山，以黑龙见元武湖中故），遇上江公学职员二人，携写真器，在山麓摄全山风景。

四十五分，入鸡鸣寺。寺以山名，盖建于山巅者，有乾隆时御书匾额。现方修葺西南厢屋，募铸四千斤重之大钟，已制土笵半截，圆径四五尺许，一手民方勒捐资人姓名于笵焉。历殿宇至东北隅豁蒙楼，为游人试茗之所，足容吾全队人坐，其上匾额为南皮张相国手书。再上为观音阁，北临元武湖，荷盖渐黄萎，有憔悴可怜之色。湖中芦苇甚盛，方吐絮，湖水半涸，似呈其陵谷变迁之态者。俯视台城（本吴后苑城，南朝皆因为宫），岿然颓垣峙茂草中，遥想侯景之乱，萧衍老公逼死于此，英雄末路，千载下有余痛焉。

此山迤西，一峰秀出，曰袛阇山，顶有北极阁，为城内最高处。时游兴阑，不复登峰造极，爰勾留豁蒙楼。茶点毕，将回旅馆，李、赵诸君别去。

三时三十分，下山。左折由工艺局前越铁道南行，经两江师范学堂东偏，至碑亭巷，作一直线。

四时，至旅馆。少顷，沈生瑞麟、徐生济寅（二生均本校附属高等小学毕业生）自陆军小学来访，时余与许臣适外出。

余偕许臣至江南官书局，许臣欲购《江苏全省舆地分图》，书贾漫应云："向洋书店买去。我们不卖的"，其程度浅陋可见一斑。既出，瞻夫子庙。内设教育机关三，曰元宁教育会事务所，曰宁属教育会事务所，曰江苏教育总会宁垣事务所；有学堂四，于明德堂设江宁公学，其东侧为幼幼两等小学，西侧为洒扫小学，又西南隅有东区第三小学。昔日名为学宫，终年空闭者，今乃化为有用之讲堂，孔子有知，当亦含笑首肯。各府州县皆有学宫，盍以此为模范乎？

又往游贡院。号舍多颓圮，萋萋荒草丛生砖石间。回首前尘，三年大比，两省髦士屈伏其中，三场九日夜，寝馈于斯，不以为苦，亦不畏病且死者，班孟坚所谓利禄之途然也。自今日文明之眼光视之，矮屋至及肩，曾溷厕之不若矣。至公堂东隔壁为拆建商场事务所，有二人出，许臣问以拆建动工未，答"没有定"，又问以张季直先生近日来未，则怡其颜色以答曰："四先生前月来过，此刻不在这里"。

七时，回。与刘剑秋等商定明日路由，乃各就寝。

二十六日八时十五分，出发。庞生淞、徐生日堃、潘生保同均病，不能行，留旅馆。

三十五分，至复成桥(桥跨青溪上，在通济门内)。桥东堍为商务总局，内附设江南高中两等商业学堂及商品陈列所，余等来此，欲参观陈列所也。所成于光绪三十二年闰月十九日，定例每日九时启门，余等至尚早，少待，览其所悬规则，游资每人取制钱十文，学生军人减半，文明国达例也。且特定金曜日为女宾游览期，以肃秩序，是可风矣。门外设寄物处，凡游客所携洋伞提囊之属，均须置此，以对牌为券，每件取制钱三文。

九时，购游览券入。陈列品分甲乙丙丁四组，都二十八部，部有榜，间附以东西洋参考品，使观者有所比较，得启发其实业改良之思想，且每物有说明，书其出产地或制造人或发明家及价目。若外国物，则又书上海售处，谓为商业之介绍也可，即谓为学术之研究也亦可。

首列若农产，若树艺，若蚕桑，若药材，此皆为吾国天产物之最富者，然观日本蚕桑成绩，有驾吾前者矣。

折而东，则为矿产，为水产，为狩猎，为染织，为绣工，为服装，为柔革。其于染织部，有苏州之仿织西洋花缎；服装部，有上海华盛公司之仿织卫生衣服汗衫线袜等，且特书之以告众曰："泰西织缎以麻为经，而苏州以丝为经；泰西用机器，而苏州仍用人工，本较重而价以昂，销售因之不畅。若华盛则名为自造，而原料实购诸欧美，仅收回微细之织工耳。海内讲求实业者，当亟谋进步，以塞漏卮"。

再进而北，则陶磁也，珐瑯也，琉璃也，五金也，七宝烧也。又西为髹漆器、竹器、玉石类、牙角类、制造品、雕刻品、绘画品、编制品、锻冶品。其间特设学校成绩品，若上海天足会女学堂之手工及醴陵磁业学堂之寄存者十八件，中有一件，未改良时物也，质窳工劣，较诸今所成者精粗悬绝，则复书之以告众曰："该学堂自聘日人教授以来仅三年，进步殊速，可知有人提倡，则吾国实业正不患不发达。"

将至出口处，附设学堂理科用具，若模型、标本、仪器等，其品购自他国者十九。将来教育普及，学校用具尤繁，非设法自制，利源外溢多多矣。勉后、许臣后余等游此，典臣未至。

三十分，出。迤往逦秦淮河（秦始皇凿钟山，断长垅，以疏淮水，故名），沿途所见学校有江南蚕桑学堂、上江公学、江南女子公学、法政学馆等。

十时，至贡院。小憩于至公堂，典臣督从役送茗点来。

三十分，出。过江南官书局，许臣、勉后时在内购书。

三十五分，入夫子庙。拟瞻仰一周即出，江宁公学职员贾君雪堂见之，邀入焉，星五令诸生正立行敬礼，参观教室而别。贾君固典臣旧识也，典臣折回旅馆。

五十分，出聚宝门（以山名，山多细石，如玛瑙，俗呼聚宝山）。此间出入繁喧，道路污秽，且有驴骡驮物而过，殊碍行人。

十一时二十分，至雨花台（亦名雨花山，是为聚宝山冈阜最高处，相传梁武帝时有云光法师讲经于此，天为之雨花，因以名台），憩于永宁茶园，分食馒首。品第二泉（本名永宁泉），此泉实赝也，真泉在永宁寺，委弃草莽中矣。倏见有兵二队来，军号一声，架枪散队，乃蹲地而食。饭一大桶，置中央，各于腰间出锡盒盛之，菜惟咸莱菔一味，每十数人合食一盆，若甚乐也。往询之，则为三十四标、三十一标两营演习行军，崇朝出，已山行四五十里，操毕矣。随身有水瓶、食器、弹囊，背鞄中有袷衣、雨衣、鞋袜等，据言是日以距营近，饭食送来，否则各预盛盒中而出。察其举止，尚不失军人态度，诸生见之多感动。

十二时五十分，齐登高冈，临风四望，则江光曜白，峰影拖青，东北钟山，西北石头，势如争长相雄，孔明"龙蟠虎踞"之说然哉，俯视全成胜概，如数手掌螺纹。时诸生或觅采细石子，或坐于雨花台故址。台久毁，筑石栏为圆形，涂以塞门德土。勉后立其中，集诸生演讲此间名迹及曾军战史，毕，剑秋复以军人耐苦勗之。南望适见兵士分队空身走（枪仍架原处），一队自左而东，一队自右而南，已登前面天保城。城为洪杨时旧垒，曾军攻破之，今存遗址。

一时三十五分，回原路，入聚宝门，再出水西门（秦淮下流经此，故名，亦曰三山门，以山名）。

二时三十分，入华严庵，憩于郁金堂，后临莫愁湖，外为胜棋楼。楼相传为明太祖与徐中山赌棋处，供中山王画像，有僧守之，出售《莫愁湖志》《莫愁湖楹联便览》及所拓之卢莫愁小像、曾公（国藩）小像、洪承恩书“鹤”字、黄翼升书“鸾”字。往西有弯墙，上题“通幽处”三字。折而北，为曾公阁（其门人许振祎开藩江宁时建），廊下有鹤字碑。阁西南隅毗连者为湖心亭，亭高出阁上，下有鸾字碑。迤南有一楼，以竹篱隔之，不得入，内设西区第八小学，恐为游人所扰也。

三时五十五分，集诸生于曾公阁，许臣演讲莫愁湖略史。湖以人名，莫愁为刘宋时女子，一说是卢家妇，一说是妓，近人马士图（字菊邨，嘉庆时人），力辩其非妓，惟袁随园（枚）诗有“六朝南北风流甚，天子无愁（陈后主自称无愁天子）妓莫愁”之句，许臣即借此诗意，痛言无愁足以亡国，唤起诸生忧国之心。

四时二十分，出。剑秋令诸生分两队，愿往清凉山者为甲队，疲乏不能行者为乙队。乙队只五六人，剑秋、许臣挈之回旅馆。甲队沿城外北行，入汉西门。将至城门时，有两三赤足雏儿自茅舍中出，遥望蹈舞学唱军歌。盖省垣多学生军人出入，惯闻军歌耳，风俗之移人良有以也。

五时，至清凉山（即石头山，山上有清凉寺，因以名山）。山麓有扫叶寺，入内至佛殿，寺僧出迓，导登古扫叶楼。楼供扫叶僧像，扫叶僧者，明末隐士龚半千（名贤，自号野遗）先生也。

十五分，出。登山顶，过清凉寺，门已扃，入翠微亭。亭为南唐时所建，今毁甚，中有御碑，为风雨所蚀，字迹漫漶，不能辨认，惟隐约见有“御笔”字样。环顾东南，因山为垒，气象万千，右盼长江怒涛拍天，东走迅急，太白诗“三山半落青天外，二水中分白鹭洲”（洲在府西南江中，周围十五里），以此地观之，益见其写景之工，队员皆大欢忭。暮烟四起，天雨忽来，诸生气愈王，有戏言此亭可作喜雨亭观者。

三十分，下山。归途细雨连绵，沾衣欲泾，诸生行益健捷，可谓余勇可贾矣。

六时十五分，回至旅馆。李君怀诚、赵君厚生柬邀吾职员部宴于金陵春西餐馆之烟月双笼水榭。榭当桃叶渡（晋王献之爱妾桃叶曾渡此，故名）对岸，临秦淮河上，颇幽逸。同席自李、赵二君及典臣、许臣、勉后、星五与余外，有伍君寿卿、周君服之。伍君为三十三标一营管带，周君为营中医官兼陆军小学职员。是晚，剑秋督同诸生准备归装，志廉有寒疾，均未赴宴。

二十七日六时三十分，别中西旅馆。派学生十人为干事，照料行李。倪生维廉以其父客上元署幕，往省之，是日不同回。

五十五分，乘宁省铁路汽车，自太平桥开。

七时二十分，至下关车站。购各日报及《旅客》第二期。

八时十分，上宁沪间汽车。典臣有事，折回城内，约明日返校。

九时二分，汽车开。亦慢车也，连日登山，今得车中长日休息，觉甚适。虽然，不有劳，安知逸也。

十二时二十分，过丹阳。搭载黄牛二车运往上海，盖此间以牛市闻。

六时二十分，过南翔。胡生保良、潘生保同病，许臣挈之下车，回嘉定。

五十分，至上海。下车，济北已自校中携仆来照料。队员乘电车至洋泾滨，复整队走。过十六铺时，法租界捕诘问有无照会，星五怒斥之，余问该捕何意，则云："你有多少兵，将往何处？"余告之曰："此乃学堂中学生，非兵也，尔勿误认。"乃唯唯退。嗟夫！吾国教育不昌，下流社会为西人奴隶，甚乃不识本国之学生，良可耻也。至南马头渡浦，天上之星光与艇中之灯火杂糅相映，以入波心，良宵风景若致贺吾旅行队之凯旋也。

九时十五分，回至校。

是行也，历宁、苏、松、常、镇、太五府一州之地，为程六百余里。镇江宿一宵，游半日；南京宿三宵，游两日，合之沪宁间汽车中，离校凡五日。耗银三百二十余圆，学生每人出两圆七角，校中补助百五十圆。既归，张志鹤乃缀其始末，裒所见闻而记之，以示诸生。

跋

伯初旅行归，出此记相示。炎培既以留守不获与，读毕，书其后，以告诸生曰：此行视往岁善矣。旷课不过二日，善一。所见山水绝雄胜、古贤豪遗迹，皆沈博而庄伟，足以宽鄙夫立懦夫，善二。其往也飒然，其来也夷然，未尝于行之先耗多少精力、日力于绝大之准备，朅来五日，殆行所无事，善三。虽然，诸生亦尝闻欧美人之旅行乎，军人无论已，政治学者常游历诸国，周知其政教风俗；商人涉重洋，贩百货；工人求绝岛，采矿产，以取厚利；文学家遍游山海以雄其文，探索古迹以博其文，周察人情国俗以妙其文（今岁夏秋间，美国大文豪某女士特来吾东三省，调取文章资料以去）；若地理学家，益可无论，其好奇者，一自由车环走全球大陆，一人而环游全球至数回；乃至探险家之探极也，棹一舟，裹数岁粮，投身于水山雪窟，明知其百死无一生，前仆后继，而无所于悔。我国人乃终其身足不出里闬，一涉征途，苦风苦雨苦水雪，苦饥苦渴苦热苦劳顿，苦舟车晕苦思家，终至杜门相戒无好游乃已。诸生斯行，视欧美人所为，直蚁行寸躄耳，何足道，何足道！诸生又不闻日本人所建上海同文书院生徒之旅行乎，每岁暑假分队游历吾国内地，某学年走某方，著之校章，率以为常。今夏遣队三，一走芝罘至北京间，一走河南至山西间，一走长沙至江西间，各事千辛万苦之调查，冀有所贡于彼祖国。嗟乎！彼国人之好漫游，不畏艰险若此；彼国人之于旅行，爱其祖国若此；彼国人之对于吾国，其蓄心若此。诸生乎，大好江山转瞬是伤心之地，苟徒流连于青山绿水之游观，想象夫高人逸士之芳躅，侈然以自乐，或且并此惮为之，斯岂炎培所拳拳属望于诸生，而又岂诸生之所自许也哉。诸生其勉之。九月二十四日黄炎培志跋。

按：录自《浦东中学校杂志》1908 年第 1 期。

川沙县劝学所长张志鹤
为同本堂义庄请奖呈县文

（民国九年·1920年）

呈为陈明同本堂义庄事状，恳祈查案依例转报，请准分给褒奖事。窃查本邑公民陆清泽、张国模，本系同母兄弟，惟以清泽继外家陆氏后，故从陆姓。于民国二年，清泽偕其弟国模，合建张、陆二姓宗祠，名其堂曰“同本”。由该兄弟二人各捐其家资，集成基本金五万圆，创设同本堂义庄，所办事业多属教育公益慈善，清泽并另捐莲溪学校基本金一千圆。上年三月间，经该公民清泽、国模合词具报捐置款产清册，请验单据，并呈义庄章程。奉章前县长批示褒嘉，准将清册、章程存案，验明单据发还，并予布告保护在案，乡里共睹共闻，莫不肃然起敬。所长查核义庄章程第四条“经费用途”，分甲乙丙三项，平均各占三分之一。其乙项用途具详章程第二十三条至三十二条，丙项用途具详章程第四十一二三各条，均属切要之义举及教育费。至甲项，除祠祭岁修费外，均为积聚金。而积聚金之用途，并详于章程第四十七条之附设习艺所及培养高等人才。统核该义庄基本金五万圆，用诸祠祀费者不及五分之一，而用诸教育、义举者，在五分之四以上，即可谓清泽、国模二人各捐教育公益慈善费二万余圆，况清泽又另捐莲溪学校基本金一千圆。按照褒扬条例，该兄弟二人均兼有第一条第五、第六款之行谊，得依第七条办理，并按捐资兴学褒奖条例，亦合于第六条之规定。近闻江阴商民薛宝润，以其所捐教育慈善等费约二万圆，业奉大总统特奖匾额。兹如陆清泽、张国模二人，其家资仅及薛商百分之一，而所捐款产独多，尤为难能可贵，国家似应逾格优奖，以励薄俗而彰卓谊。为合胪陈其事状，备文呈乞县长鉴核，迅赐查录存案有卷之同本堂义庄章程及其捐置款产清册等件，转报上级地方长官，准予咨经中央政府，呈请大总统特给陆清泽、张国模二人匾额各一方，并条例所定应给之褒奖，藉昭激劝，实深公便。

按：录自民国《川沙县志》卷十二《祠祀志·家庙》。

川沙教育之特点

（民国九年·1920年）

（一）汲引后进　四序相嬗，成功者退。该县前辈先生深明此意，是以教育会之各职员均选年富力强受过新教育之人任之。施行以来，在先进诸君，得藉以息肩，而在一般英年，得以充分练习，有发展之机会，一举两得，莫善于此。

（二）培植师范生　盂圆则水圆，盂方则水方。欲得良结果，首在得良教师，是以师资之宜注重，洵属天经地义。该县于考取之师范生，按年津贴三十元，以示鼓励，以昭郑重。而该生毕业后，则减轻权利，服务桑梓（第一年限制薪水，按月十二元；第二、三年限制区域，只准在本县服务），以作津贴之酬报。

（三）账目清楚　学校以经费为命脉。入其校，而四壁萧条，桌椅外无他物者，咎在包办主义。推翻包办，亦固其宜，但公款亦非常拮据，不得不从各方面整顿。该县于征收学费一层颇为认真，除填写收条外，于暑假、寒假时，将实收与未缴数目榜示校前，此亦督促儿童缴费并表示账目清澈之惟一法。

（四）凭成绩而给俸金　待遇教员薪水一律，固属持平办法，但于惩劝一层不无遗憾。该县取活动主义（规定国民教员至少十二元，至多十八元），俸金不预定，由学委与县视学视察后，凭成绩之优劣定给俸金之多寡（平时付几成，至半年一结算），然此乃该县之特长（半由行政人员之能力大、魄力雄，半由一般教员之有觉悟心、服从心），恐他县未易则效。

（五）指示设施标准　行政人员能勤于视察者已属不可多得，该县学界领袖不以严行考核为毕事，并能指示实施方针，其实力尤足令人钦佩。

按：录自《江苏省立第三师范校友会丛刊》1920年第4期。此文系《指导员视察报告：各校之优点》“管理训练事项”部分的一节内容，“川沙教育之特点”标题后加括号注有“劝学所长张伯初先生”。该刊于1920年在江苏创刊，由江苏省立第三师范校友会编辑，不定期出版，属于校友会期刊。

川沙县交通工程事务所主任张志鹤为公议街道宽度标准、拟订查验规则呈县文

（民国十年・1921年）

呈为公议街道宽度标准，拟订查验暂行规则并许可证式，恳请核准令行布告事。窃查本年二月二十一日，开地方会议时，市区公民沈锜请议整顿路政、放宽街道一案，经公决，俟交通工程事务所成立后核办。兹由敝所按照简章第三条之规定，于五月十二日提出地方会议，并报告市区现在街道宽窄概况，公同讨论，应先决定宽度标准。即经议决街道宽度，暂以一丈六尺为标准，两旁建筑市房，逐次收进屋趾。其街道原宽一丈以外者，收进一尺；街道原宽一丈以内者，收进二尺；乡镇亦照此办理。又沿河填筑驳岸，有碍航舶交通者，及市房毗连之处，搭盖草房篷棚，均应取缔，由交通工程事务所订定规则等语。敝所查以上所议办法，既为便利交通，又系防维火警，诚属地方切要之图。爰由理事会拟订《查验市房建筑暂行规则》五条，并拟建筑许可证式，相应抄录备文，呈请鉴核准予布告施行。再人民难于图始，此项创行章程或有未尽明晓，致不克恪遵者，并恳谕饬城市乡镇各地保，随时剀切劝导，报候敝所派员查验。至规则所定未经许可而擅自工作者，须由警察协助取缔，应请将该规则令行警察所暨分所查照办理。合并登明。谨呈川沙县知事周。

按：录自民国《川沙县志》卷七《交通志・道路・规定街道宽度》。

上海县浦东塘工善后局董朱日宣、川沙县交通工程事务所主任张志鹤为测勘县道会呈上海川沙两县文

（民国十年·1921年）

呈为筹筑上川县道，会勘实测路线、绘图，恳请核转备案事。窃沪埠为全国工商业总汇之区，浦东则上、宝、川、南等县，壤地相接，黄浦隔江，行旅滋繁，关系尤切。自川沙达沪，北至庆宁寺津渡处，距三十余里。内地路政，素不讲究，交通即未能便利，殊于一切事业之进行，多所阻滞。近由上、川两邑士绅节次会议，佥以修治道路条例早经大总统明令公布，本省行政长官迭饬各县筹办。其在浦东白莲泾以南，至南汇县境之周浦镇，筹议修治上南县道，业由两县署核准转呈定案在先，今拟援案筹筑上海川沙县道，公议路线。上海经过地点本属浦东塘工善后局区域范围之内，按照上海县道筹备处简章第二条之规定，归董局规画，会同川沙县交通工程事务主任共同筹议。依据两邑士绅之公意，实地测勘前项路线，南自川沙县城西门外之三灶港北为起点，沿大护塘西偏，迤北至曹家路镇，转西沿庄家沟北岸，接入上海县境，经奚家桥过都台浦，又西至金家桥镇南，过马家浜，直北达庆宁寺塘工分局东渡渡轮码头渡口，计长三十七里半。此为现经测定先行筹筑之路线。将来并拟推广西路，自金家桥镇南，迤西经洋泾镇南，沿滩漕漨一带，至老摆渡口为止。其他重要地点，随时察酌，分支接筑。筑路宽度，遵奉修治道路条例第八条之标准，拟定为路面实宽三丈。公议两旁开水沟，宽各五尺，共占地面宽四丈。其经过河道，建设桥梁，均照各该河近段原有桥梁高度，以期无碍航行。至此次测勘路线，凡遇房屋坟墓，或设法避让，或议价迁移，公益民情，务求并顾，免生阻力。所有筹筑上川县道各缘由，除并呈川沙、上海县知事外，相应绘具实测路线图，备文呈请钧署核准，层转备案，并即布告周知。再按修治道路条例

施行细则第三条，应备具各项图书，容俟赶缮续送。所有购地价值，再行公议酌定呈核，合并陈明。谨呈上海县知事沈、川沙县知事周。

按：录自民国《川沙县志》卷七《交通志·道路·县道》。

川沙县交通工程事务所主任张志鹤为县境通达邻境大道呈县文

（民国十年·1921年）

呈为县境通达大路，遵令绘图，覆请核转事。承准贵公署训令第七号，转奉省长公署第九四八八号训令，除原文有案不叙外，后开：查接管卷内，“案奉省长公署第九四八八号训令内开，照得修治省道，为内政切要之图。前经通令各县，将通达大路，详细调查，绘图具后。业据各县陆续遵办，独该县尚付阙如。现在江南北因受水灾，会议振抚，多有主张速修道路，以工代振之举。亟盼各县查复完备，方可派查复勘，酌量规定。事关通盘筹划，未便久任宕延。为此令催该县，即便遵照前令所指事理，限文至五日内，逐一查明，绘图贴说，检同志书，星夜赍送，以凭核夺，万勿再延，是为至要。此令，等因。奉此，查接管卷内，八月二十五日，奉省长公署第八二二二号训令，饬将本县境内及与邻县衔接通达之道路，详细调查，绘图贴说，并检同志书呈送等因，周前故知事未及核办。兹奉令催，合亟附录前次省令，发仰该所遵照先今两令，赶速绘具图说二份，并检同志书一部送县，以凭存转，万勿延迟，切切，此令。”等因，并钞发省令第八二二二号一件。奉此，查省令饬将本县境内及与邻县通达衔接之道路，详细调查。而敝所成立以来，正在着手规画全境县道，查绘详图。现全图已成，并为缕晰陈明之。本县旧有内外捍海塘两道，纵贯南北，向为全境交通大干路。内提海塘，俗称老护塘，志书载面广二丈，趾倍之，高一丈七尺，今已低削为平地。外捍海塘亦名钦塘，俗称小护塘，志书载底宽五丈，面宽二丈五尺，高一丈二尺，在本县境内，今尚完好。该三大干路，均北接宝山县境，以达于吴淞口，南贯南汇县一境。至西邻上海县境，虽以商业关系，往来较繁，但无平宽直径通达之大路，人民苦之。敝所为急谋交通便利，直达于黄浦港津、上海商埠工厂起见，业已会同上海县浦东塘工善后局，筹筑上川县道，另案呈报在先，将来并拟行驶长途汽车，附图称为第一县道，合于修治道路条例第四条第三项之规定。老护塘自县治以北，适在全境之中心，东有八团、九团两乡，西有长人、高昌两乡，均相衔接，并贯各市镇，附图称为第二县道。钦塘衔接八九团两乡，亦有连属之市镇，附图称为第三县道。该第二、第三两道，均合于条例第四条第二项之规定。路线符号，具如图例，里数名称，悉载于图。以上所举路线，在自行计画，暂称县道。倘以其通达于南汇等县治，有应定为省道者，谨俟省道筹备处核夺办理。奉令前因，除旧《川沙厅志》因敝所无存，容俟觅到再行补送外，相应将图说二份，先行备文，呈请鉴核转报，深为公便。谨呈川沙县知事严。

按：录自民国《川沙县志》卷七《交通志·道路·县道》。

川沙县交通工程事务所主任张志鹤为县道收地给价呈县文

（民国十一年·1922年）

呈为上川县道收地给价办法，并规定路旁建筑距离宽度，恳祈核转备案，并迅颁布告事。窃敝所会同上海县浦东塘工局筹筑上川县道，测量路线，节经呈奉指令，颁发布告，咨请县警察所转行分所各派警察保护，一面分令高昌、长人两乡乡董暨沿路线各地保，切实照料，并于开工时，派员会行典礼各在案。至敝所前与上海县浦东塘工局董邀同上川两县各绅，会议收地给价，除上境之二十二保四十三图地近浦江，议给每亩六十圆外，其余定为每亩五十圆。计积核算办法，亦先于本年一月间，呈报开工日期文内登明。现在筑路土工已由上境而及于川境，凡属川境路线所经之地，敝所自应查开业户，丈明给价，计每亩五十圆。对于房屋坟墓等项，格外审慎，当在事前设法避让，既顺舆情，尤节经费。其或有让无可让者，亦属少数，所应酌偿迁费，核实估计，悉援上境路线成例办理。抑有进者，路线两旁，将来易兴市面。查上海县公署布告内开，日后路旁如有建筑，规定距离路线一丈五尺，以利人行等语，川境亦应定为沿路线两旁遇有建筑，均须距离一丈五尺，庶昭划一而便交通。所有上川县道川境路线，酌议地价，计积核给，并路旁建筑规定距离宽度各缘由，相应备文呈请鉴核，准予转呈省长公署暨实业厅沪海道尹立案，并乞县长迅赐出示布告，俾众周知。一面咨行县警察所转令分所，并分令高昌、长人两乡乡董知照，暨传谕沿路线前次单开各地保，责成查明地户，协同领丈，以凭办理给价手续，实深公便。谨呈川沙县知事严。

按：录自民国《川沙县志》卷七《交通志·道路·县道》。

川沙县交通工程事务所主任张志鹤为拟订县道收地给费细则呈县文

（民国十一年·1922年）

呈为拟订县道收地给费细则及据结各式，陈请鉴核备案，并派委遵行事。窃敝所会同上海县浦东塘工局筹筑上川县道一案，业将川境路线所经收用土地，议定每亩给价五十圆，呈奉核准，颁发布告在案。惟收地手续甚繁，章法自宜周妥。兹经参酌邻邑上南县道局成案，拟订收地给费细则二十条，并拟具各业主应填地价收清据式，及业主并无方单，或划分之地不便将总单交出者，应照修治道路收用土地暂行章程第六条之规定具结式，理合一并缮呈鉴核备案，公布施行。再查所拟细则第二条载，收地给费事宜，请由县公署遴派委员，会同各该地段董保妥慎办理等语，现上川县道工程进行，自北而南，川境全路线南北相距绵长，为体恤各地段业主起见，似宜分别设局给价，以资便利。其在高昌乡区内各地段，拟就顾镇警察分所附设收地局，请派戴警佐绶章为委员。其在高昌乡以南各地段，拟就城内县警察所附设收地局，请派查警佐乙照为委员。所有细则及据结式等，并恳分行各该委员暨高昌、长人两乡乡董，一体查照。是否有当，仰祈指令祇遵。谨呈川沙县知事严。

按：录自民国《川沙县志》卷七《交通志·道路·县道》。

川沙县教育局长张志鹤
为借用场署呈县文

（民国十二年 · 1923 年）

呈为借用场署房屋，即行迁入办公，报请转咨事。查前由县教育会、劝学所、县农会、地方款产经理处等，合词拟借用下砂场公署房屋，声明俟教育局组成之日，即行迁入办公一案，呈奉江苏省长批开：据呈已悉。候咨催两浙盐运使，并令松江鉴运副使，迅予核办，仰即知照，此批。又奉钧署批：来牍阅悉，候据情转咨，一面仍候省长核示遵行，希即知照，此复。各等因，在案。兹以敝局遵奉教育厅令组织成立，急需相当之办公房屋，除另分别呈函通告敝局长任职及启用图记日期外，合再呈报，即将现在川城之下砂场公署空余房屋酌加修理，迁入开始办公，仰祈鉴核，迅予转咨下砂场知事备案，实深公便。谨呈。

按：录自民国《川沙县志》卷六《工程志 · 公署》。

川沙县教育局长张志鹤为动工拆城呈县文

（民国十四年·1925年）

呈为动工拆城，陈祈鉴核，迅予布告事。查敝局前以拆城急待进行，陈请提交参事会代议一案，兹奉钧署训令第七号，以先经召集城市各公团协议，一致赞成拆城，复经提交参事会第十四届常会议决通过，转令知照等因，到局。奉此，查拆除城垣，既经参事会议决，而城垣砖石，现在适有相当之需用，可以立即变价。除东南城角一段，应保存魁星阁古迹，并为县校设置园林，酌量留出外，其余城垣即行分别丈明，动工开拆。理合备文呈乞县长鉴核，迅予出示布告，俾众周知。至砖石所变之价，当恪遵省令规定办法办理，合并陈明。谨呈。

按：录自《川沙县志》卷六《工程志·城池·赘录》。

川沙县交通局局长张志鹤、副局长黄洪培为以县道租费抵付县道建筑垫款致上川交通股份有限公司函

（民国十四年·1925年）

迳启者：查敝局与贵公司协订合同第九条载，公司所垫款项，依周年八厘计息，由交通局按年交付公司，其起息期及交付时期双方协议之。又第十条载，公司租用县道，其租费依川境全路收地建筑用费之总额，按周年八厘计息，由公司按年交付交通局，其起租期及交付时期双方协议之各等语。兹以全路告成，贵公司开始营业之日定为垫款起息期及县道起租期。至交付时期，则以该项息款与租金适为相抵，可由双方各自对销。暂免订定时期，以省形式上之手续。俟本合同第十五条以所提百分之三报酬金抵还垫款清讫之日，同时即为息款租金两项均已交清截止，另按本合同第十四条后半段之规定办理，谅贵公司当予同意。相应函请查照见覆，以资协定。

此致

上川交通股份有限公司

川沙县交通局局长张志鹤、副局长黄洪培

中华民国十四年十月

按：录自民国《川沙县志》卷七《交通志·舟车·上川长途机车》。

张志鹤、黄洪培为上川长途机车运营报酬支付和垫款收还设立循环簿致上川交通公司函

（民国十四年·1925年）

敬启者：案查敝局与贵公司协订合同第十五条载，公司在未实行百分之五报酬金时，自营业开始之日起，交通局与上海浦东塘工局于进款毛数内，合提百分之三，即将此款偿还公司垫款，按月结算一次，随结随还等语。除敝局业与上海浦东塘工局协定合提分派成数，另函专达，并请自本年十月贵公司开始营业之日起履行外，现为求双方手续便利起见，拟设立循环簿，各执一册，内填每月结数，两册相同，收款付款人员会同签名盖章于上。其一由敝局所执者，作为已收报酬金已还垫款之证。其由贵公司所执者，作为已付报酬金已收还垫款之证。各自照数转账，以资简捷而便查考。此项办法，如荷贵公司同意，即请自本年十月起实行。相应函达，即希查照见覆，至深企盼。

此致

上川交通公司

张志鹤、黄洪培

中华民国十四年十月

按：录自民国《川沙县志》卷七《交通志·舟车·上川长途机车》。

张志鹤、黄洪培为自公司开始营业之日起提取报酬金偿还公司垫款致上川交通股份有限公司函

（民国十四年 · 1925 年）

迳启者：案照敝局与贵公司协订合同第十五条载，公司在未实行百分之五报酬金时，自营业开始之日起，交通局与上海浦东塘工局于进款毛数内，合提百分之三，即将此款偿还公司垫款，按月结算一次，随结随还等语。除敝局与上海塘工局合提之数，支配为塘工局得十分之四，敝局得十分之六，已经双方换文协议外。查贵公司自本年十月三日起开始营业，应请即从是月起，履行前项合同之规定，按月结算，分别列册收付，双方盖章，以清手续。相应函达，即希查照办理，并盼见覆为荷。

此致

上川交通股份有限公司

张志鹤、黄洪培

中华民国十四年十月二十日

按：录自民国《川沙县志》卷七《交通志 · 舟车 · 上川长途机车》。

上海县浦东塘工善后局董朱日宣、川沙县交通局局长张志鹤为按上川长途机车在上川两境所占路线比例提取报酬金偿还公司垫款致上川交通公司函

（民国十五年·1926年）

迳启者：案照贵公司与敝塘工局暨敝交通局分别协定之合同第十四条载，本条报酬金，塘工局与交通局合提百之五，又第十五条载，公司在未实行百分之五报酬金时，自营业开始之日起，塘工局与交通局于进款毛数内，合提百分之三，即将此款偿还公司垫款，按月结算一次，随结随还，各等语。兹敝局等于以上所称合提数之分派，应依据本合同第二条所载路线，自上海浦东庆宁寺市前浜县道第一桥起，至川沙城西门外之三灶港止。以上川两境所占路线远近为比例，就计算之便利，协定为塘工局得十分之四，交通局得十分之六。相应会同函请贵公司查照办理。

此致

上川交通股份有限公司

上海县浦东塘工善后局局董朱日宣

川沙县交通局局长张志鹤

中华民国十五年一月廿四日

按：录自民国《川沙县志》卷七《交通志·舟车·上川长途机车》。

川沙县交通局局长张志鹤、副局长黄洪培为核议变通河道呈县文

（民国十五年·1926年）

呈为据函核议变通河道，陈请鉴准备案事。案准本县教育局函开：敝局奉令处分城濠基地，当经议将西半城划归至元堂管业，东半城为敝局所有，前已呈报县公署在案。惟东半城合用值价之地甚少，仅有东门一带，尚可于拆除城墙后，填平召领。兹拟将东水关迤南，至县署东南隅止，即公立小学校以北，拆城填塞内城濠。似此一方基地，招人价领，亦足以兴市面。仍留县署东墙外南北公路，并沿东城河，划留一丈六尺宽之大路，以利交通。相应函请台洽为荷等由，准此。查该处内城濠并无重要用途，填塞固无不可，惟在县署南首，有一东西河道，自正阳桥以东，平时不无柴船粪船等转北经内城壕，在东水关出入。若遽填塞，而不于南首开通直出外城河，则县署街各居户似感不便，必须将县署南首之河迤东开通，一面填塞内城壕，庶为两全之道。当邀敝局城区董事，即市公所总董艾文煜君磋商，亦持此议，委系意见相同。除函覆教育局务祈照办外，为合备文呈请县长鉴核，准予备案，至深公便。谨呈。

按：录自《川沙县志》卷六《工程志·城池》。

川沙县教育局长张志鹤辞职呈县文

（民国十六年·1927年）

呈为沥陈辞职悃忱，恳请转呈改委接替事。窃志鹤未尝学问，谬膺本邑教育行政，自前清宣元，始任劝学所总董兼厅视学员，至民元，改任学务课长，以迁任省署职务而止；民七，又任劝学所长，民十二，改为教育局长，继续至今，先后已历十有四年。其初全邑教育公款不及千金，官公私立仅十余校；今虽教育经费扩充至年支六万余圆，校数亦较增五倍，幸赖地方父老之赞助，竭尽一市五乡之财力，有此目前之概况，时虞来日之大难。去秋两次恳辞，辱荷慰留，未予核转，迁延半载，益切悚惶，兹再披沥陈词，上尘清听。

夫地方公共事业，地方人应同负其责。志鹤勉尽义务已久，《诗》云："民亦劳止，迄可小休"，欲求劳逸平均，亟盼新陈交代。此应辞职之理由一。

且教育日见发达，事务日益繁多，今昔情形不同，即使专心致志，犹难免陨越之虞，况志鹤饥躯在外，兼职尚多，仆仆道途，顾彼失此，疏忽贻误，罪戾滋深。此应辞职之理由二。

抑又以教育潮流日新月异，研究讨论不压精详。志鹤自愧疏愚，未遑及此，必另求深明新教育之人士，庶能督率有方。吾川办理教育廿余年，自当有人才辈出，为让贤计，并为教育前途计。此应辞职之理由三。

以上各情，并尝告诸地方同人，均蒙谅解；知我爱我之贤长官，亦必能邀俯鉴愚忱，不再强以羁绊也。相应备文呈请县长，迅予据情转呈教育厅长核准解职。一面照章遴荐继任人员，请即改委接替，俾得早卸仔肩，无任感激。谨呈川沙县知事严。

按：录自民国《川沙县志》卷九《教育志·教育行政·赘录》

川沙县教育局长张志鹤呈中央大学请续文庙工程文

（民国十七年·1928年）

呈为地方士绅请求继续文庙工程，据情转呈，仰祈鉴核示遵事。案据属县地方士绅陆炳麟等函称：径启者，查川沙系上南分邑，为厅治，向无文庙。民国肇建，改厅为县。地方人士为发扬孔教起见，呈准以邑庙东厅借设孔庙，春秋上丁举行祀典。民国九年，奉周前县长缮发捐簿，筹建大规模之文庙，商同前教育局长，即以市教育产旧守署基为文庙基地。于民国十五年秋间开始动工，至十六年春，因时局关系，工程仅及筑墙，即行停止。所有捐款及存项，除因建筑动支外，尚余银四千五十八圆。当经贵局呈请川沙县政府，遵照大学院训令，先将文庙捐款、基地材料等由贵局接收保管在案。窃思各县原有之黉舍均已遵令保存，本邑未完之工程岂可甘心抛弃，加以已发捐簿迄未收回，各捐户借口于庙礼已废，亦遂观望不前，延弗缴款。长此因循岁月，不谋结束，势必已动之工程化为无用，已募之捐款无日归公，数年之功废于今日，八亩之地听其荒芜，可惜孰甚焉，且本邑公共场所向感缺乏，以教育方面为尤甚。近与教育界诸君一再磋商，谓能继续进行，改建新式合用之房屋，俾得借助他山。在法令仍不背国府尊重孔道之意，在地方教育有此宽大之场所，亦觉合宜，双方计算，可谓有利无弊。为敢将历年经过情形，函请贵局长鉴核，据情转呈中央大学指令遵行，至深公便等情，据此。查属县文庙建筑余款及基地材料等，早经职局遵照训令，呈准川沙县政府分别接管存储在案。今士绅陆炳麟等以文庙工程半途中止，实为可惜，继续进行，化无用为有用，将见一转瞬间，庙工完成，得以因时制宜，辟为教育公共场所，扩充教育事业，一举而数善备，利莫大焉。是否有当，理合据情转呈，仰祈鉴核示遵，不胜公感之至。

按：录自民国《川沙县志》卷九《教育志·孔子庙之筹建·赘录》。

川沙县教育局长张志鹤为借用场署呈县文

（民国十七年·1928年）

呈为呈覆事。案奉钧府第五七二号公函开：奉江苏省政府第五四六三号训令，据松江运副转据下砂场知事呈请令转核饬敝局等各机关，迁出场署一案，除原文在卷不冗叙外，略开：该知事呈内称该局等意图永远盘踞，不知恃何理由，凭何势力；又称限期他徙，庶绝该局等盘踞奸谋；又称该地方机关始则以分借为词，继则欲图混占，终则抗令盘踞，殊失公团大体各等语。经由层转奉函嘱敝局据实具覆，以便转呈等因。奉此，查地方各团体前请保存场署为一事，除由前县财政局长兼八团乡政局长周祖文等，合词呈明场署应予保存之理由外，至奉饬各机关迁让一节，则以借用有案，迁让办法亦载明在卷。各机关正在慎重考虑，尚未置一词，而该知事急不择言，谓为盘踞，谓为混占，甚且谓为奸谋，一似村妇骂街，不类官厅口吻。此殆由于拟稿者之故意舞文，致使该知事措词失体，殊为遗憾。卷查民国十二年，由前县教育会、劝学所、县农会、地方款产处等，请借该署房屋，呈奉前江苏省长批准，咨行两浙监运使，并令松江运副署训令下砂场范前知事妥为接洽。当由敝局前局长函派代表与范前知事商洽办法三条，节准函覆，并送图说一纸在案。当敝局等拟借未迁入时，该署庭院已鞠为茂草，有范前知事原函称署屋年久失修，尚须筹款补苴，为异日由南署全体移回之用等语，可资证明。故敝局前与商洽之第三条办法，订明如场知事实行由南署全体移回常驻川沙时，敝局等改用该署西花园房屋。所有敝局等修理用费于交屋时由场署拨还。现在迁让问题照原案，应以是否场知事实行由南署全体移回为断。姑无论张知事并不移回，变本加厉，欲将该署变卖，在地方各团体仍请保存，当另有详细之申辨及最后之诉愿。即使照前议移回自用，敝局等因一时不及迁让，应尚有从容商榷之余地。盖办公机关不可一日中止，遽令迁出原址，而又无地可容，贻误公务，谁任其咎！查现借住场署之敝局等各局处同为县长佐治机关，既无他处可迁，又无余款建屋，早在洞鉴之中。果遵省令迁出，而各机关可停止则已，否则暂维现状，请先转呈省政府，声明困难情形，一面由钧府核示筹款方法、建屋地点，俾便规划进行。敝局等历年在场署所支修建各费，并当查开细数，呈候转咨场知事，早日拨还，以充另建新屋之需。

缘奉前由，理合呈覆，仰祈鉴核据转，深感公便。谨呈。

按：录自民国《川沙县志》卷六《工程志·公署·下砂场署·赘录》。

上海兵工厂之始末

（民国十八年・1929年）

上海兵工厂，初名江南制造总局，民国改称上海制造局，后又改称今名。在高昌庙者为总厂，内有机器厂、制枪厂、制炮厂、炮弹厂、炼钢厂；在龙华者为分厂，内有枪弹厂、制药厂。高昌庙厂址及厂外附属基地共六百十二亩六分五厘三毫，龙华厂址及厂外附属基地共三百二十六亩九分一厘一毫。又浦东火药库占地一百十九亩二分九厘七毫。自创办以迄今兹，六十余年间经过变迁情形，诠述如次。

一、建置沿革　清同治四年，李鸿章会同曾国藩奏明上海虹口地方收购洋人机器铁厂一座，即改为江南制造总局，正名辨物，以绝洋人觊觎。其丁日昌及韩殿甲旧有两局归入之。六年夏，始移设城南高昌庙镇，分建各厂，曰汽炉厂，曰机器厂，曰熟铁厂，曰洋枪楼，曰木工厂，曰铸铜铁厂，曰火箭厂，曰库房、栈房、煤房、文案房、公务厅等，暨中外工匠住居之室。继建轮船厂，筑船坞，并以立学堂，习翻译，为制造之根本。七年，设翻译馆，订请英国伟烈亚力、美国傅兰雅、玛高温三名，专择有裨制造之书详细翻译。八年，增汽锤厂，另建枪厂，移城内广方言馆于局。十三年，立操炮学堂，又在龙华寺镇购地设黑药厂。光绪元年，改汽炉厂为铁船厂，嗣又改为锅炉厂。同年并在龙华设枪子厂。二年，建火药库于松江城内。四年，改汽锤厂为炮厂。五年，复于炮厂对面设炮弹厂。七年，改操炮学堂为炮队营，又创设水雷厂。十六年，设炼钢厂。十八、十九两年，添设栗色药、无烟药两厂。二十四年，以炮队营与广方言馆裁并，改设工艺学堂，分化学工艺、机器工艺两科，后改称工业学堂，旋又改为兵工学堂，并附设兵工小学。二十九及三十两年，有裁节沪局经费拟在安徽宣城县湾沚镇分设新厂，又拟改建江西萍乡县湘东镇以就煤铁之议，奏准，未果行，而旧局黑药、栗药两厂即于是时停止。筹办铜元，改炮弹厂为铸钱厂。旋经周馥奏请将沪局铜元归并江宁办理，故炮弹厂复其旧。同年，添设考工处，举办巡警处，归并西木栈于库房，又并皮带房于机器厂，是为整顿旧局之四端。三十一年，改水雷厂为铜引厂，由周馥奏将船坞划分，改照商办，咨交总理南洋海军事务广东水师提督派员接收，订定交接章程五款，凡与船坞相因之轮船厂，机器厂，锅炉厂，生熟铁厂，木工铸铁厂，一并移交接管，其后称为江南造船所者是也。三十三年，松江士绅呈请准将松城火药库改设罪犯习艺所，由官绅筹缴药库费银二万两，另觅定江阴秦望山购地一百五十余亩为新库基址，自三十四年开建，至宣统元年九月完竣迁移。三年九月十三日，上海民军起义，是晚陈其美率众占领制造局，翌日公举在局十余年原任提调之李钟珏以沪军都督府民政总长兼理局务，改名上海制造局。民国元年，中央政府成立，直辖于陆军部，李钟珏呈部报告接收情形，全局厂基计地一千一百二十九亩，零估值银一百十二万九千余两，厂屋及各项办公房计三千一百四十二间，估值银二百二十万二千六百六十余两，江阴药库一座，估值银六万两，枪炮子药炮弹炼钢铸铜铁机器等七厂计机器器具共三千九百二十部具，估值银四百七十一万七千二百余两，制存各项军火估值银四百三十六万三千六百五十五两，连同其他物料及公用什物物料、轮船、译印图书、学堂仪器并存款等项共计财产值银一千四百二十万之谱。二年秋，二次革命，北京政府派郑汝成为上海镇守使，来驻局中。是时，工作停顿，兵工学堂即解散，至四年始复正式开工制造。同年八月，北京兵工督办处饬将机器厂、枪子厂、制药厂之机器就汉厂所需者尽移并汉阳，经先后移送机器厂机器一百三十八部、制药厂机器十八部，而枪子厂机器又奉令未移。五年一月，淞沪护军使杨善德呈准中央令饬将龙华分局房屋分拨改建使署，当腾出办公新厅、黑药厂全部及储旧料房、烧炭房、存硝房等让与之。又江阴药库因所存只炮台应用各药，并无新造无烟药送存，故由总办李钟岳呈准督办处划归就近江阴要塞接管。六年五月，依照陆军部《兵工厂组织条例》改定名称为上海兵工厂。十三年，江浙战争之役，厂已停顿。十四年春，上海总商会募集保卫团看护全厂，并以兵事给养及善后费由总商会垫借银六十八万八千余元，即以全厂地产作抵，当奉临时执政明令照准，所有厂基契据悉归总商会保管。十六年春，党军抵沪。三月二十四日，前敌总指挥派第一师参谋长张性白接办厂务，招集旧散工人，于四月一日开工，同时组织工会，并设政治部，后改称政治训练部，又改称政治指导处。五月，以向设之稽查处一所、消防队一连，改组为警卫队。秋季起开设工人子弟学校，总厂设第一院，分厂设第二院。同年十二月，厂长石瑛以在浦东二十四保八图之厂产地一百二十亩被开滦售品处占据，又在厂西首江边试炮之地亦被集益公司指为其所有，呈请军事委员会转令上海总商会发还保管之契据查明，俾解纠纷。嗣经行政院定为垫款未归还以前，仍由商会负责保管契据。十七年三月，军事委员会令统一沪宁兵工厂，将金陵制造局改定名称，归沪厂节制，称为上海兵工厂金陵分厂。五月，军事委员会电令福建兵工厂划归沪厂管辖，嗣经派员前往接收，机器一部分运沪，该厂停办。同年八月，国民革命军总司令部饬将高昌庙旧营房地(即旧炮队营址)指拨与建设委员会无线电机制造厂建筑厂屋之用，该地计有六十五亩零，旋由厂与建设委员会协定：日后如将该地收回自用或出卖，须于三个月前通知，并予该会以购买之优先权。十八年六月，兵工署以金陵分厂位于首都，接近部署，取消分厂名义，改称金陵兵工厂。又军政部令沪厂制药厂停办，另由兵工署派员改办脱脂棉厂。又军政部令炼钢厂划分改称军政部上海炼钢厂，派员接办。同年十月，兵工署令取消脱脂棉厂，并电知奉陆海空总军司令谕制药厂复工。

二、组织系统　制造局创设之初，由南洋大臣两江总督奏准办理，故以江督苏抚为督办长官。有时江督迁调北洋大臣，直隶总督或湖广总督者仍兼本局督办，有时非由江督迁调之直督亦遥兼本局督办，在局中设总办会办，有时并设襄办，有时苏松太道亦兼本局总办，总会办以下设提调一员，另分设文案统计考工稽查等处，各厂设委员一人，后改称管理员。光复之初，公举沪军都督府民政总长李钟珏兼本局总理，以沪军都督为监督长官，旋中央政府成立，直隶于陆军部，由部派员接办，时改称督理。自民国四年六月至六年二月，北京设兵工督办处，秉承督办之指挥。督办处裁撤后，仍直隶于陆军部，改称兵工厂，设总办会办各一员。十六年春，国民革命军前敌总指挥委派厂长接办，暂以前敌总指挥为监督长官，旋改隶于国民革命军总司令部。至军事委员会成立后，由会直辖，颁订组织条例，设厂长副厂长各一员，下设总务处长一员，领文书，庶务，会计，审计，物料，医务各科，及护厂队；工务处长一员，领各厂及绘图室，军械库；另有技术委员会及教育管理委员会，各委员均由在厂职员兼任,技术委员会领理化研究室、材料研究室、兵器研究室。各厂设主任各一人,另聘专门工程师若干人。旋军政部设兵工署,以兵工署为监督机关,并颁布兵工厂组织法,令依组织法之规定,列现行系统表如下:

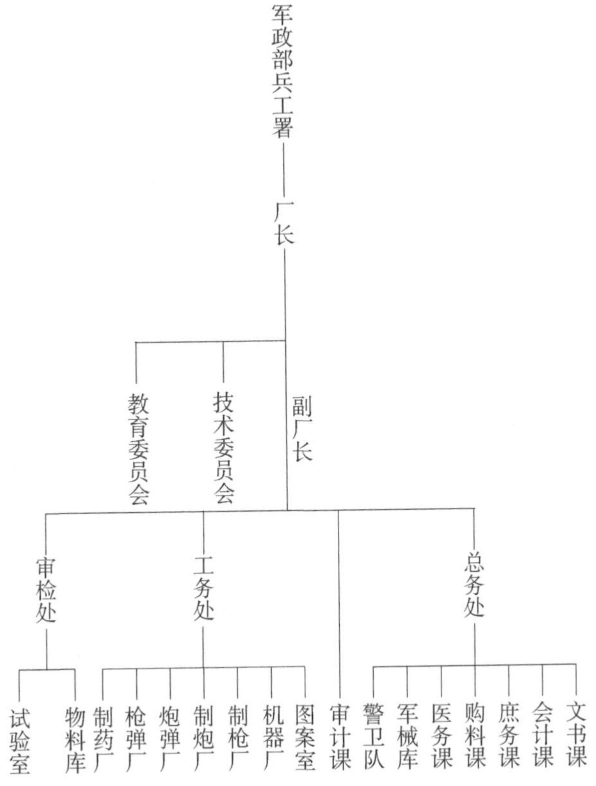

三、经费状况　制造局创办之初,其经费暂在军需项下筹拨。同治六年,始由两江总督曾国藩奏请在江海关解部四成洋税酌留二成案内以一成为制造轮船之用。八年,两江总督马新贻附奏请以酌留二成全数作为制造之用。光绪十八、十九两年,设无烟栗色火药两厂。二十一年,设炼钢厂。两江总督刘坤一奏本部拨银四十万两,为上开三厂开办费。二十三年,复奏请加拨三厂经常费每年银二十万两,在江海关税厘项下拨解。二十五年,改由江苏各司道分筹协济。是年,以筹款练兵,奉饬裁减局用,每年节省薪工银一万一千九百余两,提解江宁药库。二十七年,江海关解局二成洋税改为十二成之二成。二十九年,两江总督张之洞奏建新厂,请在局款内每年酌提新厂经费银七十万两,嗣以南洋订购浅水快轮,奉饬借拨银三十万两。三十年,钦差大臣铁良查核历年制造各款，奉饬提存银七十七万余两。同年，奉饬二成洋税以一成作新厂经费，按月由江海关扣提存储，以一成解局。统计自同治六年至是年划分船厂止，共支用银二千七百六十四万八千一百七十余两。宣统末年，陆军部规定扩张全国制造局经费，以各处厂局设备职工额数为比例，上海约可月得四十余万元。光复之初，关税项下拨款停止，军事方兴，财源告竭，暂以大清银行存折由沪军都督向招商局代押现银二十五万两，藉济眉急，并另向沪市各银行庄号洋行临时设法通挪。民国元年五月，总理李钟珏呈报陆军部文，称自光复后至四月底止，共约支银六十五万七千余两，并声明全年约需银一百三十三万余两。二年，陆军部上半年之预算规定上海制造局为九十八万四千五百余元，平均每月约十六万余元。四年以后，时事多故，疆吏割据把持，每月就地筹款，遂至漫无稽考。卢永祥、孙传芳时代，则递增至每月四十余万元，皆由江海关直接拨付。十六年四月，重行开工后，其经费初由东路总指挥部给发，旋改归总司令部，后又隶军事委员会核发经常费，及军政部兵工署成立后，由署主持，而总司令部加造之出品则由总司令部发款。石瑛厂长任内，至十七年二月底止，计十个月，共支银二百六十六万二千三百六十余元。张群厂长任内，至十八年八月底止，计十八个月，共支银五百四十七万余元。

四、制造出品　同治四年创办之初，厂中机器均未全备，先就原有机器推广，造成大小机器三十余座，用以铸造枪炮炸弹。六年，始造轮船。十三年，仿制黑色火药。光绪四年，仿造九磅子、四十磅子前膛快炮。五年，更造前膛四十磅、八十磅各种开花及实心弹。七年，造筒式一百磅药、碰电、熟铁浮雷及生铁沉雷。十年，造林明敦中针枪。十一年，停造轮船，专修理南北洋各省兵轮船只。十六年，仿造新式全钢后膛快炮。十七年，改造快利新枪，试炼钢料，又造各种新式后膛快炮及五十二吨、四十七吨大炮。十九年，仿制栗色火药，又禀准将用余铜屑铸造制钱，旋以折耗停止。二十一年，试造无烟火药，停造水旱雷，专制各种铜引。二十四年，造七密里九口径新毛瑟枪，并将所有旧枪一律停造。二十八年，旧存快利枪报废。三十年，遵照奏案添造铜元，尚未开工，旋奉札饬归并江宁合办。三十一年四月，奉饬将船坞及轮船锅炉机器三厂划归海军商厂办理。宣统三年九月光复，民军入厂，将库存制成新步枪提发应用。民国元年，总理李钟珏呈报光复后临时办理情形，估计额造军火按每年十一个月每月二十六天工作核算，枪厂约造六米里八口径步枪二千四百支；炮厂约造七生五管退过山快炮五十尊；子药厂约造各项枪子一千万颗，又七生五炮弹铜壳一万一千只；炮弹厂约造七生五开花弹二万颗，又弹头引信二万颗；炼钢厂约炼枪胚六千六百余支、七生五炮胚一百五十尊、枪子镀镍钢盂一千五百万颗、各项钢料三十余万磅、各项生铁机件三十余万磅、毛钢一千五六百吨；铸铜铁厂铸造各厂胚件；机器厂修理全局机器，均无定额。又各厂随时修配各营台枪支炮位及各项军械，亦无定额。嗣经二次革命后，工作停顿。四年，重行正式开工。是年冬，北京兵工督办处派员前来调查，至五年四月，历表呈报，计制炮厂全年额造七五管退山炮四十八尊，又陆炮十二尊；炼钢厂造山炮陆炮钢胚各炮厂需用数、暨炼各种毛钢六十炉、七九枪子钢盂一千三百八十担、枪筒胚一万五千支、各种枪件钢料五十万九千三百磅、麦克沁机关枪筒胚二十支、机关枪保弹板钢料一千五百六十磅、各种钢料一万一千五百余磅；炮弹厂造七五山炮开花弹头三万颗，又陆炮开花弹头一万五千颗；机器厂造山炮驮鞍皮件四十八全副、陆炮驮鞍皮件十二全副、陆炮弹药车五十二部；制枪厂造七九轻机关枪四十八支、六寸白郎林手枪一千二百支、七九步枪五百支、机关枪筒五十支、刺刀一千二百五十把；铜壳厂造七五山炮弹铜壳三万个，又陆炮弹铜壳一万五千个；枪子厂造七九及六五口径枪弹，日夜工每天能出九万颗；无烟药厂造枪炮用药能日出二百磅，磺强水每日能造一千五百磅。自是以后，军阀把持时期，出品不多，代修代造，各械亦漫无统计。十六年春，国民革命军抵沪后，整顿厂务，因需械万急，加工赶造，枪子厂开双工计十四小时，药厂开通宵工，即二十四小时，其余各厂均开半工，计十一小时，始添制八二迫击炮、五生的迫击炮及三十节式七九水机关枪；同时出口激增，月出各种枪弹二百八十万粒、八二迫击炮五十余尊、七五山炮八尊、各种炮弹一万一千余颗、三十节式水机关枪十四架、六寸白郎林手枪二十支、六寸木壳手枪五支、八寸白郎林手枪五支、机关枪带一百六十二条。十七年起停造山炮，而八二迫击炮及三十节式水机关枪等各项出品均有增加，并试造俄式手溜弹、马尾手溜弹、木柄手溜弹、法式手溜弹、各种飞机炸弹等，兹将历年出品概况列表于后，除制造轮船另列一表（第一表）及炼钢种类无多不再列表外，各厂制造汇成一表（第二表）。

第一表 轮船制造

船名	宽	长	吃水	马力	受重	造成年份
惠吉	二十七尺二寸	一百八十五尺	八尺有奇	三百九十二匹	六百吨	同治七年
操江	二十七尺八寸	一百八十尺	十尺有奇	四百二十五匹	六百四十吨	八年
测海	二十八尺	一百七十五尺	同上	四百三十匹	六百吨	同上
威靖	三十尺六寸	二百零五尺	十一尺	六百零五匹	一千吨	九年
海安	四十二尺	三百尺	二十尺零	一千八百匹	二千八百吨	十二年
驭远	同上	同上	二十一尺	同上	同上	光绪元年
金瓯铁甲船	二十尺	一百零五尺	七尺	二百匹		二年
保民钢板船	三十六尺	二百廿五尺三寸	十四尺三寸	一千九百匹		十一年

(附注)光绪十一年后停造轮船,专承修理南北各省兵轮船只,不另录表。

第二表 各厂制造

厂名	部分	历年出品
机器厂	车工部 钳工部 铸工部 木工部 锻工部 冷作部 铜工部 电焊部 检验部	车床 刨床 钻床 开齿轮机器 卷铁板机器 滚炮弹机器 汽锤 大锤机器 印锤机器 沙轮 磨石机器 挖泥机器 锯床 绞螺丝机器 剪刀揰眼机器 翻砂机器 造炮子泥心机器 舂药引机器 起重机器 筛砂机器 试铁力机器 造枪准望机器 剪铁机器 轧铜机器 抽水机器 造枪子机器 拌药机器 碾药机器 造皮带机器 较汽门马力机器 汽炉汽机 压铅条机器 铁枪靶 磨枪头炮子机器 压皮带机器 压铁机器 碾炭机器 锯钢机器 压钢机器 轧钢机器 炼钢炉 装铜帽机器 水力机器 碾砂机器 造铜引机器 敲铁机器 压枪子铜壳机器 光枪子铜壳机器 剪药机器 汽缸 揰枪子铜壳机器 敲铜机器 舂铜壳机器 磨刀机器 试煤机器 发电机器 压书机器 化铁炉 化铁地缸 烘砂炉 修配各种机器 山炮陆炮驮鞍皮件 陆炮弹药车 八二迫击炮 五生的迫击炮 机关枪子弹带 试造钢甲车

续 表

厂名	部分	历 年 出 品
制枪厂	车工部 钳工部 锻工部 木工部 上色部 装配部 检验部	前膛步枪　前膛马枪　林明敦后膛步枪及马枪　洋抬枪　铜喷筒　六磅及十二磅火箭　毛瑟后膛步枪　必利步枪　黎意后膛步枪　铁喷筒　黎意抬枪　新利步枪及马枪　快利连珠后膛步枪　七密里九口径后膛毛瑟步枪　六密里八口径后膛步枪　七密里九口径轻机关枪　七密里九口径后膛步枪　三十节式七九水机关枪　六寸及八寸白郎林手枪　六寸木壳手枪
制炮厂	车工部 钳工部 锻工部 炮簧部 表尺部 木工部 皮工部 检验部	十六磅开花子钢炮　十二磅开花子铜炮及田鸡铜炮　十二磅及三十二磅开花子生铁炮　九磅子后膛熟铁来福炮　一号二号三号四号五号克鹿卜炮炮架　艇师铁炮　过山炮炮架　铁壳水雷　木壳水雷　勃休马炮炮架　四十磅子及八十磅子一百二十磅子　二百五十磅阿姆斯脱郎钢膛熟铁箍炮　九磅子前膛来福炮　瓦瓦司钢炮炮架　一百二十磅乌理治炮　九磅开花子钢炮　劈山炮　五门壳其治炮　格林炮　一百八十磅子阿姆斯脱郎钢藏地炮及钢膛熟铁箍炮　八百磅子阿姆斯脱郎钢炮　十二磅子四十磅子及一百磅子子母炮　三磅子六磅子及七磅子阿姆斯脱郎钢快炮　三百八十磅子升降地阱钢炮　二百五十磅子阿姆斯脱郎后膛长式炮　七五管退山炮及陆炮　修理各种炮件
炮弹厂	翻砂部 车弹身部 车引信部 梅花部 装配部 油漆部 装药部 检验部	六磅十二磅二十四磅四十磅八十磅实心炮子　十二磅二十四磅开花炮子　乌理炮各种实心子及开花子　来复炮各种实心子及开花子　阿姆斯脱郎炮各种实心子及开花子　一二三四五号克鹿卜炮实心子及开花子　铁炮各种实心子及开花子劈山炮实心子　格林炮子　成都堆炮七十磅开花子　二十六吨三十六吨阿摩士庄炮五百磅开花子　快炮四十磅一百磅钢质子及开花子　世邦道炮开花子　升降阱地炮实心子及开花子　史高得炮开花子　八百磅阿姆斯各种前膛后膛重弹轻弹　二十倍五生七开花子　八生七开花子　七生半梅花饼开花子　七五十四倍山炮空炸弹及碰炸弹　八二迫击炮弹　七五迫击炮弹　五生的击迫炮弹　木柄手溜弹　马尾手溜弹　俄式手溜弹　法式手溜弹
枪弹厂	镕铜部 轧铜部 烘铜部 铜壳部 钢弹部 白药部 冒火部 较量部 装箱部 木工部 修理部	来复枪铅子　小口径无烟钢头枪子　老毛瑟黑药枪子　曼里夏烟头无烟枪子　智利钢头无烟枪子　六门手枪子　七九步枪弹　六五步枪弹　七九圆头及尖头机关枪弹　七六步枪弹　七六尖头机关枪弹　手提机关枪弹　自来得手枪弹　白郎林手枪弹

续 表

厂名	部分	历 年 出 品
	锻工部 检验部	
制药厂	撕棉部 蒸洗部 漂磨部 硝化部 和药部 轧药部 剪药部 筛药部 光药部 烘药部 化验部	黑色洋火药　栗色洋火药　无烟各种枪药及山陆炮药

上稿成于民国十八年冬，为应江苏通志局采访而作。其后两年间厂况如前无异，至一二八沪战时，敌机盘旋于上，轰炸堪虞，而厂中工人冒险赶制出品，供给十九路军后方。正在工作紧张之际，忽奉令停工，限期拆卸机器，移运杭州，露积于南星桥闸口等处。旋有迁建新厂于桐庐之议，迭次派员查勘、测量、设计，乃未实行。最后以各项机器分拨于金陵、汉阳各厂，截至二十一年九月末日止，取消上海兵工厂名义，另设临时接收清理委员会，处理一切未了事宜。溯自同治四年创设至此撤销之日，前后历六十八年也。

按：录自《人文（上海 1930）》1934 年第 5 卷第 5 期。如文末所言，本文为张伯初 1929 年冬为江苏省通志局采访而作，期刊载文在文末补述上海兵工厂末两年情况。

川沙县公立小学校沿革纪要

（民国二十二年·1933年）

公立小学为吾川首善之校，开办以来，三十周岁，而其前身观澜书院，溯自创建于道光十四年，迄今适届百龄，书院以改校而永留遗迹，可谓不死。余敬为书院祝期颐上寿，并为公小校庆三十初度。

书院改校时，年已七旬。《曲礼》："七十曰老而传。"郑注："传家事，任子孙，是为宗子之父。"又云："大夫七十而致事。"郑注："致其所掌之事于君而告老。"在此观澜书院告老传统之年，而继统之公小校应运而生，宁馨儿头角峥嵘。余检得当时之《川沙小学堂章程》一册，录其概要于后，以见一斑。

绪言　外侮四逼，神州陆沉，空谈革新，不足以救亡，入手第一著，其教育哉。教育哉，顾居今谈教育有二要，曰普通主义，曰普及主义。予以士农工商人人必需之学艺智识，所谓普通主义也；无一人不学，无一乡不立学，所谓普及主义也。美哉川沙，黄海澎湃于其东，黄浦蜿蜒于其西，有地四十里，有民十数万，教育阙如，斯僿矣。壬寅冬，议就城南观澜书院改立小学堂，白于司马陈公，韪之。顾费无所出，院荡岁入钱五六百缗，未足也。司马乃出廉泉，将因以鸠之邑大户，顾事咄嗟不及办。陆君逸如、潘君敏斋起而言曰："无已，校务诸君任之，经济余二人誓竭绵力，以开厥始。"则皆大感奋。今春二月行开校式，宣布宗旨，草订规约，阅四月而益完备，盖耗钱千数百缗矣。川沙虽蕞尔，岂不足当我国一分子？则吾川教育一新，岂不足当吾国中兴一分子？敢不自勉，以勉二君，并为诸生勉也。既厘订细章，爰述缘起，以告学界有心人。癸卯五月。

总纲　（办法）本学堂谨遵钦定章程，并就地方情形，酌定办理。（宗旨）并重德育智育，而归本于忠爱。（学额）暂定学生六十名，由本学堂考验取入。（学龄）学生以年在十岁以上十六岁以下者为合格。（学费）除兼读英文生外，但收膳费，不取束修。（学级）分正科、豫科两级，正科三年卒业，未合正科程度者，先入豫科一年。（考试）分月考、年终考、卒业考，均以平日积分为本，核定榜示。月考教习主之，年终及卒业由总理副办请厅尊来堂会考，分别给奖。（出身）本学堂卒业生，由总理副办择优请厅尊咨送府城中学堂肄业。（经费）本学堂开办经费由地方绅富协助，常年经费，除应收荡产租息外，随时筹款补助，渐图扩充。（报销）本学堂收支经费，年终汇开清单二份，一份呈厅尊察核，一份榜示。

来学须知（共十二条，兹录其第三条） 学生免收修金。寄膳宿者，每年收膳费洋二十四圆；走读寄午膳者，每年收膳费洋十二圆，逢闰均照加，分正月、七月两期预缴（改正加红戳）。甲辰年起，岁收学费洋两圆，寄膳宿者，全年收膳宿费洋廿八圆，寄午膳减半，逢闰照加，分两期于正、七两月开学前预缴，不预缴者不收。

职员约（共八条，兹录其三条） （一）本学堂设事务员两人（总理、副办），经济员两人（收支经董），组织全校事宜。（二）事务员常川留堂，主持学务，经济员随时来堂，商办一切事宜。（三）事务员、经济员皆为地方公益起见，不支薪水，以节经费，各尽责任，以求效果（其余各项规约条文概从略）。

时黄任之先生炎培为总理，余忝为副办，盖依钦定学堂章程之名称，由川沙厅尊委任，任事半年，至六月，因南汇党狱即离职。回忆当初，先一年冬，任之先生挈衔发起，余等追随其后，惟陈桓士厅尊家熊藐视吾辈青年，不无留难。任之先生与余于冰雪中赴南京，呈两江总督张文襄公之洞，张督固力倡兴学者也。陈厅尊侦知之，不逮督批，先已照会准予开办，可见官场如戏场，势利堪哂。顾无财不可以为政，陆君逸如出任募捐，得杨锦春先生斯盛倡捐三百圆，即在院之西北隅葺小屋两间，为学生宿舍（今已改为过巷），余屋略加修治，以东南隅之丽泽舫（今已改建教室）为职员办公室，敬业堂为礼堂，堂后东西两厢（厅志称东曰“戒欺”，西曰“持志”，改校时已无匾额），为甲乙两课堂（今悉已拆除为庭院），后厅求放心斋（旧有题额篆书甚佳，今已不见，未知何时撤去，宜设法保存）三楹，为教习、起居及预备室。当时小小规模，止此而已。其后购入校西偏之沈姓园地为运动场，及东首文昌宫、忠义节孝祠（此祠另迁），一律改建为讲堂、宿舍，如孩提之发育长大，倏为成人矣。

学校经费，如前录绪言，岁入租钱五六百缗，似较厅志载四百四十七千有奇，已略增矣。但犹沿旧习，由胥吏经收，每亩数百文，顽户积欠二三年。自宣统元年劝学所成立，余忝任总董，兼管校产，力求整顿，得松江府戚升淮太守扬之助力，檄厅严惩顽佃，改章清厘，租额定为银圆，先缴后种，收入顿增。兹检川沙厅劝学所历届收支，并管理两等小学堂田房租款实征报告，摘录如下：

宣统二年分校产收入报告

第一款　市房租钱二千五百文，合银一圆九角五分三厘（市房一间，前书院董并未移交，本所查明房租折被抵押于黄姓，呈厅谕追，由所还款，并报奉提学使批：由所备款赎回，以凭取租充费，则于前董一面已属仁至义尽等语。是年十一、二两月，收得租款如上数）。

第二款　田荡租息银九百八十五圆七角七分九厘，又钱六百千文，合银四百四十九圆六角三分，又副度银一百三十圆，总计收银一千五百六十五圆四角零九厘（所谓副度，即预缴之顶首）。

校产据厅志载田荡共七百七十九亩七分三厘三毫，内田一百二十六亩三分五厘九毫，荡六百五十三亩三分七厘四毫。而沿海之荡涨坍无常，民国四五年间，隶属于教育款产经理处曾向沙田局报领前坍而复涨之地，缴价二千一百九十五圆二角一分九厘，得熟荡二百四十余亩、泥草滩一百四十余亩，先后新旧并计，管有八团荡地约共千亩。七年组成校董会，即移归校董会管理，同时就校产荡田划出一部分，创设农事试验场，初仅六十余亩，旋扩充至百亩。

自民国以来，田荡租息年有增加，平均每年可得四千圆左右。迨九年春，劝学所报领高墩沙滩地四千亩案内，本校附股投资三千圆，分得滩额九百三十二亩一分。嗣以其滋生之利益，由教育局续领二千亩，本校亦分得四百六十六亩零五厘，前与劝学所、后与教育局两次协订合同，除提取十成之二，充作县教育公产外，余为实得之数。二十一年四月，由教育局发给分地凭证，并开列清单。计应提归教育局十成之二，成田五十五亩一分七厘八毫，又滩地二百二十四亩四分五厘二毫；本校实得成田二百二十亩七分一厘三毫，又滩地八百九十七亩八分零七毫，共田滩一千一百十八亩五分二厘。

如上所述，只偏于产业方面，因产业为养命之原，又公产应使尽人皆知，余特举所知以告邑人，并以告学校曰，何所恃以生以养，至有今日，其惟观澜书院之遗泽乎？今日何日乎？孔子云“三十而立”,《曲礼》称“三十曰壮”,既壮而能自立,已立立人,而今而后,其勉乎哉。

按:录自民国《川沙县志》卷九《教育志·小学教育·赘录》。

《民国川沙县志》跋

（民国二十六年·1937年）

余不文，何足以言纂志。民国三年冬，修志局既成立。翌年四月，范知事泽珊（钟湘）聘任余为访稿审查长，五月又被聘为协纂员，愧负虚名。盖余之实际工作，仅为一校勘员而已。五年秋冬间，陆续收到访稿，每以公余倚檠，逐加审阅，立一小册，条记应商各点，分函陆主任蘅老、黄主纂任之兄取决之。一面将舆地等稿就正于上海姚子让先生，财赋稿寄呈于方前知事仰儒先生，物产稿请博物学家吴江凌文之、吴和士两先生代为审查，并另托顾君凌云、孙君芷莲钞录已阅之稿本，又与陆生润民等研讨地图测绘事宜。讵于是年冬尽春初，余患伤寒，一病几殆，自此停顿。旋志局亦以时事多故，中止进行。十七年后，赓续前议，余虽为备员之一，而未有所献替。二十三、四年间，七次齐集编纂各员，分工合作。黄主纂以大刀阔斧，厘定体裁，抉择资料，分纂诸君奉命将事，余亦聊供驱策。全稿既成之日，黄主纂以诒余曰："草创粗备，水磨工夫，君之责也。"余以豕亥鲁鱼，毫厘千里，何能肩此重任，然亦义无可辞，乃相约随时商洽。二十五年一月初旬，在真武台连城别墅公开阅览毕，由川携稿来沪。统观前后各门，事实有重复或阙漏者，文字有矛盾或讹谬者，应待校补修正，需时尚多。同

川沙县纂修县志完成纪念摄影（1936年1月）

月二十九日，黄主纂将游蜀，余往商志稿付印事，决定由国光印书局承办。越旬日，黄主纂于途中，以航空快递函，嘱补县农场稿，而余亦以试印之样本若干页，航快寄请核定后，依次照印。自是，每日必校印样，随校对，随修改，故每种必复校三四次。日不足，继之以夜，每因公冗积压，时有在深宵一二句钟仍理丹铅者。校定清样，先制纸版，二十四卷次第完竣，乃就纸制铅，印出再校，仍有讹字，每卷各若干处，重行改制，然后上架正式印行，恐出版后犹复讹字迭见也。全书八百页，历一年间之长期校勘工作，而仍不能免讹字之多，抱歉奚似。惟印费借重陆主任、黄主纂挈衔，由余奔走分向邑人士暨各机关团体募捐，共得四千四百余金，连同县地方公款二千金，足以应付。是可告慰志局同事诸公，并以道谢各输捐者。至结束后能有盈余，得再增筹，完成特建藏志阁之初愿，尤所盼祷焉。

民国纪元二十六年一月，张志鹤撰于上海浦东同乡会。

按：录自民国《川沙县志》卷二十四《叙录·跋》。

感慈亭记

（民国二十六年·1937年）

师良宗弟，既为其先祖父母建念祖亭于宗祠东圃，又念母氏劬劳，失恃已越十有六载。罔极之恩，无以为报，乃建感慈亭，安奉母太夫人遗像于其中，以供瞻拜，亦以表孝思也。太夫人氏奚，为同里奚公振家之女。振家公业童子师，故太夫人幼承庭训，深明礼教，年十九来归于张佐夫子应麟先生，治家有方，家日以裕。应麟先生出任地方公务而无内顾之忧者，唯太夫人是赖。民国九年十一月十二日，太夫人病殁，年三十有四。生子一师良，女四，师良时才成年耳。古有“王修哭墓，里人辍社”，今师良建亭于祠，题曰“感慈”，其不匮之诚，有逾于古人者矣。

中华民国二十六年三月

张志鹤　谨撰

按：录自川沙县王港乡《王港志》编写组编《王港志》（1989年5月印刷）第174页。

浦东同乡会会所落成纪念词

（民国二十七年·1938年）

吾同乡会，自民国二十年八月发起筹备组织，二十一年一月三日开成立大会，迄今五年，始获见八层大厦新会所落成。此五年中，集合吾全浦东人精力财力，一方面筹建会所，为吾全体同乡树永久伟大之纪念，一方面仍在谋会务之进行，冀无负同乡属望。兹届会所落成，爰将五年间经过情形，（一）购地建筑会所，（二）会务中重要事项，及以后力求发展之拟议，敬为乡父老兄弟姑姊妹，略陈其梗概。

上海浦东大厦落成典礼

本会发起之初，征求会员，入会者多至一万九千余人，订期开成立会，即虑无地可容，乃假座上海市商会议事厅，当时拥挤之状，谅诸君犹在记忆中。故开会最要议案，第一为自建宽大会所之筹备。常务理事杜月笙先生宣言，必有地三亩左右，至少可容一千人之会场，并以交通便利为的。同人秉此意旨，分投觅地，虽突经“一二八”国难事起，先其所急，分一部分工作于救济善后事宜，然此志亦不容稍懈。东西奔走，洽商察度，或地位宽矣，而限于偏僻；或交通便矣，而嫌其狭隘；或可认为适当矣，而价值太昂，力有未逮。辗转磋议，积时一年，始于二十二年二月十四日订定现会址二亩八分九厘三毫购地合同，分期付价。同月二十三日，第十二次理监事会联合会议组募建会所设计委员会及建筑专门委员会。三月三日，开第一次委员会于华安大厦八楼，并推员拟具图案。四五月间，发布《募金购地建筑会所宣言》，并编定募捐各队。惟图案之设计不厌求详，而募金之收集亦非易事。此间复历一年之久，先后送到图案者，凌云洲、徐镇藩、奚福泉、杨楚翘、赵佩铨五人。建筑专门委员会接阅后，以本会所为观瞻所系，讨论宜详，集思广益，应请专家中有世界眼光者参加指示。由常务理事函聘庄达卿、李锦沛、薛次莘、金丹仪四君为顾问工程师，假上海市地方协会议场陈列各图案，迭次开会审查，共同研究，决定采用留德柏林大学工科博士奚福泉建筑师设计之一份，其余四份并资参考，凌徐杨赵四君均请为顾问工程师。

图案既定，即须建筑，而捐款犹未收齐。二十三年九月五日，宴募捐各队于大西洋菜社，发布《立础续收捐款启》，请仍继续努力。十月六日，举行奠基典礼。十一月六日，与新昇记营造厂主张志良签订承包建筑合同。十二月二十五日，实行开工。至二十四年夏秋间，工已及半，因受市面不景气之影响，捐款未足，以致工程滞延。本年一月，借款成立，乃继前工。今甫完竣，得庆落成，撮其收支概况如下：

(甲) 收入历届特捐及会费(圆)

一、民国二十年八月至二十一年六月止

筹备费、特　捐、会　费　六一八〇三圆

二、二十一年七月至二十二年六月止

特　捐、会　费　一二七八一

三、二十二年七月至二十三年六月止

会　费　一一二九四

四、二十三年七月至二十四年六月止

会　费　一二六八八

五、二十四年七月至二十五年六月止　会　费　七九三五

六、二十二年开始募建筑金至二十五年六月止

建筑特捐 带收会费 } 一七一三六八

七、二十五年七月起落成纪念征募大会至十月十日止

特　捐 会　费 } 二二三六四

以上共计收入国币三十万二百三十二圆。

(附注)另收借款除外。

(乙)支出购地及建筑工程费

一、购地价款	二二八八四〇圆
二、新昇记建筑费	二七八九五〇
三、汉兴行水电工程费	四二四九六
四、四达公司冷气工程费	一三〇〇〇
五、怡和洋行电梯价款	二一九八六
六、建筑师设计制图监工费	一二〇〇〇

以上共计支出国币五十九万七千二百七十二圆。

(附注)应支新屋内布置设备费并历年会务经费及其他事业一切临时费除外。

本会于民国二十一年一月三日开成立大会,及二十二年一月八日、二十三年一月十四日、二十四年二月十七日,第二、三、四届会员大会,皆假上海市商会议事厅开会。而第四届会员大会,黄常务理事任之先生演说,谓今日借市商会开会,为最后一次,希望下次大会在自建之新会所开会,盖欲以促新会所之早观厥成也。本年应开第五届大会,经于一月十六日第四十四次理监事会联合会议决,本届大会展至新会所落成时举行,故此次落成大会实与第五届会员大会合并开会。平时则每月开理监事会一次,有非理监事会所可即时解决者,另组委员会处理之,大都属于因事而设之临时性的,而法律专门委员

会则为同乡人调解纠纷，随时接受办理，系属于常设的。所有本会历年经办一切事务，详见每年出版之年报及其他刊物。今裒辑其事项之较重要者，再为各新会员及赞助本会诸君子告，聊作过去之纪念。

甲、一二八之役救济难民　民国二十一年二月十七日，杜常务理事月笙函瞿会务主任绍伊，以沪变发生后各处难民无家可归，拟在浦东筹设施粥厂数处，以资救济，嘱即召开会议，决定办法。经于同月二十四日，瞿君偕潘志文君就上海市公安局第三区署长张鸣钦之邀，与当地士绅及工界领袖，在该署开会，拟办(一)周浦、杨思设难民收容所，(二)沿浦各段设施粥厂。议决施粥改为发米，另由本会议组委员会，专办施赈及救济事宜。其发米地点与经办人如下表：

区　域	发米处	经办人
周家渡	万源号	陈子馨　周文祥
白莲泾	保卫团	宋子南　贾柏馨
塘　桥	保卫团	王吉甫
老白渡	保卫团	李庆余　吴殿魁
赖义渡	保卫团	张上珍
洋　泾	保卫团	潘作人　陈林生

是役由杜月笙君捐九千六百六十余圆，刘鸿生君捐二千九百十圆，李庆余、贾柏馨二君各捐五百圆，以为之倡。统共集成捐款一万五千五百三十九圆八角六分，悉用之于发米及救济被征夫役家属、抚恤死亡夫役、遣送难民船费等项，详本会另刊之赈米函牍纪要。

乙、劝募东北义勇军及难民捐款　民国二十一年夏秋间，沪变甫定，鉴于战地人民之痛苦，而回顾辽、吉、黑三省，失陷已十阅月，其痛苦尤甚于沪千百倍，乃犹有东北义勇军之不屈不挠、再接再厉，沪上各团体纷纷募款援助，本会亦函劝各机关及地方热心人士凑集捐款，解交代收机关转送，以助铁血健儿，并救济该地难民。自八月十二日至二十二年二十三日[①]止，分批缴送，共

① 原文此处缺月份信息。

计一万七千二百七十八圆九角三分,另刊征信录。

丙、沿海大风潮灾之救济　民国二十二年九月二日晚,飓风暴雨竟夕,川沙、南汇沿海一带受灾甚重。迭据高桥市民、川沙筹赈会及浦东公所等文电报告,并请救济。本会于同月八日特开理监事临时紧急会议,组织川南风潮灾协赈委员会。正在印分救济宣言筹募捐款间,又遭同月十八日全日大风潮,为害尤烈。二十六日,协赈委员会议决扩大组织,定名上海浦东风潮大洊灾救济会,分电国府院部及苏省府厅,请速发棠。十月二日,与崇宝启水灾筹赈会开联席会议,合组为江苏川南崇宝启水灾救济会。是役收到中央赈务委员会、财政部、江苏省赈务会先后拨款,及各慈善机关人士捐助,共三十六万八千五百六十三圆。除急用之卫生费及捐户交来转发之赈品外,其衣米种籽工赈等项分发各县,浦东所得如下:

川　沙	共合银圆	六八一七二.二三圆
南　汇		五九一五六.八七
宝　山		五四一〇六.三五
奉　贤		三〇〇〇.〇〇

(详见另刊之江苏川南崇宝启水灾救济会报告书)

丁、请准减轻人民负担　本会为地方人民集团,如有关于增加人民负担之举,自应代表地方请求政府予以减免。兹录漕盐田亩各案如次:

(一) 请免冬漕加征二圆案　此案自民国十九年起,地方各团体纷请免征。本会于二十一年六月呈奉财政部电复自二十一年起免征,而是年加征如故。又于二十二年一月删电,八月宥电,两次请行政院饬免。同年九月五日,苏省府决议冬漕每石加征之两圆,自二十二年度起即行取消。

(二) 请免盐田征费重丈案　民国二十二年七月,据南川两县下砂场各团公民即本会理事傅佐衡等来函,以盐田经前沙田局清理甫竣,丈明缴费,领取执业凭证田单,墨瀋犹新,相安无异。而县府奉省令饬与漕田一律带征经费,重行清丈,不胜负担,群情骇惶,恳转请免等由。经呈松江运副使饬场查覆证明,转奉财政部盐字第二零八八号指令,应即准其免再征费清丈。而川沙县政府已带征之一年清丈费遂于次年忙银流抵发还。南汇县并未启征。

(三) 请援例减征盐田契税案　民国二十二年十月,南川两县公民代表徐守晴等来函，略以去年漕田契税，省令减半征收，依成例盐田应同一律，经各区长暨行政会议议决由县咨请下砂场转呈，两次均未蒙盐务署照准。现省府又令自十月一日起，再照前例减征，请转呈盐务署准将盐田一体办理等由。当即转准盐务署，于同年十二月十四日批复，业经呈部核准令行在案等语。

戊、为同乡昭雪冤诬　按本会会章第七条"会务"第十项，有扶助善良昭雪冤抑之规定。平时同乡人或被欺侮或受冤抑而来请仲理者，无不立即为之据理力争，除情节较轻，或尚未终结者，积牍甚多，不□外。略举如下：

（一）施大公被诬反动案　民国二十二年一月，松江县亭林镇居民施大公被奉贤县拘获之共匪嫌疑犯范三供词牵涉，省令密饬松江县公安队逮捕解究。本会据其妹施宇雯女士及该地同乡张子奇等先后来函请转省府昭雪，经备函陈明施大公系中国大学法科毕业生，为前陆军军法监陆军部军法司长施端生名尔常之次子，平日守正不阿，易遭物忌，以致被诬，请省府顾主席核明持平办理。于同年三月二日，得覆函已转饬临时军法处依法审慎办理等语，旋即释放。施大公来会道谢。

（二）任妙泉、金雪根被盗诬攀案　民国二十四年三月，上海县塘口镇开设豆腐店之任妙泉被盗匪陶吟祥挟嫌诬供，由上海县政府拘案讯解镇江警备司令部。本会据该镇正副镇长及各商号来函证明任妙泉确系善良商民，即于同月皓电转请连同本案另有被诬之南汇县境中心河镇曾充保卫团团员金雪根一人，一并查案讯明释放，或发回原县交保。旋任妙泉即释回，而金雪根发交上海地方法院。又经本会法律专门委员会委员朱方律师出庭义务辩护，亦判无罪开释。本会题赠朱委员纪念文字，用志谢忱。

此外，并有不仅属于本会范围，而联同潮州、宁波、常州等同乡会交涉，由本会常务理事杜月笙先生办理解决之新桥街惨案。民国二十二年二月二十五日，法租界越捕在新桥街阻止二妇同乘一车，开枪致毙路人刘福高（宁波）、朱固庭（潮州）二名，伤赵长小（常州）、徐林生（川沙）二名。本会得报，即推顾理事文生代表参加全市各团体会议，另组惨案后援会，一面并推瞿理事绍伊前赴广慈医院慰问受伤同乡徐林生。此案有杜常务理事覆后援会函："此次新桥街惨案发生，镛激于义愤，出任交涉，法当局尚知大体，力予惩凶，已将犯事越捕提付法院，依法惩处。除抚恤一节业已解决外，其妇女二人乘车，法当局已加默认，此后不再干涉。至保证一节，法当局对于界内居民感情素洽，约束捕探尤严，万不至再有同样事项发生。鄙意此节当可信赖，无事过求。总之，法当局对我所要求者已一体承认，此案可告一段落”等语，具载各报。徐林生伤愈出院，即由本会派员伴往领取恤款回乡。

己、调节纠纷事项　民国二十四年二月，本会组设法律专门委员会，推请同乡律师二十一人为委员，处理同乡关于法律问题之请求事件。除已往三年不计及本年尚未统计外，自委员会成立至二十四年年终止，计共三十九案。详见二十四年年报刊载之《法律专门委员一览表》及《法律专门委员会研讨各业表》。

庚、资遣同乡回籍　本会历年接受中国救济妇孺总会及租界捕房等机关，送来被拐或迷路之同乡男女，均分别给资，妥为派遣回籍，取具收领人之凭证存查。近以市面不景气失业投浦，经江海关水巡捕房救起送来者，亦已多至十余起。观二十四年报所载《资遣同乡男女一览表》，十个月中，共资遣三十九名，连以前及近今并计八十二名，亦可见一斑矣。

辛、禁毒之宣传与赞助　苏省政府禁烟，限期登记，截至民国二十三年八月底止。本会黄常务理事任之先生先于同月十八日撰成《为政府厉行禁烟敬告吾乡父老兄弟》文一首，由会赶印，专差送请川南奉三县县长，迅转分发城乡各地方，以广宣传。原文载本会二十三年年报“文牍录要”第二十三页。本年九月，南汇张县长崇基查明该县一八两区吸用及注射吗啡毒品者，尚有一万余人，依功令至明年元旦起，如未戒除，拿获概处死刑，不忍坐视，陈明省府破例拨款，设法施戒，以期年内肃清。而经费不敷甚巨，来沪商同本会杜常务理事，具柬邀宴同乡绅商于中央饭店，募集捐款，并由本会分送捐册。江理事倬云主持其事，携款赴南，于同月十八日在大团成立戒毒所，二十八日在泥城成立分所，自行报戒者云集，成绩良好。

壬、教育与卫生事业之协进　本会初旨，以办学校与医院为必要之举。只以草创伊始，先筹会所建筑事宜，而财力未能兼顾，但协助进行，不敢稍有推诿。（一）民国二十四年五月，上海市党部社会局饬办识字学校，本会即认定乙种缴费，呈准由识字教育协进会代办，设在高行北镇培英小学内。（二）为陆行区推行义教，转呈准市政府教育局批复，尽先在该区普设识字学校，多收失学儿童，以资教育。（三）上海市北中学设有纪念一二八国难免费生额十名，本会于二十四年保送同乡学生胡士华、傅元祥二名。本年秋季，又保送蔡金龙一名。（四）根据第三届会员大会议决案，浦东医院归本会主持，由会每年补助经费一千圆。（五）根据第四届会员大会，姚会员惠泉提议特约医院减费或免费诊治贫病同乡案，并经理监事会议决，商得生生医院及浦东医院同意，订定优待规则，刊登浦东两报长期广告，并载二十四年年报。（六）根据第三十七次理监事会议决案，以浦东东昌路及浦东大道行驶公共汽车以来，灰尘飞扬，妨碍公共卫生，分函市公用、卫生两局，举行洒水工作，得覆俟游龙码头自来水公司能出水时，可派洒水车照办。

癸、交通建设事业之陈请　（一）民国二十二年冬，浦东杨家渡轮渡公司为与浦西大码头间浦面被渔轮阻碍，函由本会呈准上海市政府，饬社会局转知渔轮业同业公会督促渔轮，在系带于小浮标时，设法留出适当孔道，以便杨家渡轮渡行驶。（二）二十三年四月，分呈交通部、上海市政府，并函上海电话局，请减轻浦东电话费，并推广营业地界。同年五月，经交通部令准，沿浦东路向东，放宽五百公尺，北由洋泾港放至马家浜，南由白莲泾放至周家渡。所有原作乡线用户该为普通用户，并将范围以外如高桥、杨思桥等处拆装，用户应贴杆线等费，照章减低，以轻负担。（三）根据第三届会员大会议请市当局建筑浦东公共码头一案，经呈由上海市政府批复：(1)洋泾区陆家嘴附近浦东路北口出浦东之处，在道路系统上，原规定有一五零公尺之码头一座，惟关于收让路线及收佣岸线诸问题尚未解决，且目前市库支绌，建筑费用筹措非易，所有该项公用码头之建筑，自应暂从缓议。(2)本市浦东区道路系统图，对于该处出浦道路及渡口，均经规划定妥，明令公布，该会顾虑各点，自属不成问题。(3)关于市轮渡占用公路出浦码头时，另建民众公用码头一座，现在大都如此办理。(4)根据第四届会员大会议决理监事会呈请内政部、省政府整理黄浦江水道案，经分呈中央院部会、省市政府及建设厅，奉行政院、内政部、省政府均批候全国经济委员会核办，而经经委会函覆已令饬扬子江水利委员会核议具复。全文详见二十四年年报所载《文牍录要》三至六页。

其他关于土地、保卫及沿海盐民生计等重要案件之尚在进行中者，不备录。

至此后会务之进展，应回顾本会发起时之宣言所注意之浦东地利人才物产三项近五年来如何状况。第一项关于河流塘堤，不幸适遇二十二年之大风潮灾，破坏殆尽。经本会倡议救济，得川南崇宝启五县水灾会派分之工赈款，而川宝两境各沙洲之圩岸、川南两境各团之海塘均得次第修复。河工则南汇之王公塘港、川上连贯之赵家沟皆较大干河，已先后疏浚。二十三四年间，省令勒限各县征工浚河，其工程成绩不小。然而本会第四届会员大会议请疏浚浦东主要河道一案，于二十四年五月，具呈市政府，除已浚大将浦赵家沟等外，未举办者尚多。第二项关于负地方一切职责之人，后起英才固亦所在多有，而为本会之柱石者，竟弱老成一个，则张公效良是也。一般民众有府厉行社教，前为民众教育馆、农民教育馆，近改中心学校，训练壮丁，各乡镇长保甲长亦先加以训练，民气为之一变，所望持之以恒，益求精进耳。第三项关于农作，虽政府设有主管人员，而指导之功效甚微。农民或失之守旧，或失之盲从，守旧则禾棉种植法不肯改良，盲从则但闻有利可图，不问供求是否相应。近数年间，有人种少数黄蜀葵（造纸原料之一）获利，第二年群起效之，致供过于求，无人顾问。第三年蓖麻子，第四年青豌豆，皆如之。又因种桃利厚，不惜毁其棉田稻地而改植之，卒亦产量过剩，不易推销。此本会对于改进农村，亟待研究者也。渔业虽无改良，现上川铁路已展至竹桥，又将续进南汇大团，则海产可由车运至庆宁寺转赴鱼市场，得一捷径，其他沿海土产亦均便于运输，此为前途大可希望者也。惟目前在不景气笼罩之下，农民生计日艰，作奸犯科，盗贼蠭起，大为隐忧。本会协助地方之职责综在“教、养、卫”三字，所有历届议案，间或有限于财力或人事关系而尚未实行，或既在进行而未得结果者，自应赓续办理。并依时势之需要、各同乡人暨各会员之愿望，今后一切新发展，大家负起责任，尽其力量为之。除理监事会及办事职员外，拟分别组设委员会，延请各专家参加指示，共同计划，以广效能。

1. 教育协进委员会
2. 农村改进委员会
3. 国术研究委员会
4. 风俗改良委员会
5. 法律专门委员会

6. 业余俱乐委员会

以上各项，除法专委会早经成立外，余为悬拟其目，聊举其例，仍俟提交会议，公决定之，惟大家努力。

按：录自《浦东同乡会会所落成纪念特刊》（浦东同乡会编辑并发行于1936年11月）。在该刊中，该文未署名，但在《我生七十年的自白》“五十八岁”条，有述及此文：“十一月二十一日，浦东同乡会举行新会所落成典礼，我撰落成纪念辞，其大要为自创立至斯五年间经过情形，及以后力求发展之拟议，长五千余言，载入落成纪念特刊中。”

川沙光复前后

（中华人民共和国成立后[①]）

一九〇九年（清宣统元年），江苏谘议局选举完成，川沙当选为议员者，只黄炎培一人。是年秋，开始筹备地方自治，先设筹备自治公所，黄为所长，我为副所长，每月集全邑士绅开会一次，凡属自治章程范围内的事项，议决后请地方官厅丞公布实行，同时赶办城乡议会选举。一年间，城乡各自治公所全部成立，进而为高一级之厅议事会（当时川沙在行政编制上为厅，不是县）、参事会之选举，亦继续告成，自治工作川沙竟为苏省各地之先鞭。

是时川沙同知成安，系满足镶白旗人，对议事会所报各案虽不得不照发文告，而平时不免悻悻然露于词色。衙署中人役则以新政革除旧习，失其生财之道，无不痛恨在心，察知成安对自治亦极不满，乃煽惑乡民，进行破坏，发生反对自治风潮。

一九一一年三月一日（农历辛亥二月初一日）在反对自治风潮中，被拆被焚之房屋计有自治公所三处、公私学校十二处、自治职员家宅二十九处。事后，苏抚程德全派顾问杨廷栋来川调查，并檄松江知府戚扬查办，结果同知成安撤任，并罚银二千元，补助被毁学校经费，其闹事各犯分别治罪。后又派道员夏敬观来川，宣布结案办法，巡视被害各处所，慰抚殃及各士绅，并召集所选出之厅议事会议员，开成立会议，互选参事员，勖勉备至。散会后，夏启程回省，我等送其出门时，适来上海报纸，知武昌已起义成功，组成军政府，推黎元洪为都督矣。

武昌起义之前，旅居上海的赵凤昌、沈恩孚、雷奋、史良材、龚子英、贾季英等，纷纷筹商革命进行事宜，并在时报馆楼上结社曰“息楼”，每晚叙谈，江苏教育总会（省教育会的前身）亦为互通消息之机关。黄炎培家在南市，晚间

---

① 原文署“张志鹤遗著”，未说明写作时间。据《我生七十年后自白续编》，张志鹤于1953年7月应聘为上海市文史研究馆馆员，该文当写成于此后。

便于参加息楼叙谈，我任教浦东中学，住在学校，只能每日下午渡浦，至教育总会听取消息。在攻制造局之前一日，我路过沪军营，见清兵戒备，大有剑拔弩张之势。另一方面，南市商团已准备充分，李钟珏以制造局提调身份参加实际工作，在南市总工程局总董兼职及商团附其卵翼之下，与同盟会陈其美等早有联系。十一月四日（农历九月十四日）攻破制造局，实以商团为主力。

十一月五日，苏抚程德全易帜，宣告独立，川沙民众欢呼响应。我和黄炎培虑及春间自治风潮之后，难免有莠民乘机扰乱。四日，上海军政府开放制造局库储枪械，闻有不少川沙莠民潜往冒领。又闻四日夜半，有李某等向长裕煤炭号购煤开小轮船，将赴川沙、南汇一带树旗邀功。五日清晨，黄炎培走谒陈其美，说明川沙已响应革命，不必派员前往，反扰秩序，请速阻止李某等到川。同时我向沪军都督府请发告示，因军事旁午，办公人手不敷，由我代拟文稿，俟与李钟珏到信成银行楼上同进午餐时，将稿件请其阅定。是时李已任沪军都督府民政总长，允即带回发缮盖印后交我带至川沙备用。示文严重，有"莠民扰乱，格杀勿论"等语。我和黄炎培并联名具牍，请发新枪四十支，以资防卫。六日，我又商由上海警务长穆湘瑶，借拨武装警察二十人，雇定船只，请黄济北带领入川，我则从陆路乘小车赶回川城。途径张江栅镇，在茶馆小憩，闻有许多小车及人群向南往川沙、南汇而去，我即取捷径，赶往川沙。

入城到至元堂（自治公所办公处），商会等机关团体人员齐来问讯，城守千总张复庵亦来献殷勤，愿听指挥效力。我问明尚未有外地人来川，即报告在沪接洽情形，他们立即召集商团，由张千总领导，分在城门驻守。时厅署办公人役早已星散，同知刘嘉琦，四川人，莅任未久，懦弱无能，惊惶不知所措。我偕绅士数人入署，刘讷讷几不能出一语，我告以不必害怕，一切都准备好，并借到武装警察二十名，即晚可到（川沙警察原共八名，此时只剩五名），请其改用川沙民政长名义出示安民。刘说，署中只剩他一对老夫妇，无人办公。我即嘱其将印信交出，携回至元堂，漏夜属稿。原有书办人员纷来效劳赶缮，暂借旧印，文曰"松江府川沙抚民同知总理海塘兼管水利之关防"，但削去右边满文。七日黎明，派人分往四乡集镇张贴川沙民政长及沪军都督府各项告示，四乡一律树白旗，全境安然无事，和平光复。而刘嘉琦惶惶不安于位，我告以静候上峰指示，毋多顾虑。盖川沙与邻邑不同，并无仇视旧官致有种种难堪之举动，亦无自相纷扰。

时苏垣已成立江苏都督府，前在息楼人士多数为苏督程德全所罗致，或为司长，或为秘书，或为科长，黄炎培亦其中之一。于是黄请改川沙厅为县，由程督委任久在川沙作幕的方鸿铠为川沙县民政长。委令由江苏民政司长兼上海民政总长李钟珏转发，李并刊发木质印信，文曰"川沙县民政长印"，随文派人送至川沙。方就任后，公送刘嘉琦离川。刘说明两袖清风，别无长物，老夫妇今后生活困难，方即赠程仪四十元，雇舟拖挂在小火轮上赴沪，由自沪借来的武装警察整队护送登舟。自此以后，川沙另是一番新气象。

旧城守千总张复庵，松江人，久任川沙，如同土著，此次易帜，颇为出力，但其原职位已落空。经我商请李钟珏予以奖勉，酌给奖金，并请新任方民政长安插在警察所中为一警官，即后来新官制中所称警佐。

方鸿铠，吴县人，敦品如其姓，久在川沙专办田赋事宜，为历任来官所信任倚重。其人勤慎从公，严守关防，从不与署外人接触，而于署中一切情弊洞悉无遗，全署在公人役莫不尊敬方师爷而无异词。迨其接篆后，革除积弊，众无怨言。其时尚未设审检机构，方兼理司法。旧例，每案差传当事人，必先供应一顿酒饭和鸦片烟，并付差费若干银元，未及到案，已耗穷人半年粮。方熟悉此情，各按路程远近，在传票上批明只准给饭食钱几百文，差役不敢多取一文，当事人随传随到，随到随审，随审随结，群情感激，称颂不止。方性拘谨，惮于酬应，不喜奉迎，在任两年半，从未到省见过上司。其于公事，有须与省署各司处联系必要者，因我在省署民政司（后改为内务司）任职，就近代为洽办，从无失误。

一九一三年秋，韩国钧继任江苏民政长，旋改称巡按使。韩老于官场，察知川沙政绩虽佳，但县知事（此时县民政长已改称县知事，俗称县长）久不请谒，至一九一四年春，乃委其故人之子李彦铭瓜代。方鸿铠离任之日，地方人士热情欢送，颇极一时之盛。继任知事系世袭老官僚出身，此时省县两级长官气味相投，川沙局面不久便又回复到辛亥以前旧观，良堪浩叹。

按：录自上海文史馆、上海市人民政府参事室文史资料工作委员会编《史料选编》1981 年第 2 辑"辛亥革命七十周年纪念专辑"。

往来信函

穆藕初来信

（民国二十五年〈1936 年〉五月十八日）

伯初先生大鉴：

顷与子馨弟谈及水利厅队内再添聘副队长一人、队员若干人，子馨弟并自愿退居副参谋一职。兹另钞名单一纸附上，即希台洽办理为荷。此数君者均为丙子同庚会会友，每月相叙，弟知之甚深，当能收指臂之助也。专此。即颂

大安

弟穆湘玥谨启

中华民国廿五年五月十八日

按：录自柴志光、谢泽为编著《浦东名人书简百通》（上海远东出版社 2011 年 1 月第 1 版）。该书载信件原稿，谓该信并非穆藕初亲笔，而由文书代笔，盖有“藕初”朱文印一枚。

谢秉衡来信

（1933－1936年间①）

伯初先生大鉴：

接展手翰，命将敝业征求队员名单奉赵，兹将队员中若沈生大之有病者删去，并加添数位，敬希察阅。近来敝厂外埠工程较多，南北奔波，萍踪莫定，故队长一席乞为另行物色，俾免陨越。肃复。敬颂

筹祺

弟谢秉衡谨启

六月十九

按：录自柴志光、谢泽为编著《浦东名人书简百通》（上海远东出版社2011年1月第1版）。该书载信件原稿影印件。

① 信中未署明年份。该信所述为浦东同乡会组织募捐队，向社会各界筹集资金建造浦东同乡会会所事。据《浦东同乡会会所落成纪念词》，浦东同乡会最早于1933年四五月间发布《募金购地建筑会所宣言》，并编定募捐各队。到1935年夏秋间，捐款未足，以致工程滞延，1936年借款成功后才又继续施工。该信当写于此间。

张上珍来信

（1933－1936年间[①]）

伯初先生大鉴：

接诵大函，敬悉壹是。关于敝队征募捐款事，自应赓续进行。唯弟捐助及经募之款前后共已缴呈若干，已难记忆，拟请贵会查对底册录账示覆，俾知不足之数，续为征募。至于职员名单，容俟推定以后再行送上。耑此奉覆。顺颂

台安

弟张制上珍谨启

六月二日

按：录自柴志光、谢泽为编著《浦东名人书简百通》（上海远东出版社2011年1月第1版）。该书载信件原稿影印件。

① 信中未署明年份。该信所述为浦东同乡会募集资金建造会所事，据《浦东同乡会会所落成纪念词》，浦东同乡会先后于1933年和1934年两次发动募捐，但到1935年夏秋间捐款未足，以致工程滞延，1936年借款成功后才又继续施工。该信当写于此间，具体年份仍待进一步发现线索。

江倬云来信

（二十世纪三四十年代[①]）

伯初先生大鉴：

久未聆教，时切思系。月初，小女于归，蒙赐厚仪，拜领，谢谢。兹启者，王君桂生曩本由弟介绍入会服务，近因身弱善病，拟暂请钱君锦芳代理，俾资静养，俟稍健全即当复职。用代恳请荷希赐准，不胜幸盼。专此。即请

日安

弟江倬云顿首

三月十七日

按：录自信件原稿，柴志光、谢泽为编著《浦东名人书简百通》（上海远东出版社 2011 年 1 月第 1 版）有录，并载信件原稿影印件。

---

① 原信未署具体年份，据信件所述，该信大致写于浦东同乡会成立后的上世纪三四十年代。

致县长王亚武函

（民国三十五年〈1946 年〉四月二十七日）

亚武县长阁下：

前日在沪叙首，弟以近来心绪恶劣，神经失常，声明不克畅谈，特致歉意，荷蒙鉴原。

比闻横、两沙有淆乱产权之举，若再苟安缄默，殊恐贻误滋多。弟在卅五六年以前，亦犹现时代少壮诸君不明沙田真相者也。宣统初元，忝任劝学所总董兼视学，以为横沙坐落本境，原属学产，即应改充川沙教育基金，牍请苏省大吏被驳，谓南菁专有产权。又请向南菁承垦余滩，认缴板租而转佃于农民，以取其余润作坏流之小助，聊止渴于望梅，亦未邀准。旋有邑人潘姓等备价向苏藩司报买尚未出水之金带沙（实即今高墩沙之前身）一案，弟等依据江苏谘议局议决案，请领为自治及教育公产，一时鹬蚌适遇渔夫。苏提学使申明横沙附近各沙均在奏案五万亩未足额范围之内，移请藩司注销，将缴价发还，并饬厅颁行禁令。弟等一片热忱悉成幻梦，而被发还缴价之潘某等丛怨于弟等，以致闹得满城风雨（见《川沙县志·卷廿三》第廿九、卅两页）。

迨辛亥鼎革，弟入苏都督幕府，接收已撤之提学司全部文卷，乃得详知南菁管有横沙产权之始末。民元改组南菁为全省公立学校，弟被推为校董之一，掌理川沙校产，又悉横沙征租情形。查横沙始发见于咸丰年间，曾由江督李宗羲批准永远作为公产（见《川沙厅志·卷四》第三十五页），嗣于光绪八年大丈案内，郁、姚等姓缴价银一万二千一百七十七两零，佃领滩额四万五十余亩，旋姚、费两姓将其全额之半捐入南菁书院王学院，并偿还郁姓之半数价银六千八百八十两零，全沙尽归书院。又续涨新滩九千四百余亩，由南菁补缴价银一千八百八十两零，共得泥滩四万九千四百五十五亩有奇。光绪十四年，苏抚崧奏咨定案，启征芦课。而其成田，有南菁自费围圩者为自管田，另有人纳费承围者为围户田，转租于佃农，故有业户、围户、佃户之分，及永租

（俗称老租）、板租、现租（亦称预租）之别（租案详见《川沙县志·卷八》第六十三、四两页）。南菁每年所收租款实得无多，前有该校某校长谓校产五万亩，租款仅得此数，可大加整顿，我将请一营兵去押收，当答以君尚未明内容，如果明白内容，应知虽有十营兵亦无用也。至其接涨之沙，先有小横沙，早已并入老横沙内，而后起之高墩沙，民国四年江苏沙田总局收上海爱国女校之缴价，原案指领吴淞口内依周唐滩地，因被浚浦局驳拒，乃移罩于川境高墩沙。当时可与抗争者惟有南菁，所管横沙未足额，包括附近各沙之成案。而弟为南菁校董，实主持之，以为先由南菁请准川沙，可分领其一部分充学产。争持积牍不止盈寸，历时至四五年，最后经南通张季直先生出而调解，邀沙田总局长刘焕、分局长秦家骥暨弟与黄君任之及江阴王君希玉同时赴通，会集于濠汤小筑，磋议两日之久，始订定由南菁、爱国两校与川沙、江阴、南通三县之教育团体共九个单位分领高墩沙全部支配亩额，各自缴价。而川沙限于财力，认报四千亩滩额，犹苦费无所出，弟乃以劝学所长名义向旅沪同乡募借，每股三百元，共得二十五股，集成七千五百元，仍不敷用，又招附股观澜小学三千元、莲溪小学与至元堂各一千元、市区公所四百元，共计得一万二千九百元，而缴付滩价连丈照费共一万二千八百七十三元，系照部定价格，并无丝毫小费，所有办案川资费用均由私人凑垫，并不取偿。至于募借之七千五百元，分期五年，酌提公款清还。而与各附股产权者，为永久妥慎起见，协议订立合同（详见《川沙县志·卷九》第五十五至五十九页）。一面为报领九团体永杜纷争，征得张南通同意，召集会议，组织教育公团，签订共同经营契约六条（详见《川沙县志·卷二十三》第三十及第三十一页），署名签约各代表，南菁校王希玉、爱国校蒋韶九、川沙劝学所黄任之、南通劝学所于敬之、南通师范张啬庵、南通女师范张孝若、通海商校张退庵、江阴辅延校郭粹修、江阴劝学所章幼琴。此项契约，除各团体分执外，录报省公署，并函教育厅、沙田总分局、川沙县署一体备案，时在民国九年九月。

自是厥后，经各代表议决，派员前赴该沙管理，先将每年所收芦草变价积数充筑圩工费及补缴成田价并续报新滩缴价之款。盖第一次报领总滩额三万一千五百四十三亩一分二厘五毫，第二次续报总滩额一万一千七百二十五亩二分一厘一毫，合共四万三千二百六十八亩三分三厘六毫也。历年收支暨成田分派节经印有报告册，并附图表，已共印十七册之多，现正编印第十八册三十三年度收支报告。每次编印均先经代表会议审核通过，而印成后交各个产权团体存执备查。川沙前教育局并不例外，按报告册中支出项下，补助该沙地方公益各款名目颇多，亦与年俱进，而以教育费为最。例如三十二年度共支给八万六千五百余元，教育费占六万一千四百余元；三十三年度共支给七十五万四千余元，教育费占三十九万七千余元。三十四年由陈起英等要求随租带收教育费，每亩黄豆四斤，征起者随即收去，未征起者先借黄豆数十担。最近有一校长王玉如来沪购办教育用品，借支法币三十一万元，存有公函及收据为证。且该沙各小学校基地皆由公团捐拨，建筑费亦多拨助，似对于当地教育不可谓不兼顾矣。而收入只有田租，每年租额比其他任何业户为低，邻近私人产业三十四年份每亩收黄豆、苞米一百五十斤，最少亦百斤，公团定额每亩至多收黄豆七十五斤，少只四十斤耳，彼此相较，其差额为十之与五。故公团除去仓房管理经费及修理圩岸、水洞、种青等项重要开支暨上开补助地方各费，在管有产权之各团体，所得纯益几何？抗战数年间形势尤复特殊，每有入不敷出之慨，此公产与私产不同之情形也。

凡经营沙田，大多数为谋私人利益，往往以此起家，其资格较深者每被称为沙棍。若弟于横、高两沙预问卅余年，本身迄无尺地寸土之关系，庸耳俗目滋以为疑，实则可查可访。弟一心为谋川沙教育公益基金，仅以一万二千八百七十二元之成本，初得滩地四千亩，续得二千亩，连种青筑圩一切费用均在其内，并未增费分文，又为教育局收买爱国校附股曹翔记滩地八百亩，共川沙部分，现已有田滩六千八百亩。内如附股至元堂与莲溪校各以一千元之成本所得田滩，除提十分之二归入县教育基金外，实尚各有三百七十二亩八分四厘（参阅《川沙县志 · 卷九》第五十八页），试问其近年收益如何，并对于经手人曾否需要一丝一毫之酬报？陆君容庵为莲溪校主人之一，当可探询其主管家长也。弟以地方人为地方公益事业、教育事业略尽棉力，似亦可对地方矣。

抑更有声明者，川沙所有六千八百亩产权，对于高墩沙总额四万三千二百余亩中，已占百分之十五点七，在共同经营之九个团体中实居第三位，不可谓非大业主。所执新旧两案田滩部照，向由县教育款产保管委员会妥存银行保管箱，现有省令登记沙田之举，尽可一并取出验明登记，自较其他业户为便。惟闻第五区长通告该沙佃农以完租清票申请登记后，便可迳自完赋，取得产权。又有顾云龙等未报知公团，竟亦私自围筑，呈请贵府三七分田，如果确有其事，不胜骇讶。各佃农登记侵夺产权与顾云龙等分田之所得即皆公团之所失，公团所失若干，川沙亦依比例，百亩中失其十五亩七分，川沙人关心本县学产者谅均难以承认，岂止弟一人哉。

至历届公团分派结存租款时，川沙向由县教育局代表领取，三十三—四两年分得租款，沈代表敬之以其职务停顿，而各学校在伪政权管辖之中，不即领去。今春各校开学已在胜利复员之后，需款正殷，当将所存应领之款，连同至元堂与莲溪校两附股分领之收据十纸，悉交沈君之手。旋据沈君告知，已转送贵府，列入统收统支范围。而造谣者扬言张某有三百余万元行贿左右，殆将以市虎杯蛇之谬说求逞，其含沙射影之奸谋，弟惟付之一笑，诬蔑个人诚不足惜，而亵渎官府尊严，其可恕乎！孔子云“如得其情，则哀矜而弗喜”，是所望于贤有司耳，蚩蚩者氓滔滔皆是。弟今老矣，雅不欲与任何人争一日之短长，落伍多年，羞为冯妇，乡人好恶论定非遥。第思继起青年实为国家之元气，地方利赖瞻望正长，其阅历未深者恐难免盲人瞎马，贤父母官指导督正之，视如子弟，使其趋向不越乎南针，他日有成，地方之福，而公之功不在禹下矣。临颖神驰，不自觉其言之覼缕，诸惟鉴照，顺颂

勋祺

张志鹤启

卅五年四月廿七日

按：录自《张伯初致川沙王县长函》平装本。

致沈敬之信

（1950 年 8 月 4 日）

敬之吾兄大鉴：

倜凡交阅大示敬悉。弟自有薄田二十四亩有奇，上年夏征照原粮册造串，最为正确，弟于完纳后，取得县印收据七纸，丝毫无误，此外皆非吾所有者。至白涂部分，原由南汇县隐滨经办，粮册户名多至近百户，其某记、某记、某记户名多系孙君开列。当时管粮册之金品芳原为孙君旧同事，故甚接洽。八一三后，孙金两人均去世，而地已坍入海中。田等佃户有不缴或缴不足之公粮，并已由业主赔补，是可不负担而亦尽负担之义务，自不能再向业主要钱也，此事若一段落。同月十八日，接到黄任之先生自京寄回苏南管主任之指示，该白涂免征其公粮，如已征收，亦全部退还等语，甚为感。弟本拟回川专谒，只以衰老极怕暑热，屡欲行而未果为歉。兹附呈表一份，其第一表出租田十户，第三表活典田二户。上年秋征登记时，乡办事处未准分开登记，以归户并册名义并入弟一人名下。现为实事求是，以免本年秋征麻烦起见，可否请求即将第一、第三两表十二个户名先行分开登记？各该户在龚路区黎明乡，同在一个乡，且多同在一个村中，该管乡村长皆所熟识者也。如蒙准赐转知办理，并予示复，尤深企祷。此致

敬礼

张伯初敬启

一九五〇年八月四日

按：录自柴志光、谢泽为编著《浦东名人书简百通》（上海远东出版社 2011 年 1 月第 1 版），该书载信件手稿影印件。

致李德全信

（1950 年 11 月 14 日）

德全县长勋鉴：

本人为拥护土改，愿自献地为倡，任凭分配。经于上月（十月）十三日备文向贵府声明，内称，阶段成份，本人系职员阶级，而在乡有小土地出租者，又为烈士家属之一员，子女自由职业及工人阶级，合于土地改革法第二章第五条之规定，均不得以地主论。其每人平均土地数量不超过当地每人平均土地数百分之二百者，均保留不动。但本人是拥护土地政策者，声明自愿放弃，即将全部出租土地前已申报在案之总数二十二亩二分八厘六毫一并献给本县土地改革委员会，任凭分给无地、少地之农民发展生产。该项土地已详细开列申报清单中，并分别载明各佃户姓名，请赐转知所属顾家路区黎明乡查照办理，并即榜示周知，以资提倡等语。现在本乡似未知有此项声明，据问，仍评本人为地主，因此怀疑前项文件是否达到钧览而允予以转知有案，或为邮局失误。兹特恳乞查明见示，至深公感。顺致敬礼

张伯初谨启

一九五〇年十一月十四日

按：录自柴志光、谢泽为编著《浦东名人书简百通》（上海远东出版社 2011 年 1 月第 1 版），该书载信件原稿影印件。

黄炎培来信

（1952年9月29日）

伯兄！毛主席大大关念一般耆老，最近扩大文史研究馆，各省各大市都设置，六十岁以上有些名望（实际上以老、贫、文三者备具为及格）者皆罗致，月敬大约三五十万元，不须到馆，还照顾医药，说明白些，是一种嘉惠高年的厚意。兄当然“义不容辞”的了（先向兄说明，待从容进行）。兄以为还有哪些人合格而需要的——唐荪老、蒋竹老此间都在考虑中，特奉闻。

炎培再慰

一九五二.九.廿九

按：录自私人收藏之信件原稿。

黄炎培来信

（1954 年 5 月 8 日）

伯老！六日手书接悉。家兄在我离沪前一天走访时已患小病，后来知病加甚，立即函催嫂由其女从长春送回沪。家兄入医院后，医生诊为：有“癌”症嫌疑，遂施手术，其后诊为非是，转无望为有望，但不肯服牛乳，只有输血，得先后报告如是。我远离沪，一切无能为力，仅从物质上稍尽绵薄耳。来信说医生示意回家休养，此点我尚未前闻。

我近来忙于宪草工作，长日开会已逾一月，尚需两月之久，才可告一段落，1954 年光阴将大半耗于此举。当然，此是值得努力的。

手复

致敬！

黄炎培

一九五四.五.八

按：录自私人收藏之信件原稿。

黄炎培来信

（1954年7月26日）

伯老：

十六日手书收读了。弟来青岛休假，满拟一月，不意京中专人来促归，此时已行色匆匆了。

岳诗墨迹送省保存，大赞成。过去曾想及此事，正欲作函问敬之此物下落，今在尊处，如此处理，好极了。办了后，请敬之兄复我们一下。

香草遗稿分存最好，沪方如存合众，似甚相宜，可请思期兄先洽。

悼家兄文读过了，有些事实弟已记不清，赖此尚能正确知悉，兄脑海中如有存货，不妨用笔记体裁随笔信写。关于辛亥事，宜先著笔，尤为值得。手信致敬！

黄炎培

一九五四.七.二十六

按：录自私人收藏之信件原稿。

黄炎培来信

（1954年8月5日）

伯老！去青岛休假期仅及半，中枢召归。在青曾复你一函，顷得卅日手书，知前函未达，可能为“洪（洪水）乔（桥梁）”所误，前函大意：

武穆墨迹由县府备文送省馆保存，我非常赞同。正想函问敬之此物下落。

香草遗著分存省市较好，同意请思期兄向市府洽及。

忽想及秋阳似乎在青岛，惜没有觅访一谈。

家兄悼词读过，保存。几十年梦境，无此文我已不能记忆了。家兄一生是清白的、谨饬的，把现时的尺量起来，似太保守些，太妥洽些。我工作将开始新的紧张，在年内大概没有闲日子过了。手
敬！

炎培

一九五四.八.五

按：录自私人收藏之信件原稿。

黄炎培来信

（1954年10月6日）

伯老！得三日手书，承贺，贺得中肯。老友倒底是老友，一大叠函电，尊函应是冠军。

尊恙，我活了七十多年，——至少比你多一年，从未听到。皮肤既有专科，应有方法治疗，希望此函到时，好了。虽苦，我想不会致命。

我从三月廿三开始宪草工作，到今一贯地紧张，此刻——就在两小时前，已将轻工业部职务圆满地交卸，从此轻松愉快。

因长期紧张，突然放下，等于弓久张而忽弛，颇感疲困，遵医嘱明日起郊外休养，恕不多谈。

红桑一本另寄。手

敬！

黄炎培

一九五四.十.六夜

按：录自私人收藏之信件原稿。

黄炎培来信

（1955 年 1 月 28 日）

伯老！十二日信早收到。手稿如此结束，很好。颂露事已自函陈毅市长，我们常见面的，函稿抄附。有一要点：必须请主素告他家属，市府可能要来调查（也许不来）。三年前曾介绍一友同样情事，调查员问其家每天买菜钱多少，一女儿要面子，答两万元，市府办公厅写复信给我，说你所介绍的叶先生不穷困，每天菜钱就是两万元。

草复。致

敬！

黄炎培

一九五五．一．廿八

附抄稿

按：录自私人收藏之信件原稿。

黄炎培来信

（1956年3月24日）

伯老：

三月十五日来信同大作《入泮六十周年书感》收到。

我因心脏跳动不规律，进医院治疗一月，昨日才出院。病属初期，但须较长时间的休养。在此休养期中，阅读也停止，大作暂时存下，容后欣赏。复致敬意！

黄炎培

一九五六.三.廿四

按：录自私人收藏之信件原稿。

黄炎培来信

（1958 年 2 月 19 日）

伯初兄!

好久不通讯了。想身体好,家庭都好。

伯老！我两人相互地说来,更老的朋友似乎没有了。你想!

我九个月来,一贯地紧张于整风反右工作中,到现在远没有告一段落。为了过春节,停顿了几天,抽空写此讯。希望兄告我近况,家乡近况,朋友辈近况。

几个老友忽然几年是同一时间去世了。蒋竹庄(85)、汤肃如(83),特别是竹老养生有道,有些人正想封他做地行仙,料不到仙游了。

附近作诗,为的是你我共同的 55 年前一桩公案。

黄炎培

1958.2.19

按:录自私人收藏之信件原稿。

黄炎培来信

（1958年3月17日）

伯老！二月廿三日手书早收到了。写得详明，可喜！而且都是好消息。

我也给你一个好消息，我们两人不出一星期，可能又要握手了。且勿急急，我到了，会通知你。

可能锦江要添一个茶客。

手

敬！

黄炎培

1958年3月17日

按：录自私人收藏之信件原稿。

黄炎培来信

（1958 年 12 月 13 日）

伯老：

顷得读自寿两诗，惜迟了几年。这几年来不作这一类诗了。两诗工稳，足见精力远是饱满。

同时得苏州农民王贵福（是去年视察所结识的农村朋友）函告农业各样都丰收，水稻高产是每亩 1200 斤，一般 1000 斤，比去年加两成。和我乡相类，这竟成一般景象。

有一来信署名周坚，号砺深，别号绿烟，附所作词两本，确能入宋词之门，但不能出。他是周椿颐之孙、笠云之子，现住上海蓬莱路 135 号，你老知有此人否？

杂复手

敬！

黄炎培

1958.12.13

按：录自私人收藏之信件原稿。

黄炎培来信

（1959年3月8日）

伯老！

复信附诗都读过了。

这诗是你老处女作的解放体诗，我大为欣赏，我不想归还你了。你的记忆力比我强的多。这些资料，我的脑海里早不存在了。为了这点，我不想归还你。

说到目力，我何尝不是这样！你我两对眼睛，为了我俩，服务了八十年，也应该允许它们休息休息了。我俩只有予以原谅，节约使用。

手

敬！

黄炎培

1959.3.8

按：录自私人收藏之信件原稿。

黄炎培来信

（1959 年 11 月 4 日）

伯兄：

正欲作书，兄书适至，怡稼事，即覆一笺，乞转致秋阳，意在服务生产机关，嘱其写示经历，容为留意。弟之近况，恰如观澜如辛亥，六七十同事，恍一学校此局如一白纸，一点一滴均须自出心裁。此间一般作风和气、热情、厚道，办事紧张、迅速、踏实，吾人理想不过如此。弟卅五年不为官，老乃为之，良非始料所及（待退想，落落到远不如上海中学教员，此点亦酷似辛亥一般人准备吃苦）。孟起确是一人才，不知能离开上海否？同乡会中尚有一后起之秀，吾人必须另眼相看，金学诚君是也。三十年来牺牲不少不少青年，但亦养成不少不少青年。弟尚获与此等新青年为友，自惭亦自幸。复颂　公私安善

弟炎培启

一九五九．十一．四

附致奚君笺

按：录自私人收藏之信件原稿。

致姜文熙信

（1960年3月13日）

体老伟鉴：

华翰飞来，不胜雀跃。藉谂玉体平安，听讲社会主义教育津津有味，尤为可喜。去冬以来，久不把晤，时萦梦寐。每见陈少云，间接探知近况。晨初言腊底前必来沪一次，旋见告因岁暮舟车人挤，怕受劳顿，改春节过初五可来，后又据说须过元宵方能来沪，瞬已过元宵匝月，杳无消息。正拟修函问候起居，手懒迟迟不动笔。今接手书，能不兴奋。我不回川又两年矣。每想到乡间走走看看，但一下火车，觅不到代步小车，则寸步难行。我在上海只能走水门汀平路，而不能走石片路，至乡下路高低不平，如上刀山，实在吃不消也，要回乡只能到城中。他人来川，因粮票问题，每有吃饭难之感，我则并无关系，既不要上饭店，又不要扰朋友，随带白脱面包，便是充分粮食。但是否要来，尚未计算，如来则不速之老乡，无须预约也。此颂健康并致敬意！

张志鹤

1960.3.13

按：录自柴志光、谢泽为编著《浦东名人书简百通》（上海远东出版社2011年1月第1版）。该书载信件原稿影印件。

體老佛鉴：

華翰飛来，不勝雀躍。藉諗玉体平安，吟詠社会主義教育津津有味，尤為可喜。吾公以来，久不抱恙，時常夢寐。每見陈步云、閆梅梓知近况，另知吾腊底曾必来沪一次，旋見告因故暮拜草人摘，怕受劳頓，改在春节过初五可来，後又据說候过元宵，方能来沪。瞬已过元宵匝月，杳无消息。正相候[illegible]起，病手懶進之不動笔。今接手書，[illegible]。我不回川又两年矣。每想到鄉間走走看看，但一下火車，買不到代步小車，寸步难行。我在上海，乒乓球走水门汀平路，而不能走石片路，西鄉下路高低不平，若上刀山，实在吃不消也。要回鄉只能到城中。他人来川因粮票問題，每有吃饭难之感。我則並無關係，[illegible]白脫麵包，便是充份粮食，但是否要来滬来[illegible]算，将来則不遠之老鄉尤須預約也。此次

健康，並頌

敬意！

張志鶴

1960.3.13

张志鹤致姜文熙信

黄炎培来信

（1960 年 8 月 18 日）

伯老！七日手复收到。琐事两则奉烦，得到正确的答复，多谢！

我因心脏病住北京医院 112 天，疗养是有效的，基本上已恢复正常了，还进一步求巩固。

朱伯裳，想你和我是同样老友，一定记得起的，近来和我通信，我想介绍给你们参加公园茗谈会。叶汉老一定是熟识的。张叔老怕需要你们介绍一下。老年“忙”不宜，“闲”亦实在难遇。大家应有同情。

春雨、秋阳青壮年，想皆无恙。

手。颂

健康

（诸老友传观，同样颂大家健康）

黄炎培

1960.8.18

按：录自私人收藏之信件原稿。

晚嘤草诗选①

① 《晚嘤草》系张志鹤60岁后所作诗稿合集，共三册，自署“铁沙寒叟手录”，未标示手录时间。柴志光主编《浦东古旧书经眼录》（上海远东出版社2009年版）收录此集并有详述。

赠同庚姚伯麟君六十初度(注1)

岁星忽已五周天(注2),不纪新年纪旧年(注3)。
梁国喜添壶进酒,桐城学富笔如椽。
似公晚景真堪乐,愧我同庚剧可怜(注4)。
更羡房中觞政曲,掀髯一笑自调弦(注5)。

注1:姚君,陕西人。
注2:沈信卿先生赠我六十诗句。
注3:君诞辰已在新历二月五日,而旧历在戊寅十二月。
注4:同是六十岁,君已优游林下,而我犹奔走衣食。
注5:尊阃工平剧,君每自操弦索以和之。

赠同庚陶桂松君[注1]

岁星忽已五周天[注2]，不纪新年纪旧年[注3]。
靖节高风人仰望，朱公富术世称贤。
羡君佳况辉金穴，愧我同庚困砚田。
此日介眉桃李盛，请分余粒客三千[注4]。

注1：陶君，川沙人，业建筑，有盛名。
注2：注见前。
注3：君诞辰已届新历一月，而旧历在戊寅十一月。
注4：桃李称觞，请以筵资助振，为公广种福田。

答同庚金侠闻君步原韵[注1]

与我同庚凡几辈，并肩称庆孰如君[注2]。
参加盛会酣游兴，辛苦归途阻敌军[注3]。
吴下阿蒙沾化雨[注4]，目中余子尽浮云[注5]。
瑶章循诵百回后，冯妇下车例外闻[注6]。

注1：金君，太仓人。
注2：金、潘二君招宴，席上，君与余同是六十岁，被推为寿翁，并肩上坐。
注3：君之游记云然。
注4：君在苏掌教十六年，造就多士。
注5：君原唱末二句意。
注6：余向不作诗，近虽偶一为之，又已有不再作诗之表示矣。今承觃而不得不为冯妇却是例外。

同乡陆云卿君为其子承源娶媳顾氏邀余证婚并索诗为贺

葭灰既动阳生候，大地春回紫气来。
笠泽丛书堪永宝，露香名绣出新裁。
预占多子歌绵瓞，迨吉佳人赋摽梅。
凤集华堂看起舞，大家笑贺合欢杯。

挽张艺新老友

百忍宗风同一本，当然序齿长为兄[注1]。

每倾肺腑称知己，莫重皮毛视后生[注2]。

共话床联忘达旦[注3]，薄醺车晕骇归程[注4]。

那知别后终千古，题像空余老友名[注5]。

注1：君年长余一岁。

注2：君接待青年，必察其真性情，不作皮相观。

注3：余到川城宿至元堂，君必伴谈不倦。

注4：上年君来访余，午餐小饮，握别登车，中途发旧疾，幸车夫警敏，电召其子妇奔视扶归，然亦险矣。后未见。

注5：次公子来请题遗像，为之泫然。

挽海门施雨亭君[注1]

识君记已廿余年，白下相逢共粲然。
早有文章惊海澨，更将福德种心田。
狮山狼阜流光大，玉树兰阶继起贤。
一切了之修净业，今成正果往生天。

注1：私谥恭惠先生。

和松江张访溪君原韵

古茸灵秀几回头，三泖风光万顷秋。
桃李门墙宏造就，梓桑杖履尽优游。
豪情北海金樽满，浪迹东瀛客刺投。
花甲成双京兆笔，画眉岂是为人谋。

惯吟风月广无边，怡养天真耳顺年。
早有文章储腹笥，更将福德种心田。
同宗序齿一龄长(注1)，贤仲交情十载前(注2)。
赡族于今存古道，义庄管领亩盈千。

注1：君长余一岁。
注2：君弟桓如，同出席于旧松属慈善董事会。

题南汇奚铁堂君孤岛忆梅图

衣带江流欲渡难，故家乔木已多残。
莫云和靖庐堪结，为怕安仁泪忍弹。
孟氏骑驴行不得，庄生化蝶梦才阑。
花魂倘亦归来未，且慰诗人尽达观。

题嘉兴孙筹成君与其夫人
吴松如女士银婚纪念册

廿五年来贤伉俪，笑援欧俗庆银婚。
鸳鸯湖上鸳鸯老，老兴浓于旧梦温。

旧侣新妆入礼堂，掀髯自笑亦新郎。
两行儿女为傧相，却认新娘即老娘。

集团佳偶多年少，领袖惟公五十余。
前度天台今又到，轻车熟道胜当初。

再廿五年如此日，金婚盛举更魂销。
芝兰玉树盈前列，回想来由茁爱苗。

题孙筹成君从戎卅周纪念册

君家兵法久相传，为继宗风已卅年。

与子同仇存几辈(注1)，斯人不出复谁贤(注2)。

请缨早有云霄志，伏枥忍看烽火天。

纪念从戎成雅集，救时犹竞著鞭先。

注1：君旧同志。千五百人中，参加纪念会者仅三十人。因思吾邑川沙当时欢送应征之壮士十人，今存者两三人均不得志，为之喟然。

注2：君如果不退伍，至今必已为名将。

和周浦姚养怡君三十述怀原韵

最是男儿得意秋，一帆风顺大江流。
而今破浪方伊始，伫见英雄壮志酬。

夙承母教孟三迁，修业成名鼎盛年。
况有家藏遗稿富，丛刊永宝出新编。

市隐营生敢惮劳，忍闻驵侩损民膏。
铮铮本是儒而贾，世浊吾清气亦豪。

澧溪故里恶氛惊，挈眷来居不夜城。
镇静还能耽翰墨，姬传学派笔花生。

纪梦忆亡弟志虎

尔生后我两周躔，尔死于今十四年。
死后十年来入梦，梦中情景记宛然。
当时似在秋凉夜，尔着殓衣翔空驾。
诸侄盈庭举手招，檐前见尔翩然下。
一瞬幻为常时服，革履西装旧面目。
尔言服务某厂中，月薪四百无余蓄。
我犹劝尔节开支，共话家常未尽词。
当以尔妻在南屋，尔去相见不稍迟。
刹那尔欲往他方，全家送别到钦塘。
此塘何亦成铁道，尔对火车生恐惶。
谓是中有鬼精灵，尔忽僵成死后形。
我乃惊醒原一梦，不计何祥但涕零。
诘朝拟作长篇咏，因事中辍诗未竟。
而今又隔四五年，我飘白发悲明镜。
差慰森儿为尔嗣，童年已抱青云志。
倘云有志事竟成，表尔泷阡或可致。

武进金针医士杨廷芳君在沪悬壶征诗为题一绝

病到膏肓上下寻，喜占勿药有神针。
指南妙诀公诸世，十万株多望杏林。

题焦梦周君僧装行乐图(注1)

此生应是谪仙身,到老能知世外因。
一领袈裟来学佛,每忘人我乐天真。

惟佛真诠救苦难,儒家后乐而先忧。
军前救护参僧队,乐在其中胜苦修。

注1:焦君黄岩人,名文基。

无锡廉建中君索题其夫人毓惠明女士所绘双栖图即步原韵

多情如比翼，相处不容分。
暂息双双影，待征万里云。

早绾同心结，有何去住分。
鸳鸯诚自乐，不管甚风云。

题廉建中君学士装小影

翩翩学士妙年华，腹有经纶不自夸。
瞻视既尊人望俨，堂前万柳识君家。

同乡王渭泉君以其元配张夫人不肯避难来沪病殁于家索题遗像

相夫四十五春秋，模范家庭孰与俦。
不为故乡风鹤避，今将何以慰庄周。

金巨山君六十寿[注1]

六十年华三月新，序逢初夏属良辰[注2]。
覆巢忍见余鸠鹄[注3]，广厦宏开仰凤麟。
计我早生百五日，祝君大寿八千春。
齐眉举案且含笑，长此童颜不老人。

注1：金君，宝山人，名其源。
注2：旧历三月十七日，立夏节。
注3：君办太、嘉、宝难民救济事宜。

贾季英君六十寿[注1]

崧生岳降属良辰，后我呱呱计一春。
六十年华堪纪念，杖乡也算老成人。

黉案同登忆少年，君家昆季喜珠联。
龙门一跃尊山斗，况复周游遍大千。

乐育英才天下师，春风化雨及时施。
竭来林荫相知久，未丧斯文孰侮之。

何必向平愿早完，任凭自立慰亲欢。
两家儿女原同学[注2]，最羡蜚声是木兰。

矍铄精神鬓未斑，壮心不已念时艰。
文章派衍长沙策，狂狷可裁且抗颜。

寿人寿世寿中华，决胜有期敢共夸。
为举一觞余味隽，黄龙痛饮绽心花。

注1：贾君，上海人，名丰臻。
注2：女公子观菁与小儿在青系同济医大同班毕业。

和黄冷叟避难述怀原韵(注1)

巍然鲁殿乡邦瑞，曾博褒扬纪大年(注2)。
分付儿孙天下事，汝曹起舞我安眠。

兵器不祥陆海空，痛遭国难已重重。
即今否极终来泰，打破氛围鼓几通。

几经岸谷谷为陵，老眼无花望气腾。
算到升平歌舞日，从公作颂或能胜。

是翁矍铄地行仙，有子归来剧爱怜(注3)。
孤屿生涯同一喟，且教对坐共谈禅。

注1：黄君，上海人，名宗坚，字冰如，时年八十六矣。
注2：见民国《上海县志·名位门》。
注3：哲嗣润书先生上年自驻日商务参赞署假回。

挽王孟苏君(注1)

如此牺牲可奈何，国殇犹未执干戈。
川秦道上曾鸣凤，欧亚机中似扑蛾。
何处招魂归北寺，阿翁挥泪痛西河。
待看青史光千古，此日争传薤露歌。

注1：王君，吴县人，为余老友仲甫之子，名凤璋，任职中国银行，奉命飞川秦各省公干，因欧亚交通一号机坠落殒命。

天台张兼庵老先生喜得曾孙征诗报以二绝句

耆年硕德集三多，燕翼诒谋大雅歌。
堪羡合家欢四代，筵开汤饼恰春和。

同居九世忆宗风，佳话应传又属公。
后起孙枝添几辈，环看颔首笑融融。

贺徐天麟君新屋落成

沪江城北久知名，侠义豪情剑气横。
赢得菟裘终老计，快闻轮奂美哉声。

题黄云僧君避难纪念册(注1)

劫余着意在春耕，十县同人议未行。
从此座谈成例会，浦东大厦集群英(注2)。

茹经饱学讲坛尊，业受新知又故温。
自笑后来参末座，与君可算老同门(注3)。

共仰尼山万世师，并肩同拜降神时。
升堂亲见鸾飞墨，大篆为文训示诗(注4)。

顾家宅畔有公园，爱趁晨光避俗喧。
游罢欲归君始到，相逢何必话寒暄(注5)。

注1：黄君，上海人，名蕴深，原名宗麟。

注2：戊寅四月，松、太两属同人拟组春耕救济会，集议于浦东大厦，无从进行而止。自是每星期三下午例会必到，君为上海代表之一。

注3：唐茹经先生文治讲学，君早往听，余于第二期在震旦大学半途参加也。

注4：四月朔日，孔圣降神于守素坛，君与余同为陪祭员，适位列并肩。

注5：余每晨五时后至法国公园，七时即欲归，而君则于是时始到，偶或相逢。

贺瞿绍伊君被狙医愈并祝五秩晋九生辰

范范乱世露欃枪，未烬城门池奈殃。
毕竟吉人天相也，却教避重就轻伤。

英雄髀肉复生时，伏枥难忘千里驰。
为借今朝眉寿介，祝君努力尽长期。

和瞿绍伊君伤愈述怀原韵

知君立品尹公端，松柏丰姿耐岁寒。
宝剑应惭输秉笔，金刚不坏赚飞丸。
笑他魑魅千般拙，到老胸襟万斛宽。
此后余年都是福，还将报国仗心丹。

题同乡曹翼甫君遗墨山水画册

昔年兴学谈新政，同志如公已古人。
文献足征遗墨在，清门犹可忆将军。

题凌思飞君山水长卷[注1]

胸罗邱壑笔生花，手泽流传足自夸。

展卷恍游名胜地，知君眼界满中华。

注1：凌君，浦东高桥人。

挽方仰儒君[注1]

君子之交如水淡，生平知己使君贤。
三年遗爱甘棠下，七宝皈依菩萨前。
托迹武陵修正果，信心觉社出尘缘。
姑苏麋鹿休相问，海上何堪馆舍捐。

注 1：方君，吴县人，川沙第一任县长，名鸿铠，政声卓著。

祝吕丁太夫人九十寿(注1)

母仪共仰老神仙，淑德由来引大年。
九十韶光怀设帨，三千桃熟报开筵。
莱衣舞彩孙曾绕，彤管增辉福寿全。
瞬届期颐筹满屋，萱堂人瑞颂声传。

注1：吕岳泉先生之母。

挽秉彝宗兄(注1)

世谱堪稽行序雁(注2),达尊齿德莫如君。
一乡柱石凭瞻仰(注3),历劫沧桑厌睹闻(注4)。
赢得口碑称佛号(注5),原来心地利人群。
何期鲁殿而今圮,可祭千秋社有枌。

国难声中乡讯恶,故家乔木慨凋零。
善人陶赵成仙侣(注6),名士机云失典型(注7)。
孝直空怀如菊淡(注8),武陵谁复似兰馨(注9)。
吾宗百忍惟公健,奈又惊传陨大星。

注1:小湾支,年八十三。
注2:与余同为居隐公以下第十六世。
注3:公为地方董事数十年。
注4:公生于洪杨以前,终于今国难中。
注5:乡人每称公为老菩萨。
注6:陶让卿、赵增涛二君。
注7:陆蘅汀、逸如二先生。
注8:包菊泉先生。
注9:顾兰洲先生。

和倪祝华君五四述怀原韵[注1]

萍踪聚散亦前缘，乱后相逢记旧年。
七日为期同志集，万方多难此身全。
儒冠未减当初样，傲骨肯教俗累牵。
知命宁知秦汉辩，莫如常作醉中仙。

鲁泮龙门少壮游，此情此景似云悠。
流光六九如驹隙，阅世万千幻蜃楼。
蜡屐频年曾汗漫，霞杯无日不消愁。
而今又复添诗兴，赏菊还将待九秋。

注1：倪君，青浦人，名光耀。

题戴禹修君避难纪念册[注1]

序齿相同己卯年，惟君先着祖生鞭。
东原硕学宗风绍，贶我诗篇笔似椽[注2]。

教育萌牙忆胜朝，忝颜劝学亦同僚[注3]。
洎今三十余年后，喜听琴音桐尾焦[注4]。

两属同人念故乡，春耕无补救青黄[注5]。
惠来已是初秋日[注6]，计到而今秋又凉。

德圣二公聚一堂[注7]，只谈风月作平章。
今朝有酒今朝醉，莫管他家瓦上霜[注8]。

注 1：戴君，青浦人。名克宽。
注 2：去冬，余周甲纪念，承君见七律一章。
注 3：清季，君任江苏省视学，余任川沙劝学所总董。
注 4：君避难来沪，以余暇担任教课。
注 5：上年四月，松、太十县旅沪士绅筹设故乡春耕救济会，屡议未成事实，改为每星期三座谈会。
注 6：君于七月二十日始参加座谈会，迄今亦已十四个月。
注 7：嘉定戴伯寅与君同到座谈时，每戏呼大小戴。
注 8：末二句用成语。

和同乡陆云荪先生八十述怀原韵

东海太公隐钓年，几经世变惯烽烟。
安基剩有新黉舍，恶岁从无到砚田。
二后机云原一本，四君麟凤又齐贤。
双稀桥畔碑皆口，开百家声且世传。

祝蔡沛苍君五十寿(注1)

知非知命圣贤心，益壮精神继自今。
旧日京华声籍籍，乡音无改是三林。

不忘母难纪生辰，似舜当年孺慕身。
应博萱堂含笑语，有儿已届服官春。

注1：蔡君，上海人，名霖。

题黄芳墅君孤岛吟(注1)

频年同客浦江滨，国难重重困此身。
孤岛不孤纷倡和，吟坛泰斗仰斯人。

等身著作压强台，梨枣流传已几回。
大局变迁重寄慨，微言隽语制新裁。

忧国灵均作楚辞，哀时杜老媲风诗。
云间又有新诗史(注2)，君与延陵鼎峙之(注3)。

惯听乡音两大楼(注4)，多文孰与使君侔(注5)。
新编争睹先为快，纸贵洛阳善价求。

注1：黄君，金山人，名端履。
注2：陆规亮君于七七启衅后，按每日报载即事赋诗，成古近体数百首，旋又以诗料填词。
注3：宝山吴士翘君，以八一三后所作诗文定名《孤岛集》，得君与规亮，可称鼎足而三矣。
注4：年余以来，每月江浙同乡叙于青年会九楼，松太同乡叙于浦东大厦六楼。
注5：青年会聚餐，每期油印同人近作，君作较多。

贺青浦项君萼先生重游泮水(注1)

夫子门墙数仞高，当初展谒着青袍。
回头六十年前事，扶杖优游又一遭。

天将木铎广斯文，黉舍欢颜课士殷。
待问圜桥观听者，几人重撷鲁侯芹。

采芹录校已重刊(注2)，辛巳科名注意看。
别有抡才新纪念，粉牌提覆是开端。

公昔鸾旂集泮辰，不才堕落到红尘。
敢期步武同今日，假我韶华十五春。

注1：名锺英。
注2：最近重印《松属采芹录》，余忝任校勘。

挽同乡包显廷君

早年从我游三月，卓荦英才刮目看。
决胜金融操左券，胡天不吊愁遗难。

和秦砚畦先生入学六十年志慨原韵[注1]

尘教常亲愿未违，每闻高论入几微。
三千门下春风座，六十年前鲁泮旂。
家学鸿文成巨箸[注2]，乡闱雁序庆齐飞[注3]。
计经换却青袍后，赢得纶音见赐绯。

襕衫夫壻洞房情[注4]，白首齐眉蔗味生。
回忆宫墙赡美富，最关桑梓立功名。
议坛一谔惊千诺，横舍三林广百楹[注5]。
吴越一家尊齿德，九楼高座集群英[注6]。

注1：先生上海人，名锡田。
注2：公与先德温毅先生，父子合作《晋书补注》。
注3：公与介弟介侯先生名锡圭，乡试同榜。
注4：公于春入学，冬结婚。
注5：公筹建三林新校舍及图书馆。
注6：江浙同乡聚餐于青年会九楼，年在七十以上者推列上座，公每居伯仲之间。

和秦砚畦先生结婚六十年志感原韵

老年伉俪两无违，福寿双修世已微。
自是金刚应纪石[注1]，还欣玉树再观旂[注2]。
兰阶竞见连枝秀，花烛重谐比翼飞。
籍甚文章惊海内，满门桃李满林绯。

夙传梁孟最多情，勤俭持家诏后生。
偕老已添新甲子，封侯不羡旧科名。
静观棋局驹过隙，爱听琴音鹤舞楹。
百二年华春在抱，绵延世泽定蜚英。

注1：欧俗称金刚石婚。
注2：公子之望，亦弱冠入庠。

挽金嫂任夫人[注1]

母周望族企贤良，况复刑于德化长。

能奉高堂传壸范，久闻举案等鸿光。

教成儿辈皆麟凤，厌看世间尽虎狼。

四十三年夫婿老，谅应鼓缶学蒙庄。

注 1：太仓金侠闻君元配。

挽同乡孙琢章君逝世十周纪念

人杰地灵孙小桥，奇才初自屈渔樵。
龙门一跃增声价，衣被东南德孔昭。

故家乔木怅凋零，十载于今念典型。
赢得根深新叶茂，且看后起一山青。

贤郎好义却承先，广厦宏开斥五千。
共仰室名留纪念，又瞻遗像画堂前(注1)。

注1：浦东同乡会有琢章室并悬遗像。

代潘志文君祝其友人秦颂尧君六十寿

不为良相隐良医，天爵修成只自知。
漫说杖乡行乐事，还将孺慕北堂慈(注1)。

恶岁从无到砚田，老当益壮地行仙。
沧桑几度今休问，仁术最宜引大年。

注1：秦君上有八十三岁太夫人。

和秦颂尧君六十述怀原韵

后我呱呱半载余，羡君美玉韫藏诸。
娱亲惯舞莱衣彩，有子早能读父书。

定是先鞭着祖生，文章彪炳早知名。
良医功又同良相，小隐且无与世争。

雅人雅事置琴棋，乐在其中尽得之。
六十韶光驹过隙，长生有乐自心知。

心气和平品节详，春风为送一园香。
还添逸兴消长昼，笔可生花兰蕙芳。

挽邱养吾君[1]

大好男儿志不凡，藐看市井杂春衫。
毅然投笔从戎去，那料捐躯万丈岩。

十年努力学方成，远大可期宝剑横。
闻召不须车驾俟，此行为国作干城。

不惜牺牲在战场，裹尸马革固无妨。
未偿素愿身先死，差拟汪踦祝国殇。

林麓设阶不可攀，英灵能否到乡关。
阿兄深抱鸰原痛，更念遗雏远未还。

---

① 原文引题：崇明邱养吾，炮兵上校，毕业陆军大学，廿八年四月三日奉召赴渝，道出桐梓县北高山，车覆坠崖殒命。其兄镜吾在沪广征诗文志悼，挽以七绝四章。编者据此拟题。

赠上海瞿绍伊君钺七绝六章[①]

迟我呱呱五百天，而今恰届杖乡年。
风流未减当初样，绿鬓朱颜一地仙。

新闻秉笔等春秋，注意邦交肯茹柔。
变幻风云今未已，好从舆论挽狂流。

木铎声传民智开，梓乡奔走百千回。
频登绛帐知三乐，赢得及门天下才。

宦海生涯强仕中，白山黑水印留鸿。
见闻九九书珍袖，价重鸡林梨枣空。

读律精详事理明，人权保障倚干城。
廉泉一勺谁能及，道德无惭惬众评。

枌榆事业共仔肩，忝不如公鞭着先。
为趁弧辰来介寿，一觞一咏醉芳筵。

① 原文引题：上海瞿绍伊君钺，见示六十自述文，其大纲一曰新闻事业，二曰教育事业，三曰政治生活，四曰执行律务，赠以七绝六章。编者据此拟题。

祝许麒笙君六十寿[①]

岁星计已五周天，从此杖乡引大年。
绿鬓朱颜谁似得，只应唤作地行仙。

调和鼎鼐一时贤，尤羡祖鞭能着先。
鸿雁来宾称盛事，运筹决胜酒楼前。

有子克家大业成，莱衣舞彩笑盈盈。
翻新花样公输巧，不让离娄独自明。

清和天气集嘉宾，我亦叨陪末座人。
同晋一觞相庆祝，恰逢周甲揽揆辰。

---

① 原文引题：鸿运酒楼经理许麒笙君六十生辰，其子创办公明电泡厂甚发达，厂中同仁为之介寿，余赋七绝四章，书于箑赠之。编者据此拟题。

祝同乡张文彬君七十双寿(注1)

由来百忍溯同宗，桑梓关怀歇浦东。
长我十龄尊杖国，多君依旧笑春风。

乘槎海外昔观光，全豹窥来素愿偿。
晋用楚材深倚畀，幕参重译好平章。

父书能读有儿贤，麟凤同时绕膝前。
术可回天工缩地，还看舞彩序班联。

木公金母庆齐眉，鸿案双擎白玉卮。
互祝年年弧帨日，同心结绾到期颐。

注1：君以天主教徒长于法文，任沪法总领署秘书。子二，长登仁业医，次登义习汽车工程，均留学生。

南汇卫逮西君索题卅年旧梦图

乍知四十九年非，魂梦依然兴欲飞。
儿女情长抛不得，宵深太息守空帷。

知命而今且乐天，风流况未减当年。
重温旧梦寻常事，待续鸾胶月再圆。

黄任老来函索诗寄以一律

四十年来声气同，烽烟忽地各西东。
惊心蜀道晨风鴥，刺目淞滨夕照虹。
万里请缨怜少子，四郊多垒瘁从公。
好音慰我三秋感，每在兴观群怨中。

和姚伯麟君壁轸会即事原韵

胡麻饭熟多诙谑(注1)，爱洗禄儿体态强(注2)。
东道主人尊白叟(注3)，西厢记上有红娘。
开樽劝酒同谋醉，满座看花且竞芳(注4)。
一笑(注5)倾城谁气短，千金待漏倍情长。
中郎妙笔眉添黛(注6)，义子顽嬉发已苍(注7)。
唱到后庭江远隔，原来此地是商场。

注1：会中刘少溥君，年已七十六，仍以声色自娱。
注2：瞿绍衡君戏呼刘眷之伎为干娘。
注3：值会主人姚君已须发全白。
注4：同席征歌者凡五人。
注5：伎名。
注6：蔡沛苍君与刘老同眷一笑，每征召，由蔡书笺。
注7：自称干儿之瞿君，两鬓已斑矣。

步原韵答袁琴孙君寿母诗[①]

健儿高唱满江红，贤母闻声喜气融。
花好月圆人寿永[注1]，重开甲子乐无穷。

注1：袁君擅丹青，为母寿作花好月圆人寿图，征题。

---

① 原文引题：袁琴孙君为其母六十寿有诗一章，传观于江浙同乡聚餐会索和，即步原韵答之。编者据此拟题。

奉贤王孟培先生渭入学六十周纪念征诗赠以四绝句

斯文未丧在河汾，六十年前撷鲁芹。
搏浪沙中锥脱颖[注1]，老来犹自扫千军。

里仁早择近宫墙[注2]，太息灰飞劫后场[注3]。
莫道重游归未得，三游届日好称觞[注4]。

最珍賸稿百余篇[注5]，孤岛行吟又一编[注6]。
贶我长歌廿四韵[注7]，寿人寿世笔如椽。

从头说到一衿青，我堕红尘恰两龄。
再假韶光春十四，敢因前度认棂星。

注1：公因中副车，原唱慨言之。

注2：公故居近文庙。

注3：奉邑文庙毁于敌炮。

注4：上海姚子梁、川沙陆蘅汀两先生均有三游泮水之举，以计闰提前举行为重游，实足六十年为三游也。

注5：公辑有《劫余賸稿》一册。

注6：公近三年所作另录为《旅沪吟》。

注7：贱辰周甲，蒙赠五古一章。

周浦姚养怡君为其母六十寿征诗酌采其原启字句成四绝句答之

萱堂今乐昔忧人，苦节中年失大椿。
甲子重新眉介寿，芝兰玉树满阶春。

模范家庭孝与慈，篝灯伴织记当时。
恩勤育子承先业，贤母一身兼父师。

养志怡亲舞老莱，有儿常博笑颜开。
三雄蓬勃昂然立(注1)，更喜孙枝尽美材。

斥奢崇俭古人风，蒿目时艰感慨中。
但愿婺星光普照，寿人寿世乐融融。

注1：三孙名逢蓬、勃勃、昂昂，曾以三雄图征题。

喜为徐氏外孙命名(注1)

世界风云俶扰中，诞生东海小豪雄。

会看旋转乾坤也，名曰定寰字大同。

注1：三女建新于卅年四月二十三日即旧历三月廿七日产一男。

和松江陆规亮君即事代简原韵

消愁何必计晨昏，但愿常开北海樽。
一醉能忘烦恼事，醒来定已转乾坤。

拙侪尽自藏其拙，管甚奇闻怪事来。
廉耻任当无识解，非非是是不须猜。

敌离无计避黄巢，虽有板舆奈路遥。
还是花园坊里住，待传消息战鸣条。

返老还童新甲子，十龄以外又青年。
问君犹有童心未，和合图看不老仙。

青浦夏体仁君本立见示六十述怀二律依其原韵衍为四绝句即赠

同游雪海几春秋(注1),抚慰四民无告愁(注2)。
一自风云多变幻,杖乡犹复各优游(注3)。

掌上明珠善相攸,画眉京兆笔端收(注4)。
慰情早了向平愿,垂老光阴汔小休。

峰泖之间理钓丝,炎凉世态不须知。
家传秘笈门通德,曾着襕衫忆旧时。

会计当而款不糜,功成养正卓然师。
惟仁者寿无疆祝,曼倩蟠桃岂足奇。

注1:识君始于旧松属慈善董事会雪海堂议席。
注2:董事会辖育婴、全节、普济三善堂。
注3:“八一三”后,松、太同人每星期三叙谈于浦东大厦,君与余与焉。
注4:君之长女公子适张。

题顾冰一师归田图

夫子何为者，出关三十年。
口诛兼笔伐[注1]，坤转亦乾旋[注2]。
北海樽常满[注3]，东山屐自便[注4]。
春风还似昔，问字趁归田[注5]。

注1：历主远东、吉、长等日报笔政。
注2：久参省幕，对日俄交涉力争主权，事后绝不谈东事。
注3：公余每与同人觞咏联欢。
注4："九一八"后即假归不复出。
注5：师在沪自置住宅，与余寓衡宇相望。

黄岩赵母焦太夫人百又一龄征诗

上寿却成无量寿，百龄逾纪更延龄。
蟠桃一熟三千岁，王母开筵耀婺星。

最堪纪念悦初悬，欧亚邻交始是年[注1]。
胜国五朝天宝远，新邦岁又第三躔。

有儿货殖擅长才，母教当年着意培。
环绕孙曾烦辨认，捧觞争博笑颜开。

彩灯令节老莱嬉，人寿月圆正此时。
百岁坊成先一载，早膺荣典褒扬词。

注1：是年始议五口通商。

崇明沈汝梅君占先六十寿

杖乡年纪老师儒，攸往咸宜德不孤。
泮水曾游诗颂□，沧浪可濯迹留吴。
讲坛乐得英才育，议席代为民众呼。
回首古瀛诸旧业，壮心未已念前驱。

父书能读有儿贤，迎养遥经万里天。
偶客香江光眼界，频年歇浦广心田。
南洋席暖资模范(注1)，北海樽开敞绮筵。
寿世寿人无量寿，朱颜绿鬓地行仙。

注1：君任南洋模范中学教职。

嘉定夏琅云君七十寿并金婚

稀矜犹有少年心，伉俪情深忍不禁[注1]。
看到承欢莱舞彩，高堂奏起凤凰琴。

龙门一跃座春风，况复风来借自东[注2]。
桃李向荣千百辈，再三传遍树人功。

曾为百里小诸侯，试割鸡兮视解刀。
博得河阳花作县，青天重复见严州。

金婚韵事效西邦，偕老百年岁月双。
同晋一觥眉介寿，地灵人杰望娄江。

注 1：原唱偕老图有“似胶还似漆”句。
注 2：曾任龙门师范监督，先自东游考察归来。

青浦陈企周君七十双寿次原韵

所欲从心无复伤，坐看世事尽空忙。
似今杖国多荆棘，且向家园索酒尝。

努力功名肯意跎，曾经拔萃出儒科。
一生事业关文献，赢得门墙桃李多。

恰逢灯节喜新年，人寿圆同月皎然。
况值金婚三载后，齐眉互祝敞开筵。

并奏埙篪堂上春，更番舞綵倍娱亲。
木公金母含杯笑，觉到修成福寿人。

贺戴翰云君生子[注1]

果然老凤弄新雏，恰好春光印证符。

五九郎名应记取，生稊敢复笑杨枯。

注1：戴君于辛巳仲春续胶，时年五十八矣。余为证婚，祝以枯杨生稊书联，有“明春老凤弄新雏”句，并谓秋冬间生子可命名五八郎，若至来春则名五九郎。今于壬午正月生男，恰符联语，为诗贺之。

挽沈亮钦君[注1]

本无人寿俟河清，况复烽烟遍地惊。
多少亡于非命者，哀声寄作不平鸣。

似君文学早蜚声，乐育英才了一生。
自有遗编存手泽，付儿何必满金籯。

十株花萼独居先，两折连枝年复年。
情笃友于悲益病，何期相见到黄泉。

高堂白发老身安，忍泪西河且达观。
环顾诸雏知守礼，承先继志有何难。

注 1:上海沈步瀛之长子。

口占一绝

自忖行年六十四，饱看世事等浮云。
人生百岁称长寿，我已三分得二分。

壬午中秋日千龄会(注1)

月圆花好正中秋，二老东西两半球。

年月相同崧岳峙，明年同出佐兴周。

注1：会首沈信卿先生与美教士步惠廉先生皆七十九岁，同庚且同月生，全体会员三十人合摄一影并各为诗文，以祝二老先生寿。

黄抱一君续娶[注1]

千古珍闻信不虚，故人万里再投书。

多君益壮夸年富，杨又生稊卜得无。

注1：黄君于五月间来诗否认此事，有“千古珍闻笑子虚”句，今已于八月十六日与姚女士维钧在渝结婚矣，依其原韵寄一绝调之。

自题百三十龄齐眉图[注1]

相看白发各星星，恰到双成百卅龄。

家国艰难儿辈事，老人宜醉不宜醒。

注1：余年六十四，老妻六十六，合成一百三十岁，请太仓余觐光君绘齐眉图，先自题一绝，并征求诸友好题咏。

贺瞿绍伊君嗣子祖德结婚[注1]

更新织女与牵牛，天上人间俪影侔。
红叶题诗怀旧句，青梅竹马溯从头。
自今鸾凤双飞乐，叶吉熊罴一梦求。
应博而翁开笑口，弄孙奚待再经秋。

注1：新七夕之前二日。

戏贺青浦倪祝华君续娶[注1]

老夫欢爱女妻初，博议东莱好著书[注2]。

笑我宗风真善颂，生稊例验测非虚[注3]。

注1：倪年五十七。

注2：相传吕东莱先生于续娶新婚宴尔之际，著成《左氏博议》一书。

注3：例验者，辛巳仲春，老友戴翰云君续娶，时年五十八，新娘年二十三，余以枯杨生稊为祝并赠联，有"明春老凤弄新雏"句，果于壬午新春获一雄，前言尽验。今移赠倪君夫妇，惟应改明春为明秋云尔。

黄云僧君七十述怀五章依韵和答

世无人我尽堪怜，君早书成般鉴篇。
杖国未忘天宝事，前尘回首廿余年。

坛坫当年鲁仲连，操觚借助力回天。
那知几度沧桑劫，爝火犹余未熄烟。

河阳花发满园春，如是果由如是因。
双塔久成鸿雪印，好官争认过来人。

日涉顾园南北门，华洋警士迭为阍。
多君在座尤成趣，满口诙谐宜子孙。

往哲相如司马蔺，古今等量亦齐观(注1)。
若教异姓称兄弟，四海还当一例看。

注1：读君生传，令先德与先严同讳。

宜兴任亮虞君卓悼亡详叙其配储宜人事迹征文答以二绝句

天生慧质出名门，自幼传称女状元。
五十七年贤伉俪，达观应鼓添园盆。

孝妇先曾为孝女，良妻贤母更兼全。
表扬待看辉彤史，应博题名第一编。

太仓胡粹士君以其子敬侃为国捐躯撰《哭儿记》征文唁以一律

男子生而弧矢悬，前途万里欲争先。
重洋怀宝初归櫂，绝塞需材正着鞭。
蝶化返魂终是梦，羊亡歧路奈何天。
遗雏步武堪绳祖，惟惜空闺镜未圆。

甬人丁健行君五十述怀征和即步原韵

唱筹何必是量沙，海屋添来岁计赊。
应博声名垂宇宙，且看功业振邦家。
揆初五秩思皇览，备具三多记祝华。
寿世寿人还自寿，述怀佳句笔生花。

惟有典型属老成，不随世态变人情。
赏心翰墨齐双管，悦目图书拥百城。
举案鸿光偕白首，养生服饵有黄精。

更欣继起皆麟凤，奚啻一飞又一鸣。
燕居常自若申申，涉世何妨有屈伸。
前事不忘资后事，周因犹复视殷因。
十年容易花开甲，一醉欢呼岳降辰。
天下滔滔谁得是，知非伯玉指其津。

敢望门墙岂及肩，锄经最好治心田。
平生忠厚留余地，大道行藏莫问天。
已庆舍饴谋燕翼，早营广厦卜莺迁。
竞传题咏为眉介，愧我俚言不值钱。

祝沈信卿先生八十寿

杖朝年纪地行仙，阅尽沧桑过眼前。
强饭为佳头未白，可曾钓渭欲忘筌。

自识荆州四十年，敢称私淑仰高贤。
新邦肇造初闻政，两载相从忝备员。

声价龙门十倍高，春风化雨广薰陶。
淞滨黉舍资经始[注1]，大庇欢颜萃俊髦。

甲子人文赓续成，发扬光大有鸿英。
牙签万轴勤蒐辑，二十年来拥百城。

五教融和进大同，天人共契易为功。
传经一贯弘吾道，天下为公自在中。

韵事还堪傲乐天，中西二老庆齐年[注2]。
千龄胜会中秋月，惟愿年年月更圆。

注 1：同济迁校建筑，先生擘画为多。
注 2：先生与步惠廉教士同庚，上年中秋举行千龄会。

代潘志文君祝沈田莘君六十暨其如夫人金女四合庆百寿

儒雅风流伴玉人，绛云楼上最相亲。
百龄合庆成佳婚，喜溢堂前万象春。

倦宦而今汔小休，五湖可泛尽优游。
陶朱成就非常业，犹视浮云过眼秋。

同舟共济亦前缘，香岛归来记昔年。
似入蜃楼观海市，茫茫一片白云烟。

称觞奚必沸笙歌，翰墨堪珍酬唱多。
自是寿人还寿世，同看不老旧山河。

偶成自慰一首

开门七件不关心，有子堪为反哺禽。

余愿向平犹未了(注1)，待看花放自成林(注2)。

注1：皜、森两儿远游在外未婚。

注2：只可听其自由求偶。

广东普宁县方公溥君为其祖母杨太夫人百岁仙庆征诗

事死如生亦纪年，岁星又已两周天[注1]。
百龄仙寿今堪庆，应献蟠桃王母筵。

万方互市岁初周[注2]，设悦良辰九月秋。
胜国五朝天宝远[注3]，新邦洪宪一浮沤[注4]。

岐黄世业积阴功，为勖儿孙绍祖风。
亲制药茶称万应，且将缩食济贫穷。

母仪足式福盈门，环绕曾玄孙有孙。
纪念一觞齐下拜，慈光如在典型存。

注1：七十六至百岁恰为岁星两周。
注2：太夫人生于五口通商之明年。
注3：道、咸、同、光、宣五朝。
注4：太夫人仙化于洪宪之后。

和宝山王咏仁君七秩述怀原韵

海滨同胞故乡思[注1],怕见年来戎马驰。
长我五龄称益友,多君七秩作经师。
楚材在晋争相用,萧政贻曹有所随。
眼底沧桑堪阅尽,几曾欢喜几曾悲。

云是崧生岳降辰,何须疑假又疑真。
康强逢吉斯增寿,明哲持盈以保身。
还把壶觞邀共席[注2],久闻弦诵比其邻[注3]。
只知谋道不知老,遑论人间有富贫。

注 1:宝山川沙二邑同在海滨接壤。
注 2:君任职之校有宴会而邀余参加时,余必请君同席。
注 3:君讲授之课堂在余邻室。

题锡山周氏惜分阴轩䌷书侍读图

克承堂构学源渊，万轴牙签次第编。

父诏原来宜子勉，弟恭相继有兄前(注1)。

惟求诀要通三昧(注2)，犹憾书传未十全(注3)。

绳武惜阴真是宝，披图应复想当年。

注1：周君源作图记，其弟济作后记。

注2：记文载精研医书之状。

注3：记文称读《仓公传》，以不能十全为憾。

口占自嘲[注1]

一楼市隐欲离群[注2],清静莫如少见闻。
不合时宜权告病[注3],自甘家食惯微醺[注4]。
日行公事惟三件[注5],月计私囊值几文[注6]。
虚度年华垂老矣,感怀桑海复何云。

注1:三十二年十二月十日。
注2:抱一来诗有句云"一楼市隐嗟辛苦"。
注3:同乡会务请假已一年有半。
注4:日必两饮,中餐一杯,晚餐倍之。
注5:饮食、睡眠、便溺而已。
注6:常空如洗。

和青浦诸峻梁君时六十述怀原韵

有生难得几良辰，恰好平头正六旬。

雏凤清声堪继志[注1]，老莱舞彩最娱亲[注2]。

追怀鲁泮池边侣，欲访桃源世外人。

蓦地连天烽火甚，离乡背井历艰辛。

尽若寒蝉敢复鸣，今人且待后人评。

多君小隐能知止，浊世纷流有独清。

一勺廉泉聊自慰[注3]，万方棋局不须惊。

保身明哲行无事，日涉公园当课程。

注1：君有志于医，乃今子女攻医学。

注2：君在慈侍下而能孝。

注3：君任区长八年，清廉自矢。

秦君伯未谦斋之子小谦二十述怀附录乃翁和作乔梓唱和亦佳话也步原韵

少年擅胜短长吟，道德家风座右箴。
能读父书成业易，不为儿戏夙根深。
甘奇才气宜腾达，终贯功名可直寻。
他日蜚声称跨灶，自堪堂上博欢心。

阿翁年刀未云衰，遮莫不聋又不痴。
冠礼迎宾名有字，弧辰作赋父兼师。
宗功祖德生来幸，心旷神怡坐欲危。
自此前程期远大，任何艰巨力能支。

祝来苏社木道人二百寿

已成佛寿原无量，洪范何须演九畴。

七万三千犹一旦，桑田沧海几经秋。

功逾扁鹊春回手，法妙生公石点头。

怎让郑虔称绝艺，声声木铎箇中求。

题瞿绍衡君著《医学上所见妇女短袖短袴对于民族之弊害》一文步姚伯麟君韵

漫道堂堪大雅登，世风不古喟频增。
入时装束成何样，云想衣裳岂复能。

自古闺门礼教尊，望之也俨即之温。
而今攘臂当前立，以下如何不敢言。

三五在东彼小星，创行异服失常经。
大家壶范宜知省，珍重卫生心自铭。

保养娇躯血气充，安知粥粥不称雄。
四肢寒暖称其服，两袖轻盈可御风。

父兄谆诲责匪轻，一剂清凉解宿酲。
更把兹篇传诵遍，文章寿世尽知名。

题浦东第一儿童教养院募捐册后

国家元气在新民，教养为先不择人。
怜彼孤惸无告子，请君恻隐等慈亲。
洒将一滴杨枝水，看到十年树木春。
借重登高呼众应，奉扬粟义与浆仁。

余于国难时期一切不问每日晨起习字聊以自遣无间寒暑已阅四年有半戏自题云

国难几年中，人各行其志。
他发国难财，我习国难字。
财欲贻子孙，字只当游戏。
子孙未必贤，多财反为累。
字非可疗饥，容有癖痂嗜。
何日庆昇平，秃毫正堪试。

孪生福寿二孙弥月步海宁孙适庐贺诗原韵

老去方知养性灵，闲来大可诵黄庭。
弄孙亦是家常课，又报孪生添两丁。

池中物敢望蛟龙，天降多材各有容。
八十生周佳话远，寒家二仲僻无庸。

题耿夢蘧《涉园成趣记》二绝句[①]

过眼云烟感若何，园林景色荡心波。
便便更现庄严相(注1)，藏有胸中邱壑多。

古稀又算十龄逢，日涉公园竹马从(注2)。
悟到禅机真妙谛，笑他老氏诩犹龙。

注 1：君身材魁梧，大腹便便。
注 2：一枝手杖。

---

① 原文引题：老友耿夢蘧，别署玄契，今年七十，耽禅理，寄示《涉园成趣记》一首，署曰"文字禅详述一生经过，可作自传观也。"为题二绝句，酬之藉以祝嘏。编者据此拟题。

无锡孙伯勋君八十寿重游泮水[注1]

惟有心田与砚田[注2],大椿年纪小春天。
葡萄美酒蟠桃果,醉月飞觞敞寿筵。

文章事业炳江南,鲁殿灵光万象涵。
吾道从周尊尚父,应添晚境蔗余甘。

满门福泽几生修,玉树芝兰绕四周。
最是蜚声知叔子,重洋我记旧同游。

自从鲁泮署头衔,六十年前已不凡。
旧梦重温增彩舞,莱衣相映古襕衫。

注1:代吴颖女士作。
注2:寿翁原唱。

孙张太夫人五十九寿(注1)

阳生冬至后三天，报道慈帏敞寿筵。
设帨良辰今几度，平头六十在明年。

相夫立业慰平生，衣被万家著盛名。
更喜箕裘昌厥后，仲谋昆季尽蜚声。

婺星照曜浦江东，桦烛传光满座红。
玉树芝兰看四绕，萱温堂北乐融融。

长生有术莫疑猜，王母蟠桃熟几回。
来岁今朝重献祝，更隆典礼画堂开。

注1：代季倜凡作。

民国三十四年春索居无俚偶成二绝句

一天两次返家门[注1],饭罢茶余惟弄孙。
壮志消磨今已尽,卌年旧梦不须温。

劫余残破上川车,何日重回浦左家。
相识老成多物化,故乡谁与话桑麻。

注1:办事起居在浦东同乡会,午晚两餐返辣斐德路家。

姚伯麟君撰文《信国公正气歌释义》索评

信国高歌天地惊，鹿原[注1]推阐最详明。
普施一剂清凉散，邪气全消致太平。

注1:姚君自号鹿原学人。

贺黄谱蘅君六十五岁生子

春回大地早钟灵，稊茁枯杨照眼青。
莫笑而翁称老妪(注1)，生儿毕竟是宁馨。

佳节元宵前几天，添盆掷满洗儿钱。
命名休据随园例，还比日中先廿年(注2)。

鸡年鸡月试啼声，起舞应教客座惊。
争说无双江夏子，呱呱已作不平鸣。

为有樊川作父师，诗材定不让筠儿。
停看柑圃留宾日，正是蘅邨课子时。

注1:老友戏呼谱公为老太婆，笑受之，因以自号焉。
注2:曹泰八十五岁生子名日中。

吴士翘君以其子结婚典册索题

婚由自定法规新(注1)，亲命媒言藐古人(注2)。
大典公开郎主席，阿翁列座亦嘉宾。

避嫌同姓是迂谈，亲等详明限制三(注3)。
数典堪追吴孟子，而今青又出于蓝。

新邮婚礼未成文，各出心裁繁简分。
推演无非多进化，从宜惬当孰如君。

吾惭早作阿家翁，三次主婚仪不同(注4)。
余愿向平犹未了，多君借镜更痴声。

注1：民法九七二条，婚约应由男女当事人自行订定。
注2：古人所重父母之命媒妁之言今不通用。
注3：民法九八三条第一二三款，结婚限制辩其亲等不问同姓与否。
注4：一男二女之婚嫁各由其自定仪式，从宜不从俗。

祝郁志甘君七十寿

所欲从心杖国年，周文麟炳画堂前(注1)。
广才横舍多新造(注2)，宜稼丛书执旧编(注3)。
一视同仁怀禹稷(注4)，久经倦宦说开天(注5)。
劫余乔木安如故(注6)，会见河清敞寿筵。

注1：郁郁乎文哉。
注2：君创办广才中小学，成绩卓著。
注3：君家宜稼堂丛书原板尚保存。
注4：君久董同仁辅元堂。
注5：君尝述其宦游所至之风土人情。
注6：君在沪南乔家浜之宅第兵燹中无恙。

袁俶畬君七十寿

美髯宛似画中人，此日宜留柑圃宾。

新国元勋呈宝玺(注1)，故宫入梦认前身(注2)。

樱株移植踰淮枳(注3)，棠荫常留近海春(注4)。

莫把机枪银样视(注5)，老当益壮富精神。

注1：民元临时大总统就职，君新为授印。

注2：君自述《紫禎神话》。

注3：君之倭产如夫人生子女多人，皆为党国健儿。

注4：君历长启东、太仓、南汇等县，皆近海滨。

注5：君生谥机关枪，而贾季英君戏加“银样”等字。

孙立夫君六十寿

杖乡年纪未还乡，孤岛生涯岁月长。
起废针膏光世业，得心应手有良方。
椿瞻南极清晖照，菊赏东篱晚节香。
愧我不文曾作序，堪浮大白助称觞。

孙沧叟七秩晋九重游泮水

青衿一领溯径头，屈指于今六十秋。
木铎声传淞水澨，甘棠荫满蜀山陬。
殷墟甲骨奇文赏，鲁殿灵光故国留。
重宴鹿鸣还有日，泮宫先此赋重游。

病鹤吟[注1]

三载不飞又不鸣，孤山饮啄忝余生。

何曾撩起冲天梦，寒守梅花对月明。

注1：余自三十一年六月十五日起同乡会职务告病休养，迄已三足年，赋此志慨。

和康济民君六十述怀韵

羡君年岁少于吾，吾愧何尝早识途。
雪海会场怀旧雨(注1)，广明横舍忆遗模(注2)。
纷纭万象惟心造，奔走四方但口糊。
不慕荣华常淡泊，桑榆晚景自堪娱。

最是童年受爱怜，老来回味鲤庭前。
青衿博得慈颜展，黄卷曾经努力研。
见义勇为惟恐后，当仁不让且争先。
英才广育全三乐，十载勤劳执教鞭。

多闻多见慰平生，莫道华亭鹤唳惊。
五十年来桑海屡(注3)，三千世界触蛮争。
高人避世容无地，余子乘时浪得名。
君自杖乡腰脚健，杖朝杖国即前程。

大厦原非一木支，合群协力共维持。
有功水利恩源远(注4)，造福乡邦答故知(注5)。
一缕一丝公帑重(注6)，半耕半读后人期。
河清可俟君增寿，我来探几亦勿疑。

注 1:曾与君同出席于松江雪海堂之慈善董事会。

注 2:君毕业于广明师范,该校已久废。

注 3:原唱述中日甲午之役。

注 4:君曾督河工有劳绩。

注 5:君执乡政有年。

注 6:君主任上海县公款公产处。

题青楼节妇册子(注1)

复翁(注2)枉折几茎髭，阿嫂应呵小叔痴(注3)。
莲子中心多苦味，倘还堪诉借君诗。

世间奇事尽多奇，莫诧章台寄一枝(注4)。
风动絮飘无损叶，保持青绿旧时姿。

注1：节妇，松江人氏唐，名宝龄，其夫何师程，南京督标中营协统也。辛亥鼎革，南京陷，何死于难，妇时年二十九，家贫无以为生，因佣于沪之平康，虽执贱役而保其清白，今年六十余矣。奉贤程君渭渔以册为征诗文表扬之，已积二帙，余见上首白蕉诗微有调侃意，因赋如下。

注2：金山人，白蕉姓何而自讳之，别署复翁。

注3：复翁与故将军五百年前共一家。

注4：氏仅为佣而非妓也。

和陆规亮君怀海上旧雨韵

任是天涯道路悠，好音电播速于邮。
殊途同轨新三杰，顺水推舟旧九州。
何日开樽空北海，先时洗甲靖西欧。
似君近亲无花眼，应见今年大有秋。

郁氏田耕堂消夏会江阴陈文无君有纪事诗八章[注1]步和原韵

遭汉中微历劫灰，每怀鲁殿独崔嵬。
斯文未丧天堪问，吾党应知狂简裁。

浓烟起自一声雷，目眩心惊杀戒开。
乔木故家堪托庇，匆匆犹幸未迟来[注2]。
卅载故居巷蔡阳[注3]，迤西会址曰南商[注4]。
他时倘作归来燕，未毁空巢在旧梁[注5]。
酒罢茶余烽警熄，高歌遣兴戴张王[注6]。
浑忘此日遭空袭，荷净庭前可纳凉。

古稀年纪主人翁[注7]，大道方期天下公。
先德培才留永念，宏开广厦煦春风[注8]。

齐年同步踏轻尘，渠访乡亲我是姻[注9]。
邨在龙门各可跃，欲归将学避秦人[注10]。

如此胜游可日再，黄龙痛饮更添杯。
田耕堂上诸同志，各数相逢第几回[注11]。

髯叟还偕老伴行[注12]，爱情未减茧丝萦。

各扶鸠杖相将去，无锡乡音谢别声。

注1：是日，敌机大轰炸。

注2：余到郁宅坐甫片刻即闻警报，旋又剧烈空战，若稍迟，在途中则车不得行矣。

注3：余在“八一三”前向住小南门外王家嘴角蔡阳弄。

注4：民十六以前上海有南北二商会。南商亦称县商会，初设在毛家巷，后建会所于余寓之西，坐北，靠小九华街，西靠中华路，距郁宅甚近。

注5：余故居房屋无恙。

注6：戴君禹修、张君东翼、王君桐荪相继度曲，由朱尧文君擫笛，兴会淋漓。

注7：郁君志甘年正七十。

注8：郁氏于有志中叶捐输巨金，得邀增广府县学博士弟子员额共二十名，志甘先生在本宅创设中小学校，命名广才，以资纪念。

注9：同庚友戴禹修君与余同出郁宅，行经蓬莱路，过龙门邨，徐安义家小憩。徐为余壻，与戴青浦同乡。

注10：徐壻言上海空袭可怕，拟回青乡暂避。

注11：前年郁志甘君曾邀叙两次，今为第三次。余到二次，其余诸君有到三次者、两次者、一次者。若再相逢，则必更多一次矣。

注12：美髯公袁俶畲君夫妇同到。

日本乞降次王文甫君二律韵

莫道豺狼哆口吞，豺狼就缚亦能驯。
同仇与子堪无敌，我德不孤必有邻。
汉帜已张惊拔赵，桃源可出免逃秦。
蓬莱弱水原知幻，眼见于今三岛沦。

弩末夸传队特工，蓦惊原子显神通。
输诚看你头低北，雪耻嗟予乎指东。
抗战八年终胜利，联盟四国尽英雄。
复兴大业从今始，凡百措施须折衷。

感怀口占

生财有道日新奇,大小单帮亦可为。
最是文人无出息,笔头画饼不充饥。

贺朱文德任上海市泰山区长

设治分区任所能，闾胥保甲递相承。
国尊约法惟三项，宦重亲民第一层。
遗子疮痍宜普济，复员衽席快先登。
大才小作牛刀试，远到前程九万鹏。

宝山王鲤庭先生八十双寿

淞滨人瑞属斯翁，早有丰碑纪厥功。
年届杖朝怀旧典，恰逢光复九州同。

井田经累久纷歧，厘整详明仗主持。
成绩江南称第一，萧规示我愧曹随[注1]。

交通水陆费经营，灌溉农田沟浍盈。
输入文明公路便，上川沪太亦联盟[注2]。

桑榆晚境最堪娱，白首齐眉福寿图。
看到莱衣尤特色，显扬荣与亲俱[注3]。

注1：宝山清丈成绩最著，余办川沙八、九团盐田清丈，悉仿其成例也。

注2：先生倡议修筑之县道，行驶汽太长途汽车，与余办理之上川县道，设轨行车，曾有京苏沪长途汽车公司联合会。

注3：长君丰谷兄蒙难不屈，获邀褒奖。

和南通孙沧叟八十寿原韵

椿荫十寻耐岁寒，黄龙痛饮既成欢。
莺声再喊堪回忆，鹿宴重庚且停看。
菩萨心肠惟救苦，书生本色不嫌酸。
渭滨此日还垂钓，舍我其谁天下安。

南汇奚挺筠君元配赵夫人七十冥诞索题

慈容已杳几何年，四十八秋问九泉。
回溯生前春廿二，刚逢七秩敞开筵。

系出名门天水望，相攸谯国证三生。
佐夫刲股为翁药，双孝当年有定评。

藁砧健在稀龄叟，孝友传家厥后昌。
儿女十人孙辈卅，北堂齐拜共称觞。

祭之如在事如坐，夜月瑶台鉴此情。
追远堪教民德厚，乡邦观感自风行。

潘志文君六十双寿

杖乡年纪地行仙，笑看梅开岭上先。
双庆恰逢旧双十，儿孙彩舞满堂前。

此公生性最仁慈，菩萨前身好布施[注1]。
诵到敬恭桑梓什，宏开广厦植初基[注2]。

劫余遗子苦中来，教养为先元气培。
赢得浦东成两院[注3]，更余狂简亦知裁[注4]。

坤德堂园锡类长，孝思获报岂寻常。
九畴五福先云寿，为贡芜词侑一觞。

注1：君于慈善事业，无役不从，尤多创举。
注2：君于组织同乡会、筹建会所、募集经费最劳。
注3：浦东第一第二儿童教养院两所，君为之倡。
注4：君又倡行清寒子弟助学金。

义乎宗叔七十双寿自营生圹

齐眉白首古来稀，与世无争惟佛依。
算到宗门公最健，且看双凤正高飞。

劫后菟裘重整修，欢颜更上一层楼。
还追韵事高延福[注1]，自卜安神正首丘。

注1：唐人始为生圹。

翁子达君八十寿　调寄《忆江南》(注1)

寿翁好，阅历过来多。凡是同人美髯者，见公须唤一声哥，加我一甘罗。

注 1：翁君年八十，未留须，而执笔不需眼镜。前次同席袁俶畬君七十一、金巨山君六十七，皆长髯飘拂，视翁君为老，而翁实十年以长。余年六十八，相差十二岁，昨以便面嘱题纪寿文字，适右方有张国华、海滨二宗兄题忆江南调，即步其韵。

宝山徐炽昌君自号一炁道人以手抚摩治病求题册页

既非符咒祝由科，亦不催眠术衔多。
相感精诚惟一炁，霍然便可去愁魔。

不需方药起沉疴，借助神功略抚摩。
当世若求医国手，凭将正气得人和。

黄任之老友七十寿为写相识以来杂忆得二十绝句

立本堂前始识君，肇溪绛帐一肩分。
追怀四十六年事，惭愧空余异北群(注1)。

支那译者少年三，吾字访梅君楚南。
还有仲辉邵力子，前生曾未佛同龛(注2)。

出自棘闱结伴游，秦淮画舫赏中秋。
四人合作百龄寿，今到白头无虎头(注3)。

乡邦乐育我追随，为藉观澜植始基。
冰雪白门干大吏，便中君并谒房师(注4)。

麗泽舫中居半年，及门桃李已争妍。
那知一去如黄鹤，筲里风潮欲沸天(注5)。

才作上宾忽楚囚，危乎欲堕少年头。
党名三字莫须有，传命疆臣已置邮(注6)。

西方教士公无私，仗义执言力挽之。
携手同舟来海上，一枝暂借善扶持(注7)。

亡命乘桴三岛游，东京神户并居留。
初来海外谁东道，认识乡亲有太邱(注8)。

归自扶桑已仲冬，居停雅谊感弘农。
此公偏好谈兴学，不惜倾家择善从(注9)。

六里桥头黉舍新，经营草创历艰辛。
广明蜕递成中学，几共沂雩咏莫春(注10)。

党案重翻乱似麻，衅由金带欲成沙。
平原太守来相问，又见毛诗训诂家(注11)。

地方自治始城乡，筹备诸公聚一堂。
同是当年称所长，五人今只剩黄张(注12)。

共和缔造作新民，硕画多君广树人。
记否沧浪鸿雪印，瞻园亦复共晨昏(注13)。

君赴京华我暂权，清江设校拒遴员。
因问预算坚持甚，浪得虚名强项传(注14)。

海滨依旧钓游乡，公益同谋为地方。
最是交通应倡导，上川卅里路二长(注15)。

卅周寻梦历南川，又到于今十五年。
顾氏山颓步回国，尚余三老齿相联(注16)。

修志频经辍半途，连城精舍几掭觚。
斲轮终仗完新稿，分校也曾扫叶枯(注17)。

我怜少子请从军，多谢玉成学冠群。
终竟汪童复何憾，忍看小传一篇文(注18)。

抗战八年行止殊，蜀山遥望海东隅。
好□慰我诗为简，且问书能换米无(注19)。

多男多寿更多孙，杨又生稊福满门。
我弱一龄将七十，今年可告例金婚(注20)。

注1：光绪廿七年，君以考人南洋公学时班，属余往代南汇周氏宝训堂馆课，始相见于川沙沈氏立本堂。

注2：三人合译□文本《支那四千年开化史》，出版署名译者支那少年。

注3：光绪壬寅省试毕，同泛舟于秦淮，君与顾君翔冰年皆二十五，张君心九年二十六，余年二十四，合成百岁。而今顾君空忆黄垆矣。

注4：请将川沙观澜书院改办小学堂，曾于严寒冰雪中同往具牍江督张文襄，同时君以新举人到石坝街，拜张伯弢房师（名锐）。

注5：学堂成立，以原有麗泽舫（斋名）为办公室。至暑假，请自日本归国之顾师冰一等开演讲会，一时冠盖云集。翌日，同赴新场演讲，致有黄德渊纠众捣乱之大风潮。

注6：为黄德渊诬供，君与顾师冰一、张君心九暨余四人为革命党，即由花厅客座，饬交捕厅看管。详见《南汇县党狱始末记》，载入《川沙县志》。

注7：美教士步惠廉君在沪闻报新场教堂同被扰，南汇戴令运寅且兴大狱，急请得领事公文，驰赴南署，据理力争，保释被禁四人偕同到沪，暂寄顿于慕尔堂方渊甫牧师家。

注8：神户侨商陈平斋君系浦东同乡，君与顾冰一师及余三人，在神户登陆，留匝月。

注9：自日归沪，以孟子铨君之介，三人同寄居于栅家园杨宅，杨公斯盛青眼优待，其毁家兴学，实肇源于此。

注10：自光绪甲辰开办广明小学，而师范，而浦东中学，迄辛亥，共事八年。

注11：金带沙案，讼讦纷乘，陆太守懋勳捧檄至浦东中学查办，君又经毛提学使庆蕃传至苏垣训话。

注12：宣统元年，川沙筹备城镇乡自治，设公所于至元堂，君任所长，包君聘卿、顾君蓉江、陆君逸如与余四人，均为副所长，包、陆、顾三君已先后物故。

注13：辛亥入江苏都督府，君主管教育，余为助理，同宿沧浪亭，翌年迁宁垣，亦同宿瞻园。

注 14:君以中央召开教育会议赴北京,由余暂兼代。适有江北设法政学校派委校长事,余因预算无此款,坚拒不签稿,主管司长无可如何,对人谓张某真强项。

注 15:袁政府取消地方自治后,川沙自行召集地方公益会议以代议会,颇多要案实行,尤以创办上川县道为最。

注 16:为南汇党狱,作三十年寻梦之游,先期四人同赴松江,公宴步惠廉长老,旋同至新场,而南汇,而川沙。现顾氏已作古,步老亦回国矣。心九长于君一岁,余少于君一岁,平均三个七十也。

注 17:川沙修志,自倡议至完成,垂二十年。君为主纂,偶一抽暇至川,集同人于城南文照堂暨城北真武台,两处皆赵增寿君经建之精舍,又皆毗连于城墙者。志稿成,君谓余曰:“水磨工夫,君之责也;余专任校刊。”

注 18:余少子在森,于民国廿七年五月一日出走,君自汉皋函告,所□□爷者,当负责玉成之,爰保送考入军校第十六期,得学业冠其曹,追殉国于金华白龙桥之役,君又为作传,以永纪念。

注 19:君在渝通讯,每代以诗,知余习字消遣,有赠句云“不知多宝临池熟,此帖还堪换米无。”

注 20:君上年六十九,生子汤饼。余今年六十九,金婚花烛,相映成趣,可为莞尔。

起居口占

东宿西餐注起居，道途风雨竟如何。
有儿能养送迎便，昔是板舆今汽车。

为黄济北老友书扇

六里桥头共事久，始自川沙少年友。
屈指于今卌六春，自忘老至人称叟。

掌理公产成导师，两团清丈始终之。
有图有册今何在，怕说当年沦陷时。

县道交通同主持，上川卅里路工施。
行车署券租权订，福利地方应共知。

醉白池边联袂游，安怀矜恤几春秋。
纷纷七邑人更迭，惟我与君最久留。

君年七一吾六九，平均七十分前后。
互相庆祝两免之，同饮茅台一瓶酒。

沈步瀛君八十寿

宋明两见姓名同(注1)，寿考于今属此公。
更是多男多福最，华封三祝帖书红。

世弟高邻也是园，山邱华屋复何言。
白门议席膺民选，还忆新邦初纪元(注2)。

地方款产计锱铢，多稼应无庚癸呼(注3)。
何事阋墙烽火起，乞醯十万作军需(注4)。

八十老翁精力强，廿年前尚作新郎。
非人不暖今堪慰，并寿椿萱岁月长。

注1：姓沈名周者，一宋人，知泉州，有政声；一明人，号石田，画家。
注2：民国二年，君当选江苏省议员。
注3：多稼路上海地方款产处，君实主之。
注4：齐卢之战，何护军使强索十万余金。

杜月笙君六十寿

等是行年花甲周，降从崧岳此其尤。
剪淞特起为名世，宗海惟能纳细流。
众口皆碑争颂祷，万间广厦早绸缪。
中元朗月圆如许，照澈添来满屋筹。

和青浦杨振声君七十述怀原韵之一

绍述关西学早成，敢将壮气虎嵎撄。
巴渝栈道遮强敌，峰泖清流□大名。
读易探微通妙理，敲诗遣兴慰平生。
请君杖国观行宪，莫笑而今万选争。

赠陆规亮君八十寿绝句[①]

云间望族久相传，几箇如公享大年。
到老犹童勤弄笔，新诗越写越新妍。

戏言辞别故园春，料是偷闲钓渭滨。
花木有情知恋主，向荣赛作华封人。

① 原文引题：陆规亮君八十寿，见示七律六首曰辞别、七排八韵曰预讣游戏，文章亦怡情之作也。赠以二绝句。编者据此拟题。

瞿绍衡君六十寿

铜琴铁剑复何奇，浦左而今两绍基[注1]。
难弟难兄皆国士，宜家宜室尽名医[注2]。

诊余酒后多清兴，画佛摹碑又写诗。
仁术寿人还自寿，精神活泼若婴儿。

绛囊合药是良辰[注3]，叔子功名六十春[注4]。
通俗新诗三百咏[注5]，寤生续命几千人[注6]。

门墙粥粥相传习，闺壶融融互笑颦。
胜事汾阳惟领首，捧觞成队乐天伦。

注1：海虞瞿氏铜琴铁剑楼创业主人，名绍基，今君昆仲，亦绍字行。
注2：君夙以夫妇医院驰名。
注3：腊八合药，贮以绛囊，见《乾淳岁时记》。
注4：羊祜幼时，一老人见之，谓曰六十建大功。
注5：君著有《通俗产科三百咏》一册刊行。
注6：君著有《寤生解》一文刊行。

题黄承彬烈士纪念册[注1]

正是孙坚斩贼年，一腔热血勇争先。
中原平定终堪告，卹典于今慰九泉。

有儿报国老还安，我与而翁各是观。
梦里白龙桥畔骨，后先两月一般寒。

注1：烈士为川沙高行黄石农君之长子，于民国三十一年，赴浙服务于军委会别动军忠救本部电报室，是年十一月十三日阵亡于金坛、丹阳交界之里庄桥，年十七。

挽步惠廉牧师[①]

博爱本无疆，他乡亦故乡。
上海慕尔堂，松江乐恩堂。
历年五十一，余泽自源长。
公年四十时，始瞻公颜色。
南沙一携手，我侪如振翼。
此后有生年，惟感公之德。
公年七十时，乐恩堂祝嘏。
谓公额上纹，似轨盈郊野。
识公纪事多，杜陵开广厦。
公年八十时，中秋集千龄。
齐年公与沈，中美两寿星。
沈先告彫谢，公若远山青。
弥天烽火中，日涉园成趣。
我每伴清谈，同坐斜阳暮。
还有云间陆，三人不期遇。
既而入虎穴，不容公久居。
浩然归去也，重洋赋遂初。

① 原文引题：步惠廉牧师于三十六年十二月二十日在原籍美国乔其州麦根城逝世，寿八十有四。民国三十七年一月二十日，松江乐恩堂开追悼会，挽以长歌。编者据此拟题。

光华旦复旦，怀旧竟何如。

知公康且吉，方欲颂加餐。

何期正临颖，公已入天门。

精神终不灭，典型今尚存。

题陆规亮君八十画像[注1]

高龄八十硕人颀，天宝遗民见渐稀[注2]。
再是廿年君百岁，冈陵山阜更崔巍。

十年长我太昂藏，倘作齐观岂等量。
还记臧君曾指认[注3]，错疑此貌似文郎。

注1：画师不明尺度比例，其长可兼人。
注2：白香山赠康叟句。
注3：民廿五年，臧佛根君。

谢驾千君见示感怀二十二韵酬以四绝句

君初堕地太平年，还在胜朝甲午前。
自少而今老将至，沧桑历劫几回旋。

知君曾著祖生鞭，晚卧东山绍统传。
同志嘤求伊立诺，只谈风月竹林贤（注1）。

世界三千又大千，已饥已溺仗心田。
即空即色万家佛，仁济堂前十顷莲。

春申江上好春天，行乐及时胜似仙。
且饮屠苏嬉雀跃，预觞花甲敞开筵。

注1：伊立诺大学同学会。

挽松江沈联璧(注1)

当年雪海共优游(注2),几复遗风新社流(注3)。
最惜英雄偏不寿,只凭祭告芷江秋(注4)。

注1:殁于抗战期间,今其子告窆。
注2:雪海堂。
注3:君主办新松江社。
注4:芷江,受日本投降地。

题江阴王旋吉明经幼年断指疗亲记太仓陆文慎公宝忠墨迹长卷

元公孝感旧宗风，应让后来五尺童。
急智遑论全受义，但求有术活而翁。

至性至诚能格天，续延父命廿余年。
宣公挥翰如泉注，从此表扬千古传。

松江王文甫寄示《横云山馆诗续存》一册其中有挽亡儿在森一律次韵感怀却寄

天生傲骨复谁挠，无谄于人贫转骄。

同望泮芹重采近(注1)，记游雪海廿年遥(注2)。

萍踪曾弔宾鸿馆(注3)，车辙难寻佛字桥(注4)。

老去不容尸位久，祠荒可免姓名标(注5)。

注1:光绪丙申，龙学使科试，君与余同案，已五十余年。

注2:松属七县三善堂董事，每在雪海堂开会，余自组织成立至改组时解职止，忝任董事二十余年。

注3:抗战时期，松人因招待汪逆精卫过境，在雪海堂后赶建迎宾馆一座。此一地方史迹，余于三十七年一月二十日，偕黄任之君，参加美教士步惠廉先生追悼会，特谒君于醉白池，倩为导引参观。

注4:松江西门内佛字桥有名，因筑路拆桥。其下埋一石刻佛字，大逾四五尺，余得硃拓一纸，上有“皇明崇祯庚午八月”字样，计至民国庚午拆除时，恰周五甲子，盖三百年矣。可见一事一物之兴废，皆有定数也。

注5:余任松美堂董事，在雪海堂开会时，见堂后为龛，以奉诸先董栗主，恐将来亦为箇中人也，心恶之，此次参观迎宾馆，则已毁去无遁，为之粲然。

朱文德君四十初度

端阳明日问居诸，鼎盛春秋四十初。
庭满矢花飞似雨，一觞高举笑谈余。

人权保障早蜚声，强仕而今更大成。
棠荫嵩山碑有口，况惊议席不平鸣。

汉家第一法三章，增益萧规不厌详。
为国为民权在握，总期行宪恰自当。

敬恭桑梓共年年，正是思齐见此贤。
擘画多君资借重，堪惭我未着鞭先。

川沙县佛教支会主办之兴慈小学来笺索题

儒家仁爱佛慈悲，教亦同源可并施。
觉世觉人惟正觉，宜师宜友总相宜。
三千桃李春风里，八百牟尼暮鼓时。
他日有成弘愿了，圣功蒙养是初基。

嘉定高介人君七十寿

君生探杏我探梅[注1]，廿有六旬分后先。
惟按屠维单阏纪，算来还说是齐年。

小试当年入泮宫，君师伯虎我师龙。
多君壮志先鞭著，故我依然老浦东。

信仰自由礼佛门，守甦坛上认同玄。
一诚祈免弥天劫，奚止康宁宏业园。

多子多孙福又多，齐眉白首寿翁婆。
笑看环绕莱衣舞，争诵九如天保歌。

注1：余后于君两百六十六日生。

题嘉兴孙筹成君银婚纪念册[①]

鸳鸯湖上鸳鸯侣，如此鸳鸯更有情。
与国同春三十七，旧邦新命证前盟。

银婚已过近金婚，旧梦重温将又温。
再十余年花烛影，集团行礼祖而孙。

① 原文引题：嘉兴孙筹成君于民国二十六年举行银婚典礼，参加集团结婚，去年又举行银婚十周纪念，迄今又踰一年矣，以纪念册索题。编者据此拟题。

季偶凡君五十初度

后我呱呱二十年，弧辰翻早百余天。

看君满目儿孙福，还有高堂老寿仙[注1]。

注 1：其尊人今年七十。

挽杨无我君

我年十六拜尊翁，未念君犹歧嶷童。
自集同人会沪北，共商报导大江东。
省垣议席膺民选，乡厦邻居抗战中。
回首前尘还似昨，那堪蒿里泣秋风。

川沙陆亚东君三十初度
并结婚十周纪念索题

男儿壮志果何云，入雒宗风孰似君。
还记而翁曾立雪[注1]，今看有子已凌云。
团圞十载中秋月，辟易千人笔阵军。
如此良辰双纪念，老夫写赠少年文。

注1：其父绍衣，曾受业于余。

石图属题

似今谁识旧家风，麟凤希珍郁氏翁。

雅趣东篱寻淡菊，老人南国认灵枫。

岁寒不改苍松节，圯上倘逢黄石公。

宜稼丛书方读罢，秋声且听有无中。

陈子馨君六十寿

太邱安步杖于乡，随侍元方并季方。
衣被万家颂生佛，田园四望荫甘棠。
齐眉梁孟鸯情老，颔首汾阳鹤算长。
最是小春好时节，紫微光照共称觞。

谢吴谷宜君赠雪茄诗[①]

同是屠维单阏年，出生我来佔君年。

愧迟趋献蟠桃果，先贶馨香异味烟(注1)。

注 1：吴君于烟盒上题“馨香一瓣”四字。

① 原文引题：吴谷宜，医学博士，宜兴人，与余齐年。阔别廿余载，今于十一月十五日来晤一谈。正拟答谒，而见赠雪茄一盒，托朱德轩君转来，请本人，已返苏垣矣，诗以谢之。编者据此拟题。

张心九君以八绝句寿我七十次韵奉酬

我惭亦已古稀年，蝶梦庄生栩栩然。
君长二龄黄一岁[注1]，三人相顾各安全。

室迩人遐寒暑更，太平同望早休兵。
饱经阅历如今日，惟愿将军髀肉生。

剩得头颅鬓已霜，世途荆棘少康庄。
愿君扶杖且安步，仁寿桥边日月长[注2]。

果然叔度是汪洋，折节来登介寿堂。
还赠新诗七十字，未忘六月傲飞霜。

有生苦乐过来人，莫再多愁老病身。
饭颗山头吟太瘦，何妨惜墨砚留尘。

卌五年前梦一场，铁窗共话记连床。
余生看得几桑海，世运何曾达小康。

有儿跨灶文名著，自是君家裕后昆。
莫道清河支派远，由来木本水同源。

几人修得到禅那，贪又嗔痴唤奈何。

老去只须能静虑，自然心地月明多。

注 1：黄君任之。

注 2：东坡句。

代万墨林祝鄞人吕增扬君八十寿

太公钓渭想当年，矍铄而今有后贤。

耐可能医心救国，元膺论药术回天。

傥来荣典如无事，大好乡评岂偶然。

椿寿八千终不老，日逢百福敞琼筵。

代奚孟起贺浙人姚慕先律师在川沙开业

姚江学派致良知，法理人情一贯之。
梁国雪冤坚百口，桐城文笔费三思。
读书何事当今世，仗义执言仰大师。
差幸故乡无告者，得君保障最相宜。

为瞿绍衡君六秩晋一揆辰戏赠六十一字[①]

伟哉此何人，邵衡其字大名钧。

别署冷生纪诞辰。雪茄黄酒好安排，育子生生不息斋。四印围钤七十余，中绘莱衣为祝余。今闻腊鼓为君祝，六一居士当轩渠。

① 原文引题：瞿绍衡君以瞿钧、绍衡、冷生、不惜斋四印围钤七十颗，成一方框，为花边形，中绘莱衣舞彩图，为余七十寿。今于腊八日，为瞿君六秩晋一揆辰戏赠以六十一字。编者据此拟题。

姚伯麟君七十寿(注1)

同是屠维单阏岁，崧辰后让四旬除。
关怀国事诗成史，改造人生医著书。
笔墨消闲真自在，管弦遣兴复何如。
疑年绛老于今日，恰值簪花太典初。

注1：姚君与余同庚，后余四十余日。

周葭渔君以七排长句为余七十寿奉酬一律并预祝其八秩也

长我十年兄事之，多闻直谅友兼师。
城南桃李同栽植，海曲田畴共整厘。
遥想渭滨八秩叟。还赓天保九如诗，
即今棋局休相问，只愿河清幸及时。

陆仲超君以七律二章为余七十寿奉酬一律

五辈清望到而今，家学渊源深又深。
片石犹存尊艺苑，一衿克绍重儒林。
劫余文献濡君笔，阅尽沧桑沁此心。
老去风情还似昔，书生本色最堪钦。

金巨山君七十寿

岸貌掀髯杖国翁，正看桃李笑春风。
读书所见多新异，论世惟期跻大同。
旧雨南京兼二仲，大楼东道餍群公。
饷柑此日耆英会，留核还堪老返童。

沈思期君为慰其友人四叠思字韵绝句和原韵

文字我惭学不思，推敲未敢妄为之。
诵君戛玉新诗句，窃比知音钟子期。

为对良朋慰所思，自将善譬婉言之。
眼前一切皆身外，留得此身后会期。

循环祸福耐人思，作弄一时容有之。
偶失东隅塞翁马，桑榆收获总堪期。

时节清明动客思，道途多阻怅何之。
东南犹幸无荆棘，修禊兰亭可及期。

陈久余君索题七十四岁行看子

竹林小坐自清娱，一卷一杯又一壶。
若仿香山图九老[注1]，婆娑醉舞遣孙扶[注2]。

注 1:《九老图》中，香山时年七十四也。
注 2:香山句。

张海云君以二律祝余七十寿答步原韵[①]

人生七十古来稀(注1),此亦嘲词何足依。
虚誉偶邀无实际,面谀未必不心诽。
多君同有杯中癖,似我焉知物外机。
眼见沧桑曾几度,漫谈棋局是耶非。

一龄长我不同庚,黉案同科亦雁行。
五百年前宗派贯,大千世界野云横。
老来如伏枥中骥,浪静堪潜海底鲸。
忧乐后先吾辈事,白头还抱此心诚。

注1:成句,上文四十称翁非太早,因欧阳重年四十自称翁,时人嘲之以七十为烘托耳。

---

① 原文引题:张海云君(文瀚),上海人,每日相见于公园中,出示二律为补祝余七十寿,即步原韵答之。编者据此拟题。

题江苏九老图三绝句

天宝遗民见渐稀[注1]，江苏九老影相依。
参差坐立玲珑石，还背山茶花正肥。

孙钱龙首八旬外，殿后金朱亦古稀。
由后推前吾第二，冒商高郁硕人颀。

古山茶下同含笑，笑尔徒夸三百年[注2]。
吾辈若将年合计，堪称倍数又加焉。

注1：白香山句。
注2：郁宅震无咎斋后之小天井小假山有山茶古树，已三百余年，花正盛开。

和施养勇君六十述怀韵

往事从头欲写怀，层层叠叠费安排。
几番阅历几桑海，还记当年苜蓿斋。

一切有为法六如[注1]，浮生何必爱吾庐。
公园日涉相逢笑，大自然中君子居。

后我呱呱十二春，而今同是老成人。
愿君努力加餐饭，养到金刚不坏身。

有无公论判媸妍，顾影莫教空自怜。
杖国杖乡消岁月，不为酒圣即诗仙。

注1：佛经语。

瞿绍伊君七十寿

犹是楚丘始壮年[注1]，着鞭未让祖生先。
早留勋业在辽吉，同董交通今上川。
桑梓必恭推领袖，鸿光相敬媲前贤。
金婚祝后稀矜庆，才过端阳正十天。

注1：楚丘先生年七十，谓孟尝君曰："将使吾出正词而当诸侯乎？决嫌疑而定犹豫乎？吾始壮矣，何老之有！"

和秦伯未君五十述怀五首之第一首原韵

斋臼为辞训受辛，窗明几净砚无尘。

樽中酒满常盈客，肘后方多可活人。

自厌悬壶三折久(注1)，堪珍享帚两编新(注2)。

正当学易精修养，更好含饴骨月亲。

注1：君以名医而有倦勤之意。

注2：君家砚畦先哲有《享帚录》行世，而今原唱亦有“手定吟编如珍敝帚”句。

李右之君七十寿十绝句和原韵

几经桑海人成老，我忝呱呱早二年。
惭愧不如君着述，光阴空自惜唐捐。

记有公园赏菊诗，同人传示共观之。
我曾步武班门下，弄斧何堪值一嗤[注1]。

易园门第最清华，会友以文兴未赊。
多少停车来问字，因材施教眼无花。

昨岁揆辰新纪念，红旗插遍大江南[注2]。
撑开老眼看清楚，都是英雄血性男。

我循欧俗过金婚[注3]，上学儿童有两孙。
归老隔江衣带水，故乡风味想河豚。

古礼莫谈无冠笄，人民服式女男齐。
君今返老还童日，休说效颦众目睽。

饱看烽火总安宁，杖国之年却杖行。
自是福人增寿相，况兼耳目正聪明。

我亦生平唯嗜酒，一杯在手百无愁。

与君相左未同社(注4),老兴还谋共醉不。

当世重农工与商,笔耕安见不如常。
清芬集是传家宝,世守珍于美玉藏(注5)。

身中面白尚无须(注6),小试当年记得无。
到老依然堪对镜,微髭风趣不如吾。

注1:戊子复兴公园菊展,秦伯未兄与君之赏菊诗由曹仲安转交来属和。
注2:君六九诞辰当在初解放期。
注3:已三年矣。
注4:各有酒会,未联系。
注5:《李氏易园三代清芬集》,君于六十寿辰刊行留念。
注6:考童结单文字。

戴伯寅君重游泮水八绝句和原韵

登瀛始愿望蓬莱，第一阶层得所哉。
五十九年容易过，载赓思乐说从来。

十年窗下颇艰辛，一领青衿自可珍。
优孟衣冠谁复识，我惭也是过来人。

宫墙数仞久尘封，春雨庭阶草色浓。
今日重来空有泮，采芹回想旧仪容。

失马当年一塞翁，焉知吾道不终穷。
依然故我黉门侣，易世功名气更雄(注1)。

入泮之年我后三(注2)，只因年少未知惭。
重游毕竟君先进，应集耆英分饷柑。

庚寅计闰作壬辰，再是三年我效颦。
换酒襕衫何处赎，秀才装束亦人民。

诗文纪念固无妨，求实循名底事忙。
时代典章今昔异，若云告朔早羊亡。

与君同案几人存，难得棂星不闭门。

步入明伦堂旧址，无须执贽谒师尊。

注 1:答原唱第七首。
注 2:君以壬辰入泮，吾是丙申中，隔三年。

读《上海李氏易园三代清芬集》书后[注1]

文星耀瀲东南美，旋转乾坤百廿年[注2]。
开卷盥薇虔讽诵，清芬满室俗氛捐。

三代文词三代诗，菁华荟萃孰如之。
鲰生更愧非游夏，倘赞一辞被众嗤[注3]。

早年科第最清华，今苦异时事已赊。
富贵浮云轻禄仕，易园铅椠伴梅花。

两粤衡文郁郁哉，及门桃李遍天南。
不如归去谋桑梓，绕膝欣看才女男[注4]。

封建余波旧制婚，不无盲目认王孙。
却教彩凤随鸦去，知否望溪嗟犬豚[注5]。

不栉自怜未易笄，也随赁庑亦眉齐。
宜家远适皖山水，海燕双楼莫或睽。

浦江东望趁归宁，千百路程三月行。
犹得住楼金缕曲，此中恩怨最分明[注6]。

橐笔四方豪杰士，文章憎命亦堪愁。
月来轩更传经久，地下相逢一笑不[注7]。

汉学师承谁与商，同门香草契非常。
诂经手泽珍何似，赢得后人什袭藏[注8]。

一门巾帼胜眉须，除却澧溪恐绝无。
韵斗共义诸姊妹，互谦得句速于吾[注9]。

注1：叠右之七十寿诗韵。
注2：易园主人嘉庆元年进士，至其孙梯云征君殁于民国元年，合计之。
注3：以上总起。
注4：以上易园主人。
注5：嫁桐城方氏。
注6：以上，易园之女吏香女史著有《犹得住楼诗文集》。
注7：易园之子竹孙夫妇。
注8：易园之孙梯云征君。
注9：征君之配姚忆仙夫人。

挽松江王文甫老友

弱冠游庠第一人，那堪到老苦吟身。
相逢雪海堂前见，知是同黉岁丙申(注1)。

合郡三堂事鞅掌，多君秉笔典籤全。
始由慈善今劳动，史料珍藏廿七年(注2)。

雅景怡情醉白池，朝于斯又夕于斯。
观荷赏菊年年惯，拈句推敲大好诗(注3)。

横山馆稿几回编，邮示诗筒年复年。
愧我无才弄班斧，只曾酬答两三笺(注4)。

我今回忆两年前，最后与君一面缘。
叔度偕行匆促甚，未倾积愫畅谈天(注5)。

刚到秋风竹醉日，撰成自挽感平生。
光明磊落无他语，全受权归总有情(注6)。

注1：光绪丙申年，龙学使科试，与我同案，君是府学第一。
注2：民国十二年，松江三善堂组成松属七县慈善董事会，君任驻会秘书。
注3：醉白池为松江名胜，三善堂总办事处。
注4：君著《横山馆诗稿》每年有油印品寄来。
注5：民卅七年一月二十日，我与黄任之君因事赴松，曾与君一面。
注6：旧历八月初八为竹醉日，君于是日殁，有自挽一联，末句“重泉可补有情天”。

璧还吴士翘君所藏郑文公碑

到老方知惜寸阴，无聊借此日摹绘。
硬黄搨久重修饰，革面何曾并洗心。

他山借助五年余，每日相亲睡起初。
惜别依依归旧主，椟中珍重韫藏诸。

庚寅重九后十日宴饮于汪企张医师家戏赋一律[①]

主人好客开樽宴，突啻汪洋千顷波。
报李何时容后约，过江名士欲高歌。
菊花堪向瞿昙傲，竹叶偏倾张老多。
旁座颠头长喙者，笑余饮量不如它。

① 原文引题：庚寅重九后十日，汪企张医师招饮于其家。同席汪氏昆季二人、李右之、瞿绍衡、江某医师、叶汉臣暨余七人，旁置一长喙颠头吸水玩具（玩具店称原子鸭），戏赋一律。编者据此拟题。

汪企张君录示与李右之君即席唱和诗依韵奉酬

我惭即席未成诗，为着贪杯已透支。
漫说豆浆堪代乳，若教花影更多姿。
联看只语鸿光乐，坐并主人兄弟怡。
醉饱而归曾戏笔，还将姓谱入巴词。

浦东同乡补祝唐志良君暨配归夫人七秩双寿摄影题句

敬恭桑梓古稀人，为颂冈陵留影新。
此老三多尤异众，同堂四代乐天伦。

一生行谊最堪钦，还诏及门八字箴。
衣被万家颂生佛，金婚偕老更情深。

和杨永璇中医师五十初度原韵

五十行年艾，孔言天命知。
万株都是杏，两鬓未成丝。
远绍关西系，爱深堂北思。
活人随肘后，博得盛名时。

三寿作朋座[注1]，诙谐忍不禁。
回天凭国手，到老返童心。
酒量无多少，诗情有浅深。
莫谈蘧伯玉，逸兴寄长吟[注2]。

注1：君与秦伯未年皆五十，施养勇年六十，由季倜凡君宴请同座。
注2：一九五〇年止。

题毗陵张竹怀《乔松慈竹图》

故家乔木仰南山，高耸凌空百尺攀。
祖述从游赤松子，料应注籍在仙班。

猗猗绿竹近慈闱，当户迎风翠欲飞。
况为孟宗生孝筍，千秋佳话识前徽。

和张竹怀君见赠二律原韵

忆昔曾经六月霜，出亡浮海久离乡。
归来故我无成就，放浪忘形有底妨。
几度沧桑堪世变，一声霹雳破天荒。
聊斋堪慰无聊客，惟向斯人索酒尝。
汇角淞渎是故乡，潮声怒吼海波扬。
蝶飞梦幻仙凡境，燕舞来从王谢堂。
数典莼鲈知隽味，感怀松菊有清香。
似君逸兴高于我，岂与寻常可等量。

口占二绝句贻海宁孙博臣君

我亦滥竽充地主，愿抛一切返初民。
倾巢已告无长物，堪傲羲皇以上人。

遂初作赋属君家，陵谷变迁几咄嗟。
今日现成新世界，不须衰老问桑麻。

和孙博臣君自遣一律原韵

向戌当年欲弭兵，忍看民命羽毛轻。
而今抗议成群众，还有苦吟太瘦生。
世界将多新发展，吾侪但愿永和平。
老来何事堪消遣，空望砚田亦不耕。

观三月四日大游行叠前韵

集众游行即耀兵，援朝抗美驾车轻。
十区分道旌旗整，一片热忱肺腑生。
御侮同心终胜利，媾和全面要公平。
停看海不扬波日，解甲归田又力耕。

怀旧二绝句[注1]

同邑故交只四人，二生城市二乡民。
问年子丑联寅卯，计闰应逾三百春[注2]。

鼠思兔待牛堪放，唯有称雄一虎蹲。
啸也风生山谷响，几时还共话晨昏。

注 1:陈久余君年七十六，黄济北君七十五，黄任之君七十四，我七十三。
注 2:现已合计二百九十八。

补题王念航君六十双寿纪念册

岁星后我一周躔，正庆齐眉花甲年。
歉未登堂来祝嘏，补题拙句写心虔。

君本家声孝感传，还看内助又多贤。
木公金母相含笑，硬是双成陆地仙。

三槐毕竟耀门楣，玉立亭亭跨灶儿。
更有东床坦腹者，不凡才气得时宜。

人生事业新文化，东亚而今竞胜时。
维愿寿人兼寿世，巴词莫怕寿翁嗤。

奚孟起君五十寿

閟宫作颂有奚斯，堂构相承且胜之[注1]。
不学尼山从鲁政，无惭祭酒老荀师。
维新贯彻新民主，除旧抛开旧法规[注2]。
算到百年才是半，前程合诵九如诗。

注1：君系建筑家之子。
注2：君原为律师。

病榻谢同年月生老友李慕青君迭次来问候

生同岁月更稀人[注1]，君是犹龙几世身。
健步无车亦无杖，寻花顾曲好精神。

善病维摩偏似我，呻吟几度又甦翁。
谢君三顾来相问，顷刻春风满座中。

注1：七十三岁称更稀。

次戴禹修君壬辰元旦口占韵咏时事

谈判和平案尚悬，正开棋局在朝鲜。
却看前线经千战，又到新春第二年。
愿化干戈成玉帛，好教瀛海息烽烟。
弈秋最忌思鸿鹄，曲直唯凭公理研。

读八十四翁陆君规亮元旦诗却寄

会集香山行第几,延龄十六即期颐。

晚成梁灏应称弟(注1),传习伏生亦老师(注2)。

是岁王庭刚致仕(注3),明年曹泰尚生儿(注4)。

我惭不及君康健,读到君诗我病时。

注1:梁时少于君两岁。
注2:伏时长于君六岁。
注3:王年八十四敕准致仕。
注4:曹年八十五生一子,名日中。

朱孟侯君七十双寿

老去消闲无别事，公园日涉两三回。
含饴绕膝掀髯弄，举案齐眉笑口开。
世态炎凉都不管，生平阅历记从来。
而今双庆稀龄宴，还似当初合卺杯。

到处邮车载梅鹤，东西南北几多回。
惯看旁午音书捷，能协同寅襟抱开。
晋级酬庸尊老辈，悬车合例赋归来。
木公金母长生酒，尽受莱衣劝百杯。

病后戒酒戏呈诸酒友二绝句

酒香扑鼻口涎馋，为怕病魔杯不衔。
有子知医劝毋饮，似将管束到家严(注1)。

癖似刘伶抵死狂，十年两病胆囊伤。
即今戒饮尤堪叹，药债多于酒价偿(注2)。

注 1：前次病时，贯云僧老友嘲我，将成语“严加”二字改为“家严”。
注 2：此次病时，李慕青老友说：“你今一病，所耗药资要抵好几年的买酒钱了。”

病囚

凄凉病室老囚徒，未判刑期究有无[注1]。
举步难于行蜀道，必须藤杖一枝扶。

土改既非真地主，讹传恶霸亦全虚。
楚囚队里维无分，久病偏教缧绁如。

注1：病已九个月未全愈，似囚徒未定刑期也。

次海宁孙博臣八十述怀韵

挂壁成龙雷泽梭，风云变幻眼前多。
即今遍地皆春色，垂老光阴客里过。

如玉其人维命新，八旬初度岁壬辰。
钱塘劝饮金罇满，听到乡歌不老春。

玉树芝兰绕膝盈，新民努力趁前程。
老翁含笑添诗兴，刻烛应须便置觥(注1)。

忝成吟侣岂非缘，我少于公正六年。
但我而今偏久病，康宁未得似公全。

注1：东坡句。

怀戴禹修

七十年来又回春[注1]，放翁戊午我壬辰。
客云尚友堪相见，除却彭籛无此人[注2]。

病中又过一年春，负约空怀修禊辰[注3]。
齐齿似君最堪羡，逍遥自在老诗人。

注 1：放翁戊午元日诗“七十年来又四年”。
注 2：放翁之戊午在公元一一九八年，我之壬辰在一九五二年，相去七百五十四年。
注 3：去冬，君来诗有“但愿明春共修禊”句。

遣怀

五星照耀国旗红，领导推崇工与农。
前进我瞻人马首，旁观人笑我龙钟。
摆摇身似风中叶，落寞耳闻饭后钟。
对镜不胜今昔感，头童可否再心童。

叹老

不堪回首复何思，但觉今时异昔时。
过眼云烟都已矣，无情岁月逝如斯。
儿能治病难医老，我欲吟诗被笑痴。
梓舍养疴成底事，只云随遇且安之。

秦伯未君为我刻石章两方白文“又甦翁”朱文“张伯初”并媵一诗倒次原韵酬之

石章三字又甦翁，应手得心刀法工。
牍尾早非龟纽印，案头聊当虎符铜。
病难捷足吾无用，望重折肱君有功。
还比郑虔多两绝(注1)，况兼酒兴十分浓。

注1：诗书画外又精金石与医。

桂未辛君见示《校正增注康熙字典序例》暨七十述怀六律酬以长句

子云奇字尽搜求，此老精神迥不侔。

履齿襄阳缅蕲水(注1)，萍踪嘉善跂杭州(注2)。

园荒十友空烟柳(注3)，业竟万言穷索邱。

义证宗风追未谷(注4)，更看雠比胜高邮(注5)。

注1：君籍蕲春，在沪，日涉襄阳公园。
注2：君侨寓沪之嘉善路，而不忘杭州故居。
注3：见原唱第六律。
注4：桂未谷著《说文解字义证》等书。
注5：见原著序例。

次戴果园一九五三年春节癸巳元旦口占韵

恰是岁朝日食临(注1),天文测准莫沉吟。
盟邦立约刚三载(注2),春节腾欢各满斟。
告朔伊谁知古礼,齐年老友利同心(注3)。
羡君益壮思游岳,似我惭如息影禽。

注1:今年元旦晨七时起日食。
注2:是日为中苏友好同盟互助条约订立三周年。
注3:我与戴君同是七十五岁。

同庚八人齐集合影聚餐赋一律①

八公山上集齐年，北郭先生最在前(注1)。
当世名流两安道(注2)，古文宗派一姬传(注3)。
中郎博学堪医国(注4)，太白奇才是谪仙(注5)。
共仰僧繇点睛笔(注6)，还将借重画凌烟(注7)。

注1：廖。
注2：戴、余。
注3：姚。
注4：蔡。
注5：李。
注6：张公威善画。
注7：公威将各人写照。

---

① 原文引题：四月十二日，约得同庚八人，皆七十五岁，合成六百岁。以出生月日先后为序：(一)奉贤廖味容，(二)青浦戴禹修，(三)无锡蔡禹门，(四)镇海余云岫，(五)吴兴张公威，(六)余，(七)上海李慕青，(八)三原姚伯麟。上午十一时半齐集上海浦东大厦六楼，同赴楼下鸿运来照相馆合摄一影，回至楼上原处聚餐，廖、戴、姚三君均有诗，余赋一律。编者据此拟题。

面子戏

余以一九〇三年南汇革命党狱同难四人合影、一九三二年四人为党狱卅年寻梦合影及今春我个人半身照，合印为一片，寄北京黄任老，作为党狱五十年不死的纪念。又于四月十二日，约集同庚八人合摄一影，其中张公威君善画，并为我写照一帧。我一人同时有五副面目出现，堪称面子戏云。

自封庐山想象中，百般啼哭总成空。
记曾醉态增妻恼，怕作愁颜诉我穷。
画里传神呆若木，镜头留影快如风。
江东父老羞相见，今昔观河迥不同。

倚窗俯瞰

余每日午睡起来，在三时左右。茶余开窗一望，正是四姊妹舞女入场时候。南东西三面俱来，形形色色，一览无余。

燕瘦环肥在堂中，惊鸿一瞥妙无穷。
下车莞尔情堪掬，入户飘然影即空。
岂有花容能掩月，莫非柳舞总随风。
只看装束多奇异，各色衣衫尽不同。

酬李右之君与其高足张振楞君

李君年七十三岁，四月十三日生辰，明日其弟子张君四十一岁生辰，同称觞于悦宾楼。李君有偶成十绝句，张君有祝师寿八章，先后见示，总酬以一律。

四月清和弧矢辰，师前弟后恰明晨。
康强绛县疑年老[注1]，庄肃程门独立人[注2]。
何必龙宫方上寿[注3]，且看鹤草最奇珍[注4]。
长谦一日先生馔，祝嘏诗成更悦宾。

注1:《左传》:七十三年矣。
注2:白诗，下有“独立人年来四十一”。
注3:《天中记》:四月十三日乾龙节龙宫上寿。
注4:《名胜志》:四月十四日，吕祠有仙翁鹤草。

贵州织金丁佩瑜君沛渔八十寿

丁君为曾任山东巡抚宝桢之孙，亦以道员分发山东，擢至臬司并护理藩司，现为上海市文史研究馆馆员。

沧桑阅尽耐寻思，城郭人民非昔时。
泰岱旧封绳祖武，甘棠余荫长孙枝。
开藩犹幸及瓜早，适馆何嫌授粲迟。
赢得大椿八千岁，惭余小子恰肩随(注1)。

注1：《礼记》："五年以长肩随之"，余固少于丁君五岁也。

吴兴曹彝仲君元鼎癸巳重游泮水

曹君年七十八岁，据称其父八试乡闱不售，而君于通籍后屡主县政，奉公执法，自称与其受知师沈某赓同调。君现为上海市文史研究馆馆员。

夫子宫墙异昔时，重游共忆翙鸾旗。
由来幹蠱承先轨，却是登瀛奠始基。
作宰无惭强项令，等伦堪拟受知师。
后君三载丙申岁，我亦将缊受茆诗。

寿余云岫君七十五生辰(注1)

泉源有自水盈科，毕竟才能君子多。
朴学大师阎与惠，活人妙术缓兼和。
中西医理求同轨，岁月春光感游波。
晚节黄花香更远，蒲轮待欲赋骊歌(注2)。

注1：时余君病在医院，留未缮送，俟后补祝。
注2：余君膺《中国医药研究报》之聘，病愈将赴北京履新也。

农历癸巳十一月初二日七十五生辰自嘲

若论三万六千日，岁计还差廿五春。
嗟我鬓毛已颁白，照人肝胆不轮囷[注1]。
只今身似风中叶，莫道儒为席上珍。
自问一生无可说，新邦同作太平民。

注1：病伤肝胆。

次吴谷宜君甲午人日梅龙镇雅集韵

雅集到八十四人,未签名者除外。九十岁以上一人,八十以上十六人,七十以上四十一人,六十以上二十二人,五十以上四人,合共六千〇四十一岁,平均七十二岁。是日余亦被邀,因病体怕烦未往也。

开百龙头永驻颜,群贤满座即仙寰。
大家携杖来非远,多半掀髯老且顽。
桃熟两回宴琼岛,齿尊十倍会香山。
更饶人日题诗兴,如此消闲岂等闲。

川沙姜体仁君八十双寿

乡邦人瑞仰崔嵬，第一新医风气开。
小站功名如梦幻，大同景象及身来[注1]。
渭滨尚父今犹健，鲁殿灵光永不隤。
无量木公金母寿，恰逢桃熟醉千杯。

注1：君住徐家汇大同坊。

寿及门程渭渔君六十

君今称寿方六十，迟我生年一十六。
六里桥头□横舍，正是英年来攻读。
学优还复绍箕裘，商战场中雄角逐。
桑梓集团同于役，相见时多情更熟。
大厦六楼诗酒友，君亦当仁不甘后。
刘伶之癖有同嗜，让君一石我一斗。
与年俱进诗句新，问字增惭我何有。
读到四章自寿篇，后今视昔一回首。
赢得儿女光荣家，含杯笑看自由花。
老去精神当益壮，诗兴还随总量加。

叠韵答上海市文史馆同馆员余节高君见赠

何幸老来及此时，红光照耀五星旗。
惟民所止集中制，其命维新巩始基。
鉴古知今重文史，授餐适馆忝儒师。
故家乔木君尤健，逸兴遄飞贶我诗。

严涵温君见示一诗觉其思想尚未澄清次韵酬之以广其意

水分清浊不同科，且向沧浪听孺歌。
大势所趋原若是，与人无患任谁何。
能忘旧梦心神广，争取新知闻见多。
倘问从前经历事，视如风卷一池荷。

征求赁屋

鹊巢不可居，莺迁无乔木。
回顾子舍中，只容一人宿。
所余身外物，无地可藏畜。
欲在近相邻，觅租一间屋。
若能为我介，说项请从速。
奈作登高呼，声不传空谷。

我生第二乙未年春节口占

再逢乙未今非昔，老大年华稀更稀。
重九相乘四十九，知非以后又知非。

前回乙未犹堪忆，剥复相循似转环。
还我□湾先致敬，雪中送炭一江山。

和宝山王咏仁君乙未重游泮水韵

乙未重逢成两世，开天故事说当初。
一般思想都封建，只为科名要读书。

应试先忙未试时，下帷攻苦日孜孜。
一衿换得凭何物，八股两篇六韵诗。

襕衫归去慰高堂，尤慰闺中引领望。
大小登科是双喜，鸡鸣相戒白东方。

宫墙依旧仰弥高，丁祭春秋已取消。
鲁泮芹香谁复识，常川集会众同胞。

先我一科老秀才，阅人阅世几欢哀。
而今改造争前进，眼见大同实现来。

乡邦相距一由旬，移玉申江岁月新。
此日回观旧庠序，感怀鸿雪认还真。

读吴县孔陟岵君诗稿书后

宗风追远仰克师，道既南行文在兹。
二癸三辰相总起，多君百韵述怀诗。

为国为家今昔同，敬恭桑梓笑春风。
老犹侍母不知老，绕膝儿孙呼阿翁。

次和曹彝仲君八十述怀韵

百岁光阴余廿载，老犹前进未为迟。
伏生正好传经待，尚父休夸遇主奇。
物质文明祛旧贯，书刊阅览益新知。
三年长我尊山斗，适馆肩随愧杖支[注1]。

注1：每相遇于文史馆中，君犹健步，而余则因病手不离杖。

太仓蒋平阶君接余《入泮六十周年书感》后和诗八章其本人亦丙申重游泮水另有自述六绝句见示次韵却寄

秀才都是过时人，告朔饩羊空自珍。
出类如君尤拔萃，京华早印马蹄尘。

宰官身是小诸侯，父如斯民万户州。
鼎革而还时代异，开天故事话从头。

频年久下仲舒帷，尊重传经老讲师。
普选又推新代表，共和不让一民遗。

孔学原来集大成，道无今古岁时更。
同黉旧侣君尤健，十八人中第一名。

科举无从告后生，问谁还识秀才名。
泮宫改作新横舍，广播操传口号声。

愧我淞滨作寓公，归耕无计遂初衷。
漫谈六十年前事，恰值与君入泮同。

寄苏州汪成阶君

省垣共事两三年，如水交情各淡然。
同出龙门(注1)今始晓，白头犹复说开天。

两代秀才第一名，神童十五最蜚声。
吴门五老君年少，佳话重闻思乐赓(注2)。

注 1：龙学使。
注 2：今年苏州重游泮水者五人，序齿则君为之殿焉。

姚虞琴老先生九十寿征诗次韵和祝

老画师家砚一方，笔端散出百花香。
及时多食绥山果，乘兴环流曲水觞。
供养烟云无量寿，欢呼崧岳众宾狂。
张苍百岁非奇迹，定卜延年公更长。

卫逮西君七十征诗酬以四绝句

生长浦东老浦东，浦东掌教我还同。
惟君与我不同处，出自龙门声价崇。

四十余年老朋友，缘悭觌面久相违。
记曾旧梦图留墨(注1)，聊慰蒙庄化蝶飞。

有子多成梁栋材，鲤庭当日费栽培。
即今梓舍争莱舞，犹仰灵椿庇荫来。

懿戒远宗卫武公，稀龄应自比成童。
犹勤学习争前进，堪博及身庆大同。

注1：曾为君《卅年旧梦图》题句。

题松江雷静峰君静轩蝇吟草

轩以静名诗亦静，怡然自得早忘忧。
心灵手敏清新笔，睥睨仲宣更上楼。

乐育英才老讲师，春风沂水咏归时。
奚囊收拾多新稿，传送骚坛大好诗。

陆仲超又来诗两绝次韵却寄兼怀姜体仁

老年无客不思乡，共话桑麻郭最详。
毕究尧章真健者，茗谈气壮又眉扬(注1)。
文物探求古典章，丛书复见岂寻常(注2)。
即今二俊犹堪仰(注3)，愧我思鲈不自量(注4)。

注1：宋姜夔字尧章。
注2：近见报载于访古文物中得笠泽丛书一部。
注3：君与介弟叔昂。
注4：松江四鳃鲈以冬至前为最佳，余近于无意中买得十尾。

张鼎丞君赠国务院总理兼外长周恩来七律一章见示索和次韵酬之[①]

此公抱负自弥纶，坛坫周于冠盖新。
重译而来皆特使，万方同乐共和民。
相将玉帛承平日，永息干戈辑睦邻，
欧亚盟邦大团结，停看远景美无伦。

---

① 原文引题：文史馆友张鼎丞君应邀陪同招待尼泊尔王国首相阿查理雅来沪访问后，赠国务院总理兼外长周恩来七律一章，见示索和，次韵酬之。编者据此拟题。

寿贾粟香君八十

教育家兼文学家，宗风远绍贾长沙。
过秦曾阅几桑海[注1]，依旧楼台有梦花[注2]。
同案少年同馆老，一龄长我好容华。
彭篯寿算十分一，海屋仙筹岁岁加。

注1：君曾随宦秦陇。
注2：君家住梦花楼。

章赋浏君七十寿

岸然道貌美髯公，杖履优游安步中。
四十年前旧相识，昔时英俊现称翁。

娄东乐育咏菁莪，记我当年门外过(注1)。
投刺登堂曾展谒(注2)，洋洋盈耳听弦歌。

文章应手夺天工，家学渊源绍父风。
诵到勤生堂旧稿，杜陵诗史古今同。

抛砖愧昔作嘤求，贶我瑶章两度投(注3)。
珍重纱笼无可报，只今愿祝海添筹。

注1：时余因事到太仓。
注2：晤君于太仓中学。
注3：丙申、酉承两次惠诗甚感。

次江阴唐侣笙君戊戌重游泮水韵

云程发轫向蓬莱，年老雄心尚未灰。
曾赋长江名噪甚，回思鲁泮意悠哉。
上丁干羽今何在，周甲襕衫可又来。
世事沧桑多变化，却芟榛莽耸楼台。

厚今薄古莫兴嗟，跃进潮流自足夸。
殿宇多成文艺薮(注1)，宫墙环绕李桃花(注2)。
先师展谒还堪忆，旧梦重温亦孔嘉。
六十年前一新贵，再赓思乐兴尤赊。

注1：各地文庙大多改为文化工作单位。
注2：自扫盲运动后，全民文化水平提高。

次金巨山君八十述怀韵

研求朴学不空虚，著述多将意见摅(注1)。
兄弟孔怀原至性，儿孙异地各安居。
里仁赢得真长乐(注2)，祠禄分来养有余(注3)。
重泮荣归重合卺(注4)，渭滨今岁更观鱼。

注1：君著有《读书管见正续编》，由国家付印行世。
注2：君住长乐路平安里，均吉祥语。
注3：君为上海市文史馆馆员。
注4：上年戊戌是君重游泮水重谐花烛之年。

寿戴禹修兼自寿[①]

再逢庚子报新春，击壤歌声别有神。

九九高龄又加一，与君同是百年人(注1)。

注 1：九九八十一。

① 原文引题：戴禹修，同庚老友，每逢农历岁首，例以元旦口占诗传示亲友。今又见示庚子元旦一律，回忆前一庚子我辈年方少壮，而国势已危如累卵，及今人皆耄耋，而国运日新，青云直上。率以二十八字为君寿，兼自寿焉。时年八十二。编者据此拟题。

次王念航君七十双寿韵

鸿案齐眉福寿全，笑看瓜瓞更绵延。
再经卅载如驹隙，双庆期颐到皕年。

与君桑海几经过，共事商量意气和。
乐育菁莪怀旧迹，公团借箸运筹多。

生有自来隔一宵，鸳鸯同命共芳朝。
双飞戏水东南去，万里长江白浪滔。

韶光无限古稀年，今昔不同后胜前。
过去都成庄梦蝶，唐宫老监说开天。

多材多艺学兼商，善贾还看舞袖长。
同业之中执牛耳，红旗光照不寻常。

万紫千红总是春，人惟求旧器惟新。
我生己卯君辛卯，击壤同为盛世民。

自写老态二绝句

自家身体自知之，年复一年衰更衰。
偏是老饕同饿鬼，又兼贪睡若婴儿。

双目迷蒙两耳聋，那堪老态太龙钟。
手中扶杖身摇摆，疑似南枝战北风。

·附录·